自分で考え判断する教育を求めて

根津公子 *Nedu Kimiko*

「日の丸・君が代」をめぐる私の現場闘争史

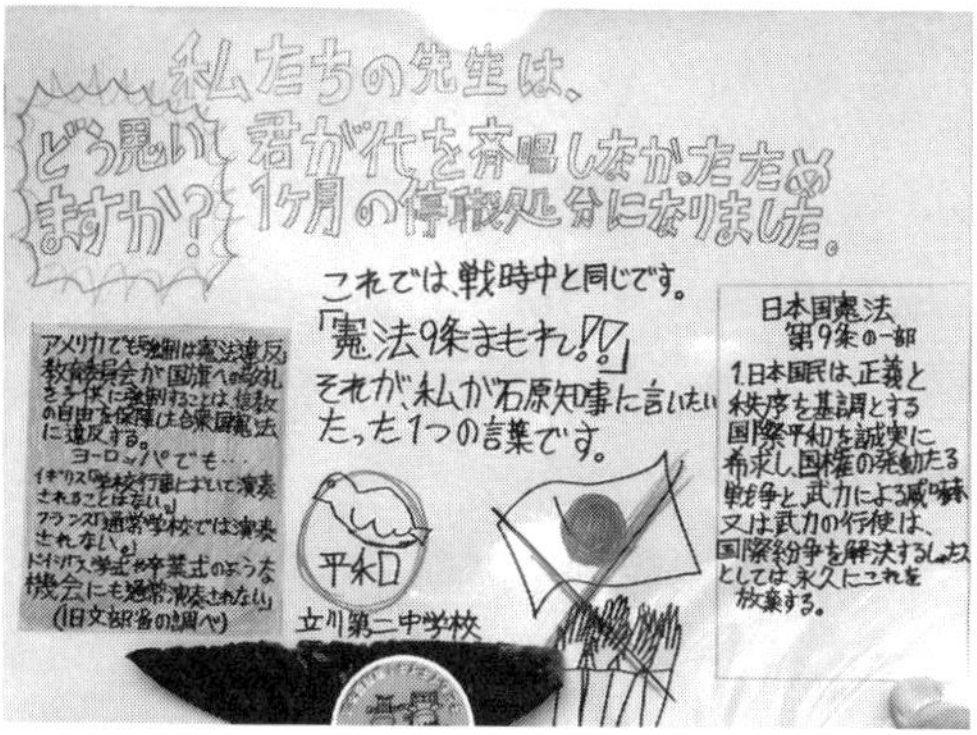

影書房

はじめに

私は1971年から40年間、2011年に定年退職するまで東京都の教員をしていました。そのうちの多くは、中学校の家庭科を担当し、子どもたちが事実をもとに自分の頭で考え判断することができるようにと願って授業を組み立ててきました。新採用時から同じ姿勢で仕事をしてきましたが、後半の1994年からは処分が連続しました。1994年には職員会議の決定を反故にして校長が揚げた「日の丸」を降ろして減給処分、1995年および1999年には「日の丸・君が代」に関する、手書きのプリントで文書訓告（処分よりも軽く、賃金の減額はない）、2002年には日本軍「慰安婦」の授業に端を発した攻撃で減給処分、2005年以降は卒業式・入学式での「君が代」起立を拒否して6回にわたる減給から停職6か月処分。免職の一歩手前まで行き、毎回、次は免職か、と不安に襲われ続けました。2004年から東京都教育委員会（以下、都教委）が「君が代」起立（音楽科の教員には伴奏）の職務命令を出すよう校長に命令し、その職務命令を拒否した教員を懲戒処分（以下、処分）するようになったことで、私は毎年処分されることになったのです。

「君が代」不起立・不伴奏処分を、都教委はなぜ始めたのでしょう。

都教委は、「儀式的行事として、会場全体が厳粛かつ清新な雰囲気に包まれることは、児童・生徒にとって、無形の指導」であり、「起立する教員と起立しない教員がいると、児童生徒は起立しなくてもいいのだと受け取ってしまう（から、起立しない教員を処分する）」のだと言います。すべての教員が「君が代」起立斉唱する姿を見せることによって、子どもたちは意味を考えずに、あるいは意味がわからずとも同じ動作をする。そういうものだと思いこまされる。上からの指示命令には考えずに従うものだと子どもたちに思いこませることが、「君が代」不起立教員を処分することの一番のねらいです。

「日の丸・君が代」は戦前・戦中、学校教育で教え、日本のアジア侵略に使ったハタとウタ、そして「君が代」は戦前の天皇主権の大日本国憲法下での天皇を讃える歌。「国民主権」となった戦後社会の歌ではありませんし、侵略戦争を再びしないと決めたはずの日本が尊重すべきではないハタとウタと私は認識します。

でも、「日の丸・君が代」に否定的な価値観をもっているから「君が代」起立を拒否したのではありません。「日の丸・君が代」に肯定的な価値観をもっていたとしても、私は「君が代」起立はしなかったと思います。私は何ごとに対しても、自分の頭で考え判断して行動するべきと考えますし、実際に、そう行動してきました。生徒たちに対しても、そう働きかけ、授業でもそのことを心がけてきました。ですから、考えずに指示命令に従うこと、上意下達を良しとする教育行為に加担することはしてはならないと考え、次は免職かと脅えながらも、起立をしなかったのです。

いま、貧困に窮する人たちが大勢いるのに政治が動かないのも、それに声をあげる人が少ないのも、人々が上意下達に馴らされているからではないかと私は思っています。「上」に対して声をあげていいのだと多くの人が思える社会、「個性」「人権」が尊重される社会にしたい。そうした考えが、私の教育観、人間観の根底にあります。

いま、日本社会でも「多様性」が言われるようになりました。「多様性」が尊重されていない現実があまりにも多いことから言われるようになったわけですが、「日の丸・君が代」の尊重・「君が代」起立斉唱の押しつけは、「多様な価値観」にも反します。「多様性」の否定は文部科学省（以下、文科省）や教育委員会など国家機関が行なってはいけないこと、民主主義が活きた社会ではありえないこと、学校教育がしてはならないことだと思います。


1945年の敗戦までの日本の学校教育は、「天皇のためには身を挺す」ことを教えこみ、子どもたちを戦場に駆り立てました。それと同じことが「日の丸・君が代」尊重、「君が代」起立斉唱で行なわれてきたと、いまの政治状況下でとりわけ思います。いまは「新たな戦前」です。

2022年12月、岸田政権はロシア・ウクライナ戦争に便乗して、軍事費（防衛費）をこれまでのGDP比1%から2%に倍増し、「敵基地攻撃能力」の保有を、閣議決定のみで決定しました。憲法に抵触することを議論なく政府のみで決めたのです。

指示に従うのが当たり前と教えこまれた自衛隊員が、侵略戦争に駆り出されることを拒否できるだろうか。自衛隊員が足りなくなり、何らかの形の徴兵で集められる若い人たちが、それを拒否できるだろうか、とても心配です。人権教育もまた、学校ではされてはいませんから、なおのこと心配です。


1997年に誕生した右翼団体の日本会議には自民党系国会議員の多くが参加し、その影響力は政治に如実に及んできました。「東京から日本を変える」と豪語した石原慎太郎氏もその1人です。氏が都知事になったのは、1999年。2期目に入った2003年、石原都知事は、お友だちの横山洋吉氏を教育長に任命。横山教育長は、上記した「君が代」起立・伴奏を拒否した教員の処分を始めました。処分し上意下達を徹底したことで、東京の教育は良くなったでしょうか。

当時、教員たちの多くは、「日の丸・君が代」の強制に反対の考えをもっていました。しかし、2004年からは、反対であってもほとんどの教員は起立・伴奏する、あるいは欠席するという選択をしました。それだけではなく、それまでは朝学活等で政治的問題を「今日のニュース」として生徒に話す教員がかなりいましたが、それさえも自制するようになっていきました。一方、都教委は職員会議での挙手・採決禁止まで各学校に通知したものですから、教員たちの討論・採決によって学校をつくっていくことができなくなりました。

2000年には校長による教員の業績評価が始まり、2006年からその評価で給料に差が出る仕組みになりました。例えば、いじめ自死が起きた場合、学校側は、「いじめに気づかなかった」と言いますが、気づかないはずがありません。自分のクラスでいじめが起きたら、その教員の業績評価は下位にされる。さらには、「指導力不足等教員」にされ、2年の研修を経た後、免職にされるかもしれないという恐怖感を教員はもち、同僚に相談もできないのだと思います。これは、上意下達の体制下で管理された教員たちに、子どもたちを守ることはできない、その一例です。

「君が代」起立・伴奏の職務命令を筆頭とした教員管理は、子どもたちの命さえ奪うということです。「日の丸・君が代」の強制と処分をはじめとした教員の支配管理・弾圧が教育を、政治を、社会をどう歪めていったのか。ともに考えていただけたらと願います。

なお、本書の内容は在職中に出版した拙著『希望は生徒』（2007年）、『増補新版　希望は生徒』（2013年、ともに影書房）と重複する部分が多々ありますが、全体像を見ていただくためには必要と考えてのことです。ご了承ください。

§目次

自分で考え判断する教育を求めて

「日の丸・君が代」をめぐる私の現場闘争史

1. 私の教育観と教育実践

「良妻賢母」から教員へ

高校を卒業するまで、私は学ぶことが特に楽しいとも教員になりたいとも思ったことはありませんでした。高度経済成長期の1960年代当時は、女性雑誌で理想像のように言われていた「良妻賢母」になるのが幸せだと思っていました。生家は神奈川県西部のみかん専業農家。農繁期には中学を卒業したばかりの東北地方の人たちが住み込み、台風が襲えばみかんの木が倒れないかを私も心配しました。両親は農繁期には、夜は21時まで電気をつけてみかんの選別を行ない、5時には起床する毎日。そんな両親が心配で、また、私と大して歳のちがわない住み込みの人たちのことを想わずにはいられず、私も小学校高学年頃には家事や野良仕事を優先する生活となりました。一方に、近所の会社員の家庭では早い夕食をとりだんらんの時間がたっぷりあるのを見てうらやましく、なので、「良妻賢母」はあこがれだったのです。当時の私は、そこに女性蔑視観があるなど考えもしませんでした。

高校卒業に際し、何をしたらよいかわからなかったので、お金のかからない都立立川短大に入学しました。当時は学園「紛争」の時代。多くの大学同様、立川短大構内にも立て看板が立っていました。その中に「出入国管理法案反対」という、これまで聞いたこともなかった言葉があり、それで何冊かの本を読むなかで、父が行った戦争は人を殺し物を奪う侵略戦争だったことを初めて知りました。高校の最寄り駅である小田原駅には傷痍兵の方々が募金箱を持ち、手を失った方はご自分の前において立っていましたが、「気の毒な人」と思っただけで、戦争の実態を考えるには至りませんでした。

戦争から父が生還したから、私は生まれた。しかし、父たち日本兵が侵略した国々では、生まれるはずだったたくさんの命が生まれなかったとわかり、その事実のあまりの重さと自身の想像力の欠如に愕然としました。同時に、なぜ学校は侵略の事実を教えてくれなかったのか、隠したのか？　隠すのは、政府にとって不都合なことだからではないかと思いました。私は父を責め、自身を問い、侵略に加担した元日本兵の子どもであることを自覚して生きていかねばと思いました。そして、私のように騙される子どもを再生産させたくないと思うようになり、教員を目指すことにしました。それは、立川短大の女性史研究会というサークルで学ぶなかで、女も職業に就くべきと認識した時期と重なります。

侵略戦争に行った父を私が3日間問いつめたとき、父は「前線には出ていない」としか言わず、何も聞きだすことはできませんでした。それから20数年後、父の命が余命いくばくもないとわかった際に、父に再び日本兵として行なったことを聞きました。両親を早くに亡くした父は、きょうだいを育てるために入隊試験を白紙で出したのでした。１９４１年にはノモンハンで上官に意見をしたために「要注意」とされ、日本へ強制送還。43年には帰国した地元で「相模湾沖３機撃墜せり」と報告するよう命令が出されたのを拒否して、再び「要注意」。「見てもいないものを見たとは言えません」と言ったのだそうです。その後、中国山東省に召集され、ア号作戦で行った部落から孤児を父の働く炊事場に連れてきたのが発覚して、またも「要注意」となりました。父の軍隊手帳には、三つの「要注意」と記された朱色の印と「除隊」の記述がありました。「要注意」とされたために父は他の兵士と切り離され、その結果、命拾いをしたのです。他の兵士たちを乗せて南方に向かった船は沈没し、全員が亡くなったのだといいます。

父に強固な反戦思想があったわけではなかったようですが、戦後、居住する町に「自衛隊のポスターは貼らせない」といつも言っていました。

教科書が隠す事実を授業で提示

学校教育で侵略戦争の事実が知らされていたなら、私はそれをもとに考えることができたのに……。私はその後悔から、子どもたちに教科書が隠す事実を提示し、それをもとに意見交換し考えあう、これを授業の基本に据えました。知識を得るだけでなく、意見交換するなかで、自分の頭で考え判断してほしいと願ってのことです。

家庭科はよりよく生活することを学ぶ教科。言うまでもなく、個人の生活は社会のなかにあり、消費する物品は社会のなかで生産され流通します。教科書の「食物」分野は食品の栄養や調理だけを扱いますが、私は農・漁業と農薬・養殖、自給率、プランテーション作物の輸入、食品加工と食品添加物について、90年代からは遺伝子組み換え食品についても取り上げました。「男女共同参画の推進」を教科書が取り上げるようになったのは2001年度から、98年学習指導要領の改訂によってでした。しかし、私はこの問題は誰もが性別役割分業論にとらわれず個として生きるために重要と考え、就職した初年度から取り上げてきました。40年間、そう考えて授業や特別活動を組み立て実践してきました。家庭科は高校受検の教科ではないので、授業内容に裁量が利いたからできたことでもあります。

1971年に新卒で着任したのは江東区立大島中学校。当時、技術・家庭科は男女別学で、教科書名は男女ともに「技術・家庭科」でしたが、男子は青や緑色の表紙で木工や金工、栽培を扱う教科書、女子は赤やピンクの表紙で食物や被服、保育、そしてわずかに木工を扱う教科書でした。私は技術科の2人の30代、40代の教員に男女共学を提案したのですが、まったく受けつけてもらえませんでした。この教員たちはそれから23年後に共学になるとは想像だにしなかったでしょう。

初めての3年生女子の家庭科の授業（2クラス合同の授業で、女子は家庭科、男子は技術科をそれぞれ受ける）で、私が「男女が分かれて別々のことを学ぶ技術・家庭科は、差別を教える教科だと思う」と言ったところ、1人の生徒が大きくうなずいてくれました。この問題を中学生段階で認識していることに驚くとともに、彼女のうなずきは私の背中を押してくれました。

この最初の赴任地で誕生した第一子は生後半年で喘息《ぜんそく》を発症。わが子だけではなく、団地の同階（10階）に住む子どもの半数がそうでした。このままでは子どもの命が危ない。実家に滞在すると喘息は起きないので、私は実家に子どもを預け、片道3時間余りをかけて通勤し、翌年、八王子市に転居しました。しばらく経ってわかったことですが、私が住んでいた団地の向かいにあった日本化学工業（株）は、煙突から六価クロムを排出し、労働者が何人も亡くなっていたのでした。

転居に伴い76年、八王子市の市立城山小学校に家庭科専科教員として異動し、第二子出産を経て、80年に中学校に戻りました。希望した八王子市内の異動でした。当時の異動要綱は当事者の希望を最大限に尊重するものであり、私が働き続けることができたのは、この異動要綱のおかげでした。都教委に物申す教員の異動は「1年ごとも可」とした2003年改訂の異動要綱の下であったなら、私はまちがいなく、働き続けることはできませんでした。民間企業が、企業にとって不都合な労働者を排除し退職に追いこむために遠距離通勤地に配転させてきましたが、都教委も同様の措置をとるようになっていきました。

また、誰もが働き続けられるよう、保育施設の拡充や諸権利・制度要求に取り組んでくれた先輩組合員たちに、心から感謝しました。転居した八王子でも、保育園入園に困ることはありませんでした。

新設校の城山小での初めての職員会議では、直近の入学式についての議題があり、そこでの「日の丸・君が代」についての論議と決定の仕方に新鮮な驚きをもちました。江東区では、私が在職した大島中だけでなく、知る限りどの学校でも職員会議での発言は許されてはいましたが、最後は校長の「『日の丸』は揚げます」のひとことで終わりました。慣例のような終結の仕方に異議を申し立てる人はいませんでした。しかし、城山小ではちがいました。「日の丸」を実施することの是非が議論となり、採決を経て「『日の丸』は掲揚しない」を決議したのです。「掲揚しない」への賛成票がほとんどでした。

城山小だけでなく、次に異動した、同じく新設校の横川中学校でも初めての職員会議で、「日の丸は掲揚させてほしい」という校長案に対し、「『日の丸』は掲揚しない」を決議しました。やはり、「掲揚しない」への賛成票がほとんどでした。校長案は職員会議で覆されると思ったからなのでしょう、以降、校長が「掲揚したい」と発言することもありませんでした。「君が代」斉唱については、校長を含め論外でした。いま振り返れば、「日の丸・君が代」は侵略戦争に使ったウタとハタとの認識が、八王子の多くの教員たちにあったように思います。ただ、江東区の教員たちとの意識の差はどこから生じたのか。当時私はそのことが不思議で、年配の同僚たちに聞いたところ、何人かは、1964年の東京オリンピックを契機に「日の丸・君が代」についての学習が八王子市教職員組合（以下、八教組）や各分会で行なわれたということでした。

横川中では、同じ2学年を担当する当時50歳を超えていた田中憲助さんが、出勤2日目には「修学旅行は広島に」と発言しました。「広島に行くことに反対はしないが、被害だけの、侵略に触れない平和教育はまちがいと思う」と言う私に、被害の実相を見ていけば必ず加害にたどり着く」と田中さん。納得したわけではなかったのですが、田中さんの熱意と人間性に惹かれ、私も修学旅行・平和学習担当となりました。田中さんとの出会いは、私を平和教育へ、やがては人権教育へと導いてくれました。人と人との出会いのありがたさを思うとき、私にとって田中さんとの出会いは格別なものです。

私はそれまで広島に行ったことも原爆投下について勉強したこともなく、ゼロからのスタート。資料や体験記を読みあさり、田中さんに案内してもらって広島で史跡をめぐり、被爆者から被爆体験をお聞きしました。そうやって、何とか生徒の修学旅行実行委員会を担当しました。「ひろしま修学旅行」は他の学年も実施していくようになり、また、その後、所属する八教組の教研・平和教育部会の活動によって広がり、1990年代前半には八王子市の中学校の3分の1が実施するようになりました。私の子どもたちも、広島に行きました。しかし、政治の右傾化が強まる90年代終わりには、実施は石川中学校（私は1990～1999年度在職）のみになってしまいました。

横川中に話を戻します。教科では、技術科の鈴木さんに技術・家庭科の男女共学をもちかけたところ、彼は大賛成。私よりも一回り年上の彼は、戦後の男女共学だった「職業・家庭」をぎりぎり担当していて、共学の意義を知っていました。「職業・家庭」は、62年度から男女別学の「技術・家庭科」へと変更になり、戦後教育の柱の一つであった男女共学がここで崩れました。

男女共学の技術・家庭科を実施するため、私たちは職員会議で賛成を得た後、生徒たちや保護者にその意義を説明したところ、賛成の声が多く返ってきました。反対の声はありませんでした。

1年生は全面共学、2年生は半分共学、3年生はいままでどおり別学でのスタート。市内には以前から共学をしている学校が1校あり、その教員と授業研究を重ねることができて幸運でした。共学を始めた初年度は、教科書は「男子向け」「女子向け」教科書でしたので、足りない部分は印刷して教科書としました。1年次に別学授業を体験した2年生は、嬉々として授業に臨んでくれました。初めての調理実習でカスタードプリンをつくった際に、お皿に盛ったプリンをずっとながめている男子生徒に「食べないの？」と聞いたら、「もったいなくて食べられな〜い！」。体まで使って表現した姿が忘れられません。1年間の授業を経てアンケート調査をしたところ、共学に9割を超える賛成が得られました。

国連が75年を「国際女性年」と定め、79年の国連総会で女性差別撤廃条約を採択。日本は85年にこれに批准しました。批准するには、自国に残る女性差別の政策・制度を変革する姿勢を示すのが条件でした。教育においては、「男女同一の教育課程」「教育における男女の役割についての定型化された概念の撤廃」が要請されており、中学校の男女別学の技術・家庭科、高校の女子のみの必修家庭科が問題とされました。

この動きに加え、74年には「男女平等の基盤は教育にあり」が持論の参議院議員の市川房枝さんや教員、マスコミで働く女性などが発起人となって「家庭科の男女共修をすすめる会」が結成され運動が広がっていました。こうしたなか、技術・家庭科は77年学習指導要領改訂によって81年に「相互乗り入れ」が始まり、「女子向け」「男子向け」の教科書が男女同一の教科書になりました。「相互乗り入れ」とは、男子は家庭科領域から最低1単元を、女子は技術科領域から最低1単元を学校が選択し、共学あるいは共修するというものです。男女別学にこだわる勢力もあったことから、それまでのように男女別で同じ内容を習う「共修」の道を残していました。現在のように男女共学になったのは「相互乗り入れ」を始めて12年後の93年度から。高校家庭科が男女必修になったのは94年度からです。労働分野では男女による雇用差別が問題視され、また、「同一労働同一賃金」にすべきと指摘され、85年に「男女雇用機会均等法」が成立（施行は翌年）したものの、いまなお男女格差が是正されていない現実を見れば、12年をかけて技術・家庭科が男女共学になったことの意味は大きいというべきなのかもしれません。

もっとも、日本政府は男女特性論・性別役割分業意識から抜けきれず、国連が要請した「男女同一の教育課程」ではなく「男女同等の教育課程」に変えて、国連に提案しました。その提案に各国から「差別される側にとって『同等』がしばしばまやかしとして使われてきたではないか」と批判が起き、結局日本政府は「男女同一の教育課程」で署名しました。共学になった家庭科教科書は、日本社会に根強くはびこる性別役割分業意識や性差別意識を解消するため、そのことを問う学習内容を設けるのが最も重要であるのに、それはほとんどと言っていいほどなされてきませんでした。近年、「性の多様性」や「性のアイデンティティ」についての運動の高まりのなか、それを教科書が取り上げるようになったのは喜ばしいことです。声をあげる人たちがいて、社会が、教科書が変わる。このことも「声をあげることで社会が変わる」その一例です。私自身は、家庭科の授業内容を自主編成してきたので、性別役割分業意識についても初年度から取り上げてきました。

横川中での初めの1～2年は家庭科や平和学習の教材づくりに追われて、私は睡眠期間を削る毎日。でも、やりたい仕事だから毎日が楽しく、充実していました。私が体力的に恵まれており、第一子の喘息《ぜんそく》もよくなっていたからできたことでした。

横川中在職最後の89年、学習指導要領の改訂で「国旗・国歌」条項に「(教員が：筆者補足）指導するものとする」と明記されました。学習指導要領は通常、小学校は3年、中学校は4年の移行期間を経て本格実施となるのですが、「国旗・国歌」条項に限っては、前倒しで89年の卒業式から即実施とされました。

前倒しで改定直後から実施とされた前例が一つありました。58年改訂の特設「道徳」です。「道徳」は戦前・戦中の「修身」の復活だと、日教組を中心に反対運動が起き、文部省（2001年以降、文部科学省に変更）は教科にできずに特設としたのですが、移行期間をとらずに前倒しとしました。前倒しには、政府・文部省の焦りが読みとれます。

その特設「道徳」が小学校は2018年度から、中学校は19年度から教科「道徳」となりました。このときは10年ごとの学習指導要領の改訂を待たずに、「愛国心」を教えこみたい安倍首相（当時）が、12年に滋賀県大津市で起きたいじめ自殺を利用して教科化に動いたのでした。

学習指導要領の移行期間や改定時を待たずに開始したのは、この3回です。いずれも子どもたちに一刻も早く、政権の価値観を刷りこもうとしたのでした。このようにして、子どもの人格形成を保障すべき学校が、それを放棄し、国家の人材づくりに加担していったのです。

「日の丸・君が代」については、城山小と同じく横川中も実施しておらず、私は生徒たちに卒業式前に多少の話はしたものの、詳しくはしてきませんでした。しかし、89年の学習指導要領の改訂によって「日の丸」掲揚をするよう市教委が圧力をかけてくるだろうことは予測できたので、この年から「日の丸・君が代」の歴史や意味についての授業を始めました。八教組の女性部（私は副部長、後に部長）では、「日の丸・君が代」の授業報告学習会を重ね、教材づくりに励みました。

異動要綱が示す「同一校10年」の限度が来て、私は１９９０年に八王子市立石川中学校に異動となりました。石川中での最初の職員会議では、数日後に控えた入学式について「『日の丸』をポールに立て『君が代』斉唱を式次第に入れる」と校長から提案されました。提案の理由を質したところ、「校長のお願い」といいます。これを開校以来、論議せずに実施してきたとのことでした。私は唖然とし、「職員が皆で討議してそう決まったのなら（あとから着任した私は）発言しないが、職員会議で論議し決定すべきことを校長に委ねるのでは、私たち教員が生徒たちに責任をもって教育に当たることはできないでしょう。責任の放棄ですよ。他の件のようにここで論議し決定しましょう」と発言したところ、「『日の丸』も『君が代』も、侵略戦争を肯定する」と認識する発言がかなり出されました。採決の結果、「『君が代』斉唱はしない、『日の丸』はポールに掲揚する」となりました。この年度の卒業式では『日の丸』も掲揚しない」となりました。以降、数年間は、『日の丸・君が代』を実施しない卒業・入学式が行なわれてきたのですが――。

石川中の技術・家庭科は、89年度までは文部省が示した「1時間の相互乗り入れ」（1年次に食物と木工を男女ともに履修）でした。私が着任した90年に1年生の共学を始め、3年生までの全面共学に移行したのが92年。生徒や保護者はほぼ全員が共学に賛成してくれました。ひろしま修学旅行と平和学習についても学年職員は賛成してくれ、また、男女混合名簿や校則の見直しなどについても、学年会議で提案すると賛成が得られていきました。どの課題についても、教育観を示して論議を重ねることで互いに勉強しあい、それが生徒たちに還元されていったといえます。

石川中で私が受けた処分や攻撃については後述しますが、それらを受けても私の負担にならなかったのは、同僚たちと教育論議を基底に教育をつくる日常があり、そしてそれを受けて学校の主人公として行動する生徒たちの存在があったからでした。

教科書が隠す事実を生徒たちに提示する授業に取り組む一方、「日の丸・君が代」等の問題が起きるなか、私は次第に、1人の教員として政権の価値観の刷りこみをしないのはもちろんのこと、職場の教員集団としてそれをさせないことの重要性を考えるようになっていきました。

2.「君が代」不起立以前に受けた処分

I

1994年3月、八王子市立石川中学校での卒業式の朝、校長が揚げた「日の丸」を降ろして減給1か月処分

「校長先生、揚げないで」の生徒たちの声のなかを

これが私の最初の処分でした。八王子市立石川中学校（90年から10年間在職）の94年3月の卒業式の朝、職員会議の決定を反故にして、永井校長は校庭のポールに「日の丸」を揚げてしまいました。前日に続き早朝から非組合員も含めて私たち職員は、職員会議の決定どおりに「日の丸」を揚げないよう校長に申し入れをしていたのですが、もの別れとなり、再び私を含む数人が校長室に入ると、校長は机の引き出しから「日の丸」を出し、左手に「日の丸」を、右手にカメラを抱えて校長室の自席から走り出しました。校庭のポールに向かう校長に揚げるのを断念させようと、私は校長のあとを追いました。一緒にいた同僚数人もあとに続きました。

「校長さん、人間としての良心をもってください。『日の丸』を揚げることが大事だなんて、

あなたは思っていない。考え直してください」。教室の窓からポールまでは数メートルの距離。やり取りに気づいた生徒たちが教室の窓から「校長先生、揚げないで」「勝手なことはやめて」と訴えるなか、校長は「日の丸」を揚げ校長室に戻っていきました。この時点では、1クラス2〜3人が登校していたようでした。

生徒たちは「根津先生、降ろして」。生徒に降ろさせてはならない。1987年の沖縄・読谷高校の卒業式の朝、「日の丸」を降ろした生徒がその後非難されたことが、私の頭をよぎりました。沖縄での掲揚は、この年に予定される国民体育大会を前に、文部省が「日の丸」掲揚率0％の高校、あるいは0％に近い小中学校に徹底して「日の丸」掲揚を「指導」したことによります（実際は指示・命令し圧力を加えたのですが、文部省が都道府県教育委員会に、都道府県教育委員会が区市町村教育委員会に、さらには教育委員会が校長に指示することを「指導・助言」と言い繕います。それぞれが独立した機関であり、本来なら教育委員会による校長への指示・命令は、「校長は校務をつかさどり（る）」（学校教育法28条および40条）に抵触し違法となるためです）。

「そうだね、降ろすしかないね」。私は生徒たちの声に応えて、また、石川中の民主主義を守るために「日の丸」を降ろすことを決意しました。そして降ろした「日の丸」を校長室に届けました。が、私の判断は甘かった。校長は、考えられない行為に出ました。またもや校長は「日の丸」を抱えポールに向かって走り、再び揚げたのでした。この時点では生徒も大方が登校しており、窓から身を乗り出さんばかりに大勢の、ほとんど全員かと思われるほどの生徒が校長に「揚げないで」「揚げるな」「降ろして」「降ろせ」と叫び、また、ポール下に出てきた生徒もいました。校長が「日の丸」を揚げているところに3年生の男子生徒が2階の窓から昇降口屋根上に出たと思うや、雨どいをつたって降りてきました。一瞬の出来事でした。「危ない！」私は気が動転するなか、その生徒は校長に「やめろって言うんだよ、おい」と迫りましたが、校長は2回目の掲揚を終えました。その時点で駆けつけた教頭は、「揚がった国旗を撮らなくちゃ」と独り言のように、そして自慢げに言いながら写真に収め、「校長さん、揚げた証拠写真は撮りましたから、もう行きましょう」と校長を促し、連れだって去っていきました。

「校長先生、ひどい」「下げろよ」「鬼だ」と生徒たち。

校長がいなくなって、私は生徒たちの「先生、降ろすでしょ」「降ろして」の声に、「(やっぱり降ろすしかない)」と、今度は一瞬のためらいもなく「降ろそうね」と言って降ろしました。生徒たちの歓声がひときわ高く、聞こえてきました。

私が降ろし終えると、先の3年生生徒が「日の丸」を破いてしまいました。それによって、校長は3度目の「日の丸」掲揚はできなくなりました。

まさかの校長のこの行為は、市教委から「指導」された「日の丸」掲揚だけが校長の頭を占領していたことによるのでしょう。教頭の頭も校長と同じく、その任務だけが占めていたのでしょう。

8時40分、「日の丸」旗を校長室に届けにいく私に、2人の1年生が「私たちも校長室に行っていい？　校長先生に抗議したい」とついてきて、抗議しました。Aさん、「校長先生には心がないんですか」。校長は答えません。Aさんの「なぜ揚げるんですか」には「学習指導要領にあるからだ。法で決まっているからだ」と校長。Aさん、「日の丸の赤は殺された人の血の色なんだ。日の丸を見るのが嫌だという人がいるのに、なぜ揚げることができるのですか。職員会議で揚げないって決まったでしょ」。すると教頭は「誰が扇動したんだね、誰が」と繰り返しました。Aさん、「扇動なんてされてない。扇動されて動くようなことはしない。新聞を読めば、『日の丸』が問題だと書いてある。読めば中学生にだってわかる。子どもだって、人間なんだ」。続けて、「校長先生はいくら勉強ができても、人の心はもっていないんだ。校長先生が揚げなければ私たちは校長先生を尊敬できたけれど、これじゃできない。校長先生は生徒たちに尊敬されたくないんですか」。

校長はAさんたち生徒の顔を見ることもせず、机の引き出しに入れた録音テープが回っているかを確認していました。

「校長先生は教育委員会がそんなに怖いんですか」には「ああ、怖いよ」、「臆病なのか」には「ああ、臆病だよ」。「じゃあ、校長先生は馬鹿だね。生徒がこんなに訴えているのに、校長先生はずっとへらへらしている。涙も流さない」とAさん。教頭は「これは紅衛兵ですね。次々とものを壊す紅衛兵と同じですね。恐ろしいもんだ。そんなことを教育して。ひどい偏向教育ですよ」。校長は「そうだ、そうだ」と、この場を収める気すらありません。「校長先生が式に出るのなら、私は出ない」というAさんを説得し、私たちは式場に向かいました。

式は順調に進み、私も式場係のチーフとして、ぬかりなく仕事を進めました。「校長の祝いのことば」で校長が言ったことは、「卒業生に二つのことを希望します。その一つは、相手のことをよく考えて行動してほしい。皆で決めたことは守りましょう、自分本位ではなく。他の人はどうでもいい、こういう人は反発されます」。式が終わって、生徒たちは口々に、「校長先生、よくあんなこと言えたもんだ。あれは自分のことじゃないか」「校長は、『皆さん、ぼくのようにならないでください』って言えばよかったんだよ」「俺が校長先生なら、たとえあの文を考えていたとしても、それは言わないで別のことを言っていたけどな」と言っていました。

私は永井校長が職員会議の決定を反故にして「日の丸」掲揚を強行するかもしれないと考え、前夜、そのことを予想して模造紙に「今、校庭のポールには『日の丸』が揚がっています。（略）職員会議の決定（略）を無視して校長先生は揚げました。／皆で決めたことは守るということは民主主義の基本です。この基本が踏みにじられるなんてことはあってはならぬことです。（略）せめてあなたたちに事実を伝えることは人間としての責任だと考え、ここに伝えます（略）／根津公子」と書き、私が通勤に使っている車に貼ろうと用意していたのですが、それはお蔵入り。こうした顚末に至ったのでした。

翌月の入学式では、永井校長は生徒が登校していない7時27分に「日の丸」をポールに揚げ、証拠写真を撮って降ろしました。私がその事実を朝学活で生徒たちに伝えたところ、生徒たちは全員が、「卒業式で校長先生がなぜ、『日の丸』を揚げたのか、生徒の声を聞かなかったのかを聞きたい」と言いました。朝学活で私が話したことは瞬く間に学年の全クラスに伝わり、各クラスの代表が「私のクラスでも聞きたい」と言いに来ました。そこで、私は最初の家庭科の時間をそれに当てようと考え校長に要請し、校長は承諾。校長は、1クラス目の私が担任するクラスのときには教室に来たのですが、2クラス目からは渋り、4クラス目では拒絶しました。拒絶された生徒たちは、話しあって質問書にまとめ、校長に書面での回答を求めました。

どのクラスからも「職員会議で決めたことをなぜ守らないのですか」「私たち生徒の意見を取り入れてほしい。反対意見を聞くべきです」と声があがったことに対し、校長は「私は上司の指示に従います。命令に従うのが校長の職務です」「生徒会で反対決議をあげても、揚げます」。「教育行政のためには、生徒を犠牲にしていいんですか」には、「そういうこともあります」。恥ずべき発言とさえ校長は感じなかったのでしょう。それほどまでに、判断力を失っていたということです。卒業式の始まる前に生徒たちが抗議するなかで校長が「日の丸」を揚げた際にも感じたことですが、戦時中でなく平時であっても、「指導・助言」＝指示・命令とはこうしたものなのだと、実によくわかりました。

永井校長の掲揚行為と発言は、生徒たちにとって社会を考える上での身近な題材となり、生徒たちは校長を反面教師にして、自分たちの学校をつくっていきました。後述しますが、卒業式・入学式では「日の丸」を持ちこませないよう、卒業式実行委員会が中心になって校長交渉を行ない、校長によっては市教委からきつく「指導」されるなか、生徒たちの声に押されて掲揚を断念したり、早朝に証拠写真を撮って降ろすなどの選択をしました。

生徒たちには学校に自分の為すべきこと・居場所があったのでしょう、私の所属学年では「不登校」の生徒は私が在職した10年間で、小学校低学年のときから学校に来ていない生徒1人だけでした。そして、生徒たちは学年の教員集団を信用してくれていました。

この「日の丸」を降ろした行為で私は減給1か月処分とされました。この処分取り消しについては、所属する八教組が弁護費用を負担をしてくれた都人事委員会の審理のみを行ないました。

処分発令は同年4月25日

減給1か月による賃金の減額は、給料の10分の1＋夏期期末勤勉手当の15％＋昇給延伸3か月。都教委が「処分発令書」とともに私に出した「処分説明書」には、根津の行為は「地方公務員法第32条及び第33条に違反する」と書かれていました（第32条は法令等及び上司の職務上の命令に従う義務、第33条は信用失墜行為の禁止）。

しかし、都人事委員会裁決は、32条にはひとことも触れずに、学校教育法40条（同法28条3を準用）を用いて、根津の行為は信用失墜行為だとして、次のように判じました。「学校教育法40条（同法28条3）は『校長は、校務をつかさどり、所属職員を監督する』と校長の職務を規定し、（略）校長は校務について決定権を有すると認められる」「日の丸旗の掲揚に関する事務が当該校務に含まれるというべきである」「職員会議における検討及び決定を尊重することが望ましいと認められるにしても、同会議の決定に拘束されると解することはできない」と言ったうえで、「以上によれば、永井校長が前記の慣行に基づく職員会議の決定という手続きを経ないで本件各掲揚行為を行ったとしても、同掲揚行為が違法であるということはできない」としました。

学習指導要領等を根拠に教育行政が行なっている、校長に対する「日の丸」掲揚の指示は、「憲法26条（教育を受ける権利）、教育基本法10条1項（教育行政の不当支配の禁止）違反」だとの私の主張については、裁決は次のように言いました。「新学習指導要領の国旗掲揚条項は（略）大綱的基準であると認められ、したがって、同条項自体が憲法26条及び教育基本法10条1項に違反するとは言えない」「処分庁及び八王子市教委の教育機関への関与の程度が、指導、助言にとどまるときは、少なくとも、憲法26条及び教育基本法10条1項の規定に違反しないものと解される」「永井校長は、（略）八王子市教委の当該指導を踏まえ、自らの責任と権限において、本件掲揚行為をなしたものと認められる」「以上によれば、処分庁及び八王子市教委は、（略）指導にとどまったのであるから、憲法26条及び教育基本法10条1項に違反したとは認められない」。

永井校長は「上司の命令に従います」と公言し、したがって実態は「市教委から校長への指示・命令」であったのに、裁決は実態を見ずに「指導にとどまった」としました。同僚や保護者が証言してくれたことについてはひとことも触れないままに、根津の行為は「教育公務員としてあるまじき著しく軽率な行為であり、地公法33条所定の信用失墜行為に該当する」としました。

地公法32条「職務命令違反」を裁決が取り上げなかったのは、卒業式後の3月24日に校長が市教委に提出した「報告書」に「どきなさい」などと校長が私に向けて何度も発した言葉が書かれていなかったことと、校長尋問の際に、永井校長は「なぜ妨害するんですか、と言ったことははっきり覚えています」とは言ったが、「『職務命令ですから』という言葉を使った記憶は」と聞かれて、「そういう言葉は使いませんでした」と証言したからだと思います。

裁決は生徒たちの声をまったく無視し、「寝た子を起こ」した根津を断罪するものでした。しかし、職員会議について「職員会議における検討及び決定を尊重することが望ましいと認められる」と述べた部分は、職員会議を校長の諮問機関、さらには伝達機関とする現在とは隔世の感があります。

職員会議の性格を変えたのは、2000年の学校教育法施行規則改訂によります。「1．小学校には、設置者の定めるところにより、校長の職務の円滑な執行に資するため、職員会議を置くことができる。2．職員会議は、校長が主宰する」（48条）と。

それまではこうした規定はなく、東京都では都教委・都教組（東京都教職員組合）確認（1972年1月10日）で、「①職員会議の運営に当たっては、全教職員の意見が反映するよう民主的に行われるべきである。②職員会議でまとまったことについては、十分尊重されることが望ましい」とし、多くの学校がこのように職員会議で論議・決定し、実行していました。ただし、「日の丸・君が代」に関しては、私が新採用で赴任した江東区立大島中学校のように、この確認が活かされていない地域や学校が少なくはありませんでした。八王子では多くの学校でこの確認が、ある時期までは活きていましたが、90年代終わりからの政治の右傾化に伴って教育の不当支配（教育への政治介入）が強まり、教員たちは抗しきれなくなっていきました。

闘いのなかで克服すべきこと

人事委員会での闘いをするにあたって、私は当時都立大の学長をしていた山住正己さん（教育学）に人事委員会審理で証言してほしいとお願いをしました。山住さんの著書や映像での語り（日教組制作）から、私は「日の丸・君が代」について多くを学んできたからでした。しかし、氏から来た返事は、予想もしないものでした。

「お手紙と資料拝見しました。重要な活動に取り組まれておられること、大変嬉しく心強い思いがいたしました。私がこれまで書き話してきたことからいって、とうぜん支援のための活動をすべきところですが、目下公立（それも都立）の大学の責任者をつとめており、御希望にそえることは残念ですができません。皆さまによろしくお伝えください。いただいた資料は大事に活用させていただきます。」

「目下公立（それも都立）の大学の責任者をつとめて」いることが断る理由。このことに納得がいかず、私は質問書を送りましたが、返事はありませんでした。大学に電話も入れましたが、氏は対応してくれませんでした。質問書に私は「質問にこたえてくださらない場合は公表させていただきます」と書き添えました。私の返信は次のとおり。

「お返事承りました。ご返信をいただいてから私には理解できないこと、疑問がいくつか生じてしまいました。（略）教えていただきたいのは、断りの理由『目下公立（それも都立）の大学の責任者をつとめており』についてです。

①公立・都立の大学の責任者が証言してはいけないのはなぜなのですか。証言するとどこかに（大学にとか、山住さん個人にとか）支障が生じるのでしょうか。それとも支障が生じるのではなく、別のいけない理由があるのでしょうか。

②私と山住さんとでは格がまったくちがいますが、私も公立学校の職員です。とすると、私の行為は『公立学校の職員として』、してはいけない行為だったのでしょうか。公立学校に身を置く者の責任・任務とは、どういうことを指すのでしょうか。私はまさに、公立学校の教員として『日の丸』を授業で取り上げ、『日の丸』を降ろしたのですが。

お忙しいなかを本当に申し訳ありませんが、どうぞ、教えてくださいますよう、お願い申し上げます。」

氏にとって、何のための学問研究だったのか、そこには倫理があったはずなのに、と疑問がいっぱい。情けなくも思いました。このやり取りをここに記すことの是非を、何度も考えました。いまも躊躇しています。でも、事実は事実として掲載することにしました。建前と本音が異なる人たちがいかに多いかをこの時点でも感じてきたし、2003年に出された「10・23通達」（後述）下の闘いのなかではさらに感じてきたことから、こうした現実と向きあい、解決し克服していくことがお互いの信頼につながり、闘いを良いものにしていくと思ってのことです。とりわけいま、政治が「戦争する国」に急速に向かうなか、これに翼賛する人たちが出てくる不安があるので、なおのこと、記すことにしました。

その後も闘いのなかで不信感を募らせることに遭遇しました。「君が代」不起立の闘いのなかでのことです。私が停職3か月処分とされた2006年、「君が代」不起立処分と闘うある組織の弁護士さん2人から別々に、お1人からは頭ごなしに「もう、不起立をやめろ」と、もうお1人からは「こんなことを言うのは申し訳ないですが、不起立をやめてほしい」と言われましたし、組織の代表数人（すべて男性）からは呼び出されて「いまは裁判をするな。あなたたちが裁判して負けたら、他に響く。我々の裁判は勝訴するから、それまでは提訴しないように」と言われました。同じ思いで闘っているはずなのに、なぜこの人たちは、私（たち）を支配できると思ってるの？　と私の頭は混乱しました。私たちが女だから言えてしまうのではないか、悪意はなくても上下関係の意識が無意識のうちに働いたのではないかと思いました。同じ思いで行動してきた〝仲間〟と思ってきた人たちからのハラスメントは、私にとってはとてもきつく、苦しみました。このことがあってから12年後、私はこの弁護団のトップの方に会う機会があったので、その件について聞きました。しかし、彼は「知らない」ということでしたので、「これは、2人の個人としての動きではなく、組織としての動きだったはず。調べて返事をください」と要請したところ、受け入れてくれましたが、それから5年経ったいまも返事はありません。

闘う仲間について記すのも迷いに迷った挙句のことです。「日の丸・君が代」に限らず他の社会運動を進める人たちの中にも、女性差別をはじめとするマジョリティ男性としての権力意識をもつ人が少なからずいると、私はたびたび感じてきました。克服しなければならない課題であり、ここでも声をあげなければ変わらないと思い、事実を記すことにしました。

一方、権力の座にあっても、権力を振り回すことに抵抗がある人もいます。2021年9月21日、招かれて参加した教育を語る映画会（ビデオプレス制作の『君が代不起立』を上映）会場で、思いもかけない人から声をかけられました。1994年の卒業式の件で私を事情聴取した、八王子市教育研究所の高崎所長（当時）でした。私のことがずっと気になって見てきたと言いました。彼は、「教委側人間となっても染まることはしなかったので、冷や飯を食わされた」とも言いました。彼は私について、都教委に事故報告書を提出したのですから、私の処分に加担した人物です。その自覚が、どの程度かはわかりませんが、多少なりともあったのだと思いました。

八教組女性部で混合名簿実現のために何度か高崎さんと交渉をしたのは90年代。高崎所長だったから、八王子では混合名簿の実現がスムーズに進んだのだと合点しました。その混合名簿も、10・23通達発出等と絡む形で、「東京から日本の教育を変える」と豪語した石原都知事支配のもと、都教委は弾圧の対象としました。将棋棋士の米長邦雄教育委員は、異動要綱とともにジェンダーフリー教育を敵視し、「『女男混合名簿』を押しつけたりするような教育長、あるいは指導室長がいたら、それは越権行為であり違法行為であるから、すぐに校長先生、東京都のほうに出してください」と校長たちに向かって話し(2004年4月9日、教育施策連絡会)、その米長発言に沿って、性教育および混合名簿をはじめとしたジェンダーフリー教育への弾圧が続きました。

しかし、それから20年近くが経ち、性の多様性や性差別禁止を訴え行動する人たちの動きが社会に見える形で強まり、行政もその動きを受け入れざるを得なくなってきました。声をあげることの重要性がここでも見られます。私の住む八王子市では、2022年度中に「(仮称)八王子市男女共同参画社会の実現を目指す条例」を制定することになり、それに先駆けて市教委は22年4月からすべての小中学校で男女混合名簿を実施しました。現場の教員たちの要求からの実施ではないことが情けないですが、実施によって教員たちの意識が変革されるよう、市民として働きかけていきたいです。23年2月、「八王子市男女共同参画推進条例」が成立しました。

他の中学校でも

「日の丸」掲揚に反対したのは、石川中の生徒たちだけではありませんでした。石川中の石川教頭は、永井校長の「日の丸」掲揚に反対した生徒に向かって「誰が扇動したんだね、誰が」と、扇動されなければ生徒が反対するはずはないと思いこんでいましたが、他の中学校でも扇動されずに行動した中学生がいました。当時のその新聞記事が私のノートに挟まれていました。

94年3月17日の毎日新聞は「社会　事件　ひと　話題」という欄で、「『君が代』『日の丸』より『主役はボクら』『中学生も『反対』署名』」「卒業式『説得続ける』校長」の見出しを付け、東京・調布市立第三中学校の生徒たちの行動を紹介しました。

「19日の卒業式での『日の丸掲揚』『君が代斉唱』の強制に反発している。3年生（285人）の3分の2が反対の署名をし、17日にも校長に提出する。（略）3年生の男女数人が『君が代は天皇の支配が永久に続いてほしいという意味で、戦前の学校教育と戦争で普及させられた』『日の丸は君が代とセットになって軍国主義のシンボルになった』と考え、強制に疑問を持った。3月に入って、放課後や自宅で話し合い、数回、3年生の学年主任らの教師に相談した。しかし、教師側は、『君たちの考えは理解できるが、学校の方針に従ってほしい』と説得した。／納得できなかったこの生徒たちは他の生徒たちに訴えようと、『私たちは日の丸・君が代の強制に反対します』と書いたビラを3年生全員に配布、14日から各クラスを回って署名を集め、約200人が賛同した。／杉山校長は『国際社会を生きるうえで、国旗、国歌の尊重は他国を理解することにもつながる』と説得しているが、男子生徒の1人は『国旗、国歌についてはは人によっていろいろな考えがあり、教育の場で強制するのはおかしい。

卒業式は僕たちが主人公だ』と話している」

教員たちのなかに1人も生徒の行動を支持する人がいなかったことに愕然としますが、それが当時でも現実だったのだと思います。3年の学年主任らの発言、「君たちの考えは理解できるが、学校の方針に従ってほしい」は、その前半と後半が矛盾しています。もしも、「日の丸掲揚」「君が代斉唱」の教育的意義を感じていたなら、「理解できるが」とは言わずに、教育的意義を熱意をもって述べ、生徒たちを説得したうえで「だから、学校の方針に従ってほしい」と言ったはずです。教員たちは「日の丸・君が代」には反対だが、校長＝学校の方針には反対はしない、と職員会議で申しあわせ、その線で生徒たちを説得しようとしたのではないか。毎年校長の横暴を黙認してきた結果、生徒にまでこうした説得に出てしまったのではないかと私は思いました。生徒からの問いかけに、教員たちは、身近な社会問題である「日の丸・君が代」について考え学びあう機会とすべきでした。生徒たちがその機会を提供してくれたのに、その仕事を無責任にも放棄した。なぜなのか。このような対応をして恥ずかしくはなかったのか、と思います。

ちょうどこの時期、八王子市市議会議員であった萩生田光一氏（現衆議院議員）は、「文部省の指導要領に従えない、納得をしない人たちというのは、どういう人たちなんですか」「国旗を掲揚されなかった学校については、教育委員会としては、今日までどのような指導をしてきたのか」などと質問し、「市教委は全小中学校に『日の丸・君が代』を実施させるべき」と主張しました（92年第1回八王子市議会定例会一般質問）。調布三中の教員たちが生徒たちを「説得」する側に回り、教育を放棄してしまったのは、萩生田議員のような教員叩きに脅えたからなのでしょうか。

もう1件は神奈川県公立中学校の2年生が入学式の朝、校庭のポールにはためく「日の丸」を降ろしたこと。

「ルポ　教育の曲がり角　ある少女の転校」（池添徳明氏『週刊金曜日』1996年8月30日号）は「神奈川県のある公立中学校で、校長が入学式のために揚げた日の丸が降ろされた／降ろしたのは2年生の女子生徒／陰では「ぼくたちがやらなかったことをよくやってくれた」「応援しているよ」などと励ました教師たちは、校長の前では沈黙を守るだけだった／そして約1か月後、彼女は転校した」と要旨を書いたうえで詳細を記しています。

この報告を読んで、彼女の行動に心が震えました。自身がまちがいと考えることに妥協できず、自然と体が動いた彼女の行動とそのときの彼女の気持ちに。と同時に、生徒から問題提起されてもなお逃げてしまう教員たちが情けなく、いやそれ以上に教員たちの逃げが彼女を崖から突き落としたことに気づかなかったのか、信頼できる先生が1人もおらず転校に追いこまれた彼女の心のうちを想う教員はいなかったのかと、怒りがこみ上げてきます。

この二つの事例は、事実を知れば中学生も意見し行動することを示しています。

Ⅱ 1995年、学級だよりで文書訓告に

1995年3月19日発行の「2年2組の皆さんへ（保護者の皆さんへ）職員会議の決定を踏みにじった校長先生の行為を私は決して忘れはしない」と題した学級だよりで、私は文書訓告を受けました。記載内容は、94年卒業式の朝、校長が揚げた「日の丸」を私が降ろした理由、そして、前日の卒業式の早朝、証拠写真を撮るためだけに校長が揚げた「日の丸」についての報告でした。

保護者会で「日の丸・君が代」をめぐって質問が何人かから出され、保護者にも知らせてほしいと要請されたので、学級だよりにしたのでした。訓告は賃金面では不利益処分ではないので人事委員会審理の対象とはならず、また、損害賠償請求訴訟にもしませんでした。

2年2組の皆さんへ（保護者の皆さんへ）

95・3・19

担任　根津公子

「職員会議の決定を踏みにじった校長先生の行為を私は決して忘れはしない」

昨日の卒業式には、校長先生は生徒や先生たちの反対を封じて「日の丸」を掲揚してしまいました。揚げられた「日の丸」を見て「何とかならないの」と言ってきた生徒が何人もいましたが、表面上は何ごともなかったかのように卒業式は終わりました。でも、「校長先生のやったことはおかしい」と感じた一人ひとりの心が傷つきはしなかったでしょうか。石川中の皆がつくり上げてきた民主主義が壊された事実も残りました。

私は校長先生の行為に対し強い怒りをもち、ようやくのこと抑えています。生徒のあなたたちに対しては、校長先生の横暴をくいとめられなくてごめんなさいという気持ちでいっぱいです。

昨年から今年までの事実、私の思いを改めてお知らせし、皆で考えあっていきたいと願っています。

1．昨年、なぜ私は「日の丸」を降ろしたのか

職員会議で『「日の丸」は揚げない』と決定しており、先生たちは当日朝まで「職員会議の決定を守ってほしい」と言い続けたのに、校長先生はそれを無視して揚げました。私は校長の勝手な行為を許すことができず、職員会議の決定に戻すために降ろしたのです（知ってのとおり）。

皆で真剣に論議し決めたことは、皆で守る責任があります。1人のわがままや外部からの圧力によって、決めたことがくつがえされるようなことはあってはならないことです。それが民

主主義の基本ですね。

石川中ではここ数年、先生たちが真剣に話しあって「日の丸」を揚げない卒業式・入学式を行なってきました。心から卒業・入学をお祝いする式に「日の丸」は要らない、命令だから従うというのはやめよう、「日の丸」は侵略戦争に使った旗という意見が出され、『日の丸』は揚げない」と決定していたからです。

一方、5年前、文部省は「愛国心」を養うため「卒業式・入学式等で国旗を揚げ国歌を斉唱せよ」（国旗国歌は日本にはないが、文部省が指すのは「日の丸」「君が代」）と命令を下しました〔注：その後、1999年に「国旗・国歌法」が成立〕。命令にそむく者は「処分する」と言って。日本中の校長先生の大多数がそのときから一斉に、先生たちの反対を「処分」という力によって抑えこみ「日の丸」「君が代」を強行してきました（少数ですが、力によって抑えることはしない校長先生もいます）。

それでも石川中の先生たちは、まちがったことを通してはいけないと考え、「よくても悪くても上司（＝文部省・教育委員会）の命令には従う」と言う校長先生の横暴をくいとめてきました。揚げなくても校長先生が処分されることはないのですから、校長先生には、上司の命令だからと言ってすぐさま服従するのではなく、石川中の校長先生として、石川中の先生や生徒の声を大事にしてほしい、いいことか悪いことかを判断して行動してほしいと要求してきました。

しかし、昨年、校長先生は「日の丸」を揚げてしまいました。

私は、降ろしたら処分されることはわかっていましたが、降ろしました。

さて、ひとことで言えば、私は前に述べたとおり、「職員会議の決定に戻すために降ろした」のですが、なぜそうしたのか、私の気持ちに限って話したいと思います。

私は「日の丸」のもつ歴史的意味（国民を戦争に駆り立てる教育に使い、侵略した国々に立てた侵略戦争の象徴）は問題だと思っていますが、それだけで降ろしたのではありません。「日の丸」について何も感じていなかったとしても、降ろしたと思います。また、「日の丸」ではなくて、それが「まんじゅう」であったとしても反対し、食べません。

ここで問題なのは、権力を持つ者（ここでは文部省や校長先生）によって民主主義が破壊され、命令に絶対服従させられることです。人権なんてまったくなくなってしまうことです。いいことなら命令なんかしなくても、人々は自らすすんでやるものです。おかしいこと、いやなことだから命令を出すのではないでしょうか。

ちょっと図式にしてみます。

（みんなの気持ち）＋（命令）↓（命令どおりに服従する or 服従しないとおしおき）

A　戦争はいやだ＋戦争に行け↓戦争に行って殺す・死ぬ or 戦争を拒否して殺される

B　「日の丸」はいらない＋「日の丸」を揚げろ↓「日の丸」が揚がる or 降ろすと処分される

C　髪型は自分で決める＋肩にかかったら三つ編みにしろ↓三つ編みにする or しないと退学処分

D　　　　＋　　　　↓　　　　（Dは自分で入れてみよう）

ところで、日常の学校生活を民主主義・人権の問題で考えてみましょう。石川中では校則の見直しとかスキー教室の決まり等、先生たちが一方的に決めて「守れ」とは言いません。学級・学年・全校で話しあい、民主的に決めていますね（まだまだ不十分ですが）。私はこういうことをとても大事なことだと思っています。なぜなら、生徒も先生も、子ども大人のちがいはあっても、存在の大きさ（人権）は同等と考えるからです。一方が他方を支配してはいけないと思うからです。いつも私が言っている、「子どもの権利条約」の精神です。と同時に、あなたたちに、考えもせずに命令に服従する人ではなく、自分の頭で考えて行動する人になってほしいと願うからです。私もいつもそうありたいと思っています。

民主主義・人権がなくなり、命令が支配する学校を想像してみてください。きっと、戦争中の学校・子ども・先生のようになるのでしょうね。ぞっとします。

卒業式に校長先生が「日の丸」を揚げることに私が反対するのは、いままで述べたように「日の丸」が嫌いだからではなく、石川中の民主主義・人権を護るためなのです。

2. 今年度の入学式では

校長先生は誰もいない（私を含め数人はいたが）ところで、写真撮影をするため約1分間、「日の丸」を揚げました。そして降ろしました。

卒業式での行為を校長先生は少しでも反省して、そうしたのかと淡い期待を抱いていましたが、昨日、まったくそうではなかったことが証明されてしまいました。

3. 今年の卒業式をめぐって

職員会議では真剣に論議した末、今年も『日の丸』は揚げない」と決まりました。それでも校長先生は「揚げます」と譲らず、翌17日朝、「職務命令」を発動しました。「職務命令」とは、校長の命令に従え、ここでは「日の丸」を揚げることを妨害するな、というもの。命令に従わない者、妨害する者は「処分」するというものです。最もきつい処分は免職（＝クビ）です。

職務命令が出されたあとも、先生たちは校長先生に対し、「職員会議の決定を守ってほしい」「生徒たちも校長先生に不信をもっている。生徒の気持ちを大事にしてほしい」と要求し続けました。

しかし、7時40分、校長先生は「日の丸」を揚げました。

先生たちだけでなく、生徒の反対も強いのに、その反対に対し校長先生はこの1年間、1度たりとて「『日の丸』を揚げると愛国心が育つ」という話をし理解させることをせずに、しかし「愛国心を育てる」という教育の名において「日の丸」を揚げるとは、いったい何なのでしょう！

さて、私たちは職務命令が出され、校長先生を断念させることができなくなってしまいました。でも、「反対だ！」という意思表示だけはしよう、こういう事態を生徒や保護者の方々に知ってもらうほうがいいだろうと、私のワゴン車に「職員会議の決定を踏みにじった校長先生に抗議する」という抗議文を書いて貼りました。読んでくれたでしょうか。

それから、抗議のワッペンを作り、居あわせた何人かで服につけました。ところが、そのワッペンを見つけた校長先生は「ワッペンを外せ。職務命令だ」と言い、着けていた人を写真に撮りました。昨年私は「日の丸」を降ろしているところを写真に撮られ、証拠写真としてそれが教育委員会に送られましたが、今回もそのつもりなのかと心配です。

4. 今回私はなぜ降ろさなかったのか

もちろんいまも「おかしいこと（人の道にはずれたこと）はやめさせねば」と思っていることに変わりはありません。悩みに悩みました。そして、今年は、降ろすことはやめました。それにはいくつかの理由があります。その大きな理由は——

私が降ろしたら今度は免職（クビ）だからです。クビになって、時給700円のパート労働でも私1人くらい食べていける。くやしいけれど、それも選択肢の一つにありました。でも、今回は選択しませんでした（選択しなくても、遠くない時期にどんどんクビをきられる時代が来ると思えてならない）。それは、あなたたちとあと1年、生活をしたいと思ったからです（迷惑かも……）。一緒にいるのが楽しいのです。そして、あなたがたに教科書には載っていない、でも知ってほしい事実を伝え、一緒に考えたいのです。

初めて言いますが、私が教員になろうと思ったのは、私が受けた中学・高校の教育が受験のための教育で、本当に知りたいこと、いま社会で起きていることは教えてくれなかった、教えてほしかったと思ったからでした。

また、生徒であった私たちは、テストの度に成績順に得点を貼りだされ、人間性ではなく点数だけで見られていると思ったからでした。

だから、あなたたちに「先生、そんなこと考えたって日本の社会は変わらないよ、あきらめな」と言われても、また話したりするのです。まだ、そうしていたいと思い、クビになることを避けたのです。

以上お知らせしたのは、校長先生個人を攻撃するためでは、決してありません。皆さんに知る権利があるからですが、それだけでもありません。一番大きな理由は、あなたたちの最も身近なところで起きている社会問題として考えてほしいと思ったからです。そのための情報提供です（勉強です）。

「正義は勝つ」と言いますが、正義が負けることの多い社会が、残念ながらいまの日本なのではないでしょうか。「日の丸」問題を見るまでもなく、新聞やテレビのニュースで、政治や政治家のさまざまな問題を見ればそれはわかりますね。

「臭いものにはふたをしろ」と言いますが、ふたをしたって解決にはなりませんね。臭いものはふたを取って、臭さの原因を取り除かなければいけないと思います。

身近な石川中「日の丸」問題を問い返すことによって、人間が人間らしく生きられる社会とはどんな社会か、そのために私たちはどうしていったらいいか、何を勉強していったらいいか、考えてほしい、一緒に考えあいたいと思います。意見を聞かせてください（保護者の皆さまも）。

Ⅲ　1999年2月、自作のプリント教材で文書訓告に

次の処分は1999年、3年生最後の家庭科の授業（2月16日～19日）で生徒たちに問い、意見交換をした際に使ったプリント教材で、文書訓告処分にされました。

プリントは、「かつて『指示待ち』今、教祖を『告発』」と題した、オウム真理教信者・地下鉄サリン事件の法廷での豊田被告の発言を報じた朝日新聞記事を紹介し、「指示待ちはオウム信者だけだろうか」と問いかける内容のもので、あらかじめ秋山校長にも手渡し、「明日からこのプリントを使って授業をします。事実誤認や問題点があれば指摘してください」と告げておきました。

秋山校長からは何も言われなかったので、授業に入りました。私はこのとき3年の担任でしたから、卒業を控えた生徒たちへの「贈る言葉」としての授業でした。

3年生の最後の授業

以下がプリントに使った1996年11月21日付の朝日新聞夕刊の記事です。

「かつて『指示待ち』今、教祖を『告発』」（編集委員　降幡賢一）

「指示待ち人間」。21日午前、東京地裁で開かれた松本智津夫（麻原彰晃）被告の公判に、地下鉄サリン事件の「実行犯」の一人として出廷した豊田亨被告（28）の検察側証言を聞きながら、私はいささか言い古されたこの言葉を改めて心の中で繰り返していた。自分で考えて行動しようとせず、周りや上からの指示に黙々と従うことで身の安全を保とうとして、結局自分を失ってしまう現代の人間像。最後は無差別殺人にまで突き進んだオウム真理教という組織にあって、物理学者を目指していたこの秀才は、むしろ積極的にその典型を演じていたように見える。（略）

私の取材メモには次のような言葉が並んでいる。

「やりたくないという気持ちはありました。しかし、指示された以上はやるしかない、と思いました」

「正しいとか間違っているとか考えるのではなく、上からの指示は自分で判断するべきではない、無条件に従うべきもの、という思考が徹底していたのです」

「なぜとは考えなかった。なぜかを考えるより、指示があれば、それを遂行するのがすべてであり、その理由や背景は考えるべきではなく、また知る必要もないという考えがありました」

有名進学校から東大へ、さらに大学院へと進み、日本の理科系のおそらく最高水準の教育を受けていた一人の物理学徒。その被告が、こうしてかたくななまでに教祖に服従し、結果を考えずに無差別殺人に加担したのは、「尊師」の考えが「通常の思考では理解することができない深淵な意味を持つもの」であり、その指示はこの世の「救済」である、と信じたからだった。そうして被告は、「指示を実行することで頭がいっぱい、真っ白の状態」で、「被害者のことなど考える余裕がない」まま、指示通りサリン入りの袋をカサの先でついた、というのだ。

その証言を聞きながら、なぜ私たちの社会は、このような「指示待ち人間」を育ててきたのだろう、という思いに私はとらわれる。豊田被告の例は、現代の青年たちの中でも、極端な部類ではあるだろう。しかし程度の差はあれ同じような人物を、戦後の私たちの社会はせっせと拡大再生産して来たのではなかったか。その一人は、こうして自ら考えることまで放棄してしまっていたのである。

この記事の下に私は次のように書きました。

「やりたくないという気持ちはありました。しかし、指示された以上はやるしかないと思いました」「正しいとか、間違っているとか考えるのではなく、上からの指示は自分で判断するべきではない、無条件に従うべきもの、という思考が徹底していたのです」「指示を実行することで頭がいっぱい」「被害者のことなど考える余裕がない」。

豊田被告の言葉をあなたはどう捉えますか。

「卒業・入学式に日の丸を掲揚せよ、君が代を斉唱させよ」と、教委から指導された全国の校長のことばと同じに聞こえませんか。思考は同じ、だとは思いませんか。（略）

恐いのは、「指示」や「指導」「命令」をする・される関係が成立すると（これがマインドコントロール）、どんなに邪悪なことだって抵抗せずに、やがてすすんで実行してしまうことです。平時は絶対にしてはいけないと思うことでも、命令服従の関係が成立すると、やってしまうのが人間なのです。これはオウムに限らず、歴史を見ればどの時代、どこの場所にも共通して見られることです。

日本の侵略戦争でもしかり。（略）

現在だってそうです。厚生省・製薬会社ぐるみのエイズ隠し、大蔵省・金融・証券会社の不正などなど、命令服従の体質が起こしたことでしょう。

さて、「日の丸・君が代」の歴史や意味、揚げたり歌ったりすることの「意義」を校長先生から説明もされぬまま、あなたたち子どもが見させられたり歌わされたりすることを、あなたはどう思いますか。卒業式の主人公はあなた方です。

生徒たちの何人もが、部活動で先輩の指示に、考えずに、あるいはおかしいと思いながらも従ってしまってきたと発言しました。自分の頭で考え判断することの大切さを再認識したように思います。少なくとも、プリントに書いたことに異議を唱える生徒はいませんでした。

八王子市教委の反応

1999年2月19日、「根津が授業で『日の丸・君が代』に反対するプリントを配った。調べてほしい」と保護者を名乗る人から市教委に連絡が入ったと秋山校長から告げられました。翌20日には、月1度行なわれる学年PTA役員会があったので、私はそこでこのことを報告し、私がこの授業をした理由を説明しました。当時の石川中の保護者たちの多くが、こうした問題に関わりたくないという姿勢ではなかったので、私は報告できたのです。20年が経過した現在だったらまちがいなく受け入れてはもらえない、さらには弾圧されるだろうと思います。

学年PTA役員会は、根津を処分しないよう石川中PTAとして市教委に申し入れようとPTA役員会で提案したとのことです。しかし、教員の人事にPTAが口を挟むのはいかがなものか、という意見が出され、決定には至らなかったと、学年PTAの方から聞かされました。その直後、学年の保護者10人ほどの方が、個人で、あるいは連名で校長・市教委に宛てて、私の授業を支持する手紙を出してくれました。

この件は、「保護者の苦情」があったか否かにかかわらず、石川中学校区在住の高木順一市議会議員（自民党）と市教委和田主幹が結託して、私を学校現場から外そうとした事件でした。高木議員は3月8日に行なわれた予算特別委員会で、「偏向教育をした（略）あの教員を異動させてくれ。それができないのなら授業を持たせないように」と言い、卒業式後の3月26日に行なわれた一般質問では、「石川中の生徒を守るために」と題して嘘と偏見で固めた発言を繰り広げました。プリント問題にとどまらず、「卒業式は学校行事であって、生徒が主体ではない。石川中の卒業式に参加したが、異常な光景だった。式次第に国歌斉唱がない」に始まり、卒業式での「別れのことば」を指して「スキー教室では夜までマインドコントロールがされて皆の気持ちが一つになったとか、ひろしま修学旅行では語り部から聞くような指導がされたとか、そういうことを生徒に言わせている卒業式はマインドコントロールの総仕上げであった」と。石川中では卒業式・入学式に議員を招待しなかったのですが、高木市議がどのようにして式場に入ったのか、不思議でした。

和田主幹は都教委に「厳重な処分」を求めて事故報告書を出し、何度もかけあってきましたが、都教委は「指導内容での処分は前例がない。また、適切な校長の指示がなかったので、処分に至らない」と回答したとのこと。そこで、市教委は市教委の権限で発令できる文書訓告にしたのでした（2004年2月5日東京地裁八王子支部での和田参事証言）。和田参事（1999年度、主幹から参事に役職名が変更された）は6月の市議会一般質問で、処分に反対する井上睦子議員の質問に対しても、「この教師の指導につきましては、極めて不適切な指導を行なったものと認識しておりまして、東京都教育委員会には厳重な処分がなされるよう強く、今後も求めていきたい」と答弁しました。3月から都教委に「厳重な処分」を求めては突き返され、8月まで繰り返し求めてきたのでした。

そのため発令が8月30日となった訓告文書は、「校長による国旗・国歌に対する指導が、あたかもオウム真理教と同じマインドコントロールされた命令・服従の指導であるとしたプリントを配付し、職員会議の内容を生徒に示し、校長の学校運営方針を批判するに等しい授業を行った。／かかる行為は、地方公務員法に抵触する、教育公務員たるにふさわしくない行為であって、学校及び職の信用を著しく傷つける誠に許しがたいものである」と記しています。個人情報でない限り、職員会議の内容を生徒に示すことは、石川中では校長も認めていることであり、それを私は秋山校長同席の市教委事情聴取で主張したのに、訓告文書は現実を踏まえない一方的なものでした。

また、私は、「全国の校長のことば」と記したことについて、秋山校長個人を批判したのではなく、文部省・教育委員会の「指導」を受けた「全国の校長」を問題にしたのだと主張しましたが、文書はそれも無視しました。

和田参事は「訓告」書の手交に際し口頭で、「『入学・卒業式に『日の丸』を掲揚せよ、『君が代』を斉唱せよと、教育委員会から指導された全国の校長のことばと同じに聞こえませんか』は学習指導要領逸脱」と私に告げました。朝日新聞記者の質問には、「考えましょう、と生徒に呼びかけるのは指導要領に異を唱えることで、受け入れられない」（1999年11月21日、朝日新聞）とも言いました。

市教委べったりの判決

この文書訓告に対し、私は裁判に訴えることにしました。

秋山校長は東京地裁八王子支部での原告側尋問で、次のとおり正直に証言しました。

「PTAの、特に3年生の保護者のあいだでは、原告の授業について、肯定的に、原告を擁護する方向でPTAとして動こうとしていた、こういう事実は知っていますね」との尋問に秋山校長は「知っています」。プリントを使った授業を受けた子どもたちの意見や感想についての尋問に、「私のところへ話に来た生徒については、根津先生の授業はよかったと、勉強になったと、そういう子が多かったです」。「あの授業は問題であると、よくわからなかった、あるいはこんな授業はひどい、そういった意見というのは出ていたんでしょうか」との尋問には、「直接には聞いていないです」。私と同僚の佐藤茂美さんが担当していた修学旅行実行委員会の平和教育については、「平和教育そのものについては、大変すばらしい取り組みもありますので、それについては評価しています」。「根津さんは、その実行委員会の指導も（略）あなたの目から見ても、非常に熱心に、かつ生徒もそれを熱心に受け入れていたということですね」には、「そうです」。この年の卒業式で、卒業生が入場する直前に「日の丸」を校庭のポールに揚げたことについては、「卒業式が終わったあと、2人の子が私のところに抗議に来ました」。「その子たちが精神的に傷ついたんではないかと感じましたか」には、「それは感じました」。

しかし、事前に校長に渡したプリントについては、「印刷して生徒に配るとは思わなかった」と言いました（以上、2003年10月16日、同地裁での証言）。いまはいつの時代？ 常識と大きくかけ離れたこの証言は、たぶん、市教委に「指導」されてのことだったのでしょう。

この訴訟は01年2月に東京地裁八王子支部に提訴し、最高裁まで敗訴。当時の生徒や保護者が書いてくれた陳述書や秋山校長の証言をまったく無視した判決でした。判決は、被告の八王子市教委の主張をそのまま認め、「秋山校長が（略）原告が行おうとしていた本件授業の具体的内容を十分に了解し、そのうえで本件授業を行うことを了承していたとは断定しがたい」から「原告の主張事実を認めることはできない」と、前提事実を歪曲し、そのうえで、「校長らを犯罪者と比肩するこのような本件授業の方法が、原告が目指した自主性の尊重という教育の目的を達成するのに通常必要となる手段であると評価することは到底困難」「控訴人が生徒に対し、地下鉄サリン事件のような凶悪な犯罪を犯した者と（略）校長を、ともにマインドコントロールされた者として同一視し、しかも職員会議における秋山校長の発言を示し、校長の学校運営方針を批判するに等しい授業を行ったことが不適切」と言い、「本件訓告は、地方公務員法に基づく懲戒とは異なり、被訓告者である原告に対して直ちに法的な不利益をもたらさない指導監督上の措置である」と言いました。

しかしこの文書訓告についても、都教委は私の1回目の「君が代」不起立処分を減給6か月にした理由の一つにあげ、その後の処分でもずっとこれも理由にあげました。また、以後の裁判で私に敗訴判決を下した裁判所は、重い処分を適法とする「具体的事情」＝「過去の処分歴」の一つに使いました。2件の文書訓告は確実に「法的な不利益をもたら」したのです。

当時の生徒が裁判所に寄せてくれた陳述書

授業から6年後の控訴審の中で陳述書を提出してくれた当時の生徒のうちの2人の陳述書を紹介します。

今回問題にされているプリントを使った授業で、間違ったことを教えられたとは思いません。根津先生は、「命令されるままに行動する人にはならないで!」「自分の考えをしっかり持って生きて!」そういうメッセージを送ってくれたのだと感じています。それは中学生だった当時も、大学生になった今の私でも、同じように受け入れることができます。一度きりの人生、命令されたからといって正体も知らずに従うだけ、流されるだけの人間にならないで欲しい!と、中学を巣立つ生徒たちに与えてくれた根津先生に感謝しています。

人は皆、外見が違うように、考え方も異なります。さまざまな意見があって当然です。根津先生の授業によって、普段何も考えなければ感じないようなことに、ふと疑問を感じたり(例えば、「男らしい」「女らしい」って何? など)いろんなテーマに触れることで、とても考えさせられました。根津先生は、私たちに考えるきっかけを与えてくれたのです。考えることは悪いことなのですか?

根津先生をもっと冷静に見つめてください。実際に授業を受けて、学んだのは私たち生徒なのです。

もう1人の陳述書は、A4版6ページに及ぶ、専門家のような分析をしてくれるものでした。6~8年前の家庭科の授業内容をよくもここまで鮮明に覚えていたものだと感心してしまいます。

「0. 本意見書の目的/1. 意見提出者の当時者性/2. 最終授業に至るまでの根津先生による家庭科授業の総合的評価/3. 根津先生についての私見/4. 平和教育と卒業式について/5. 本件教材用プリント受領について/6. 考察/7. 結論」という内容ですが、一部を紹介します。

(前略)

2. 最終授業に至るまでの根津先生による家庭科授業の総合的評価

(2) 授業内容

根津先生の授業を回想しますに、上記の教育の理念の達成に努め、創意工夫に満ちたものだったと記憶しています。根津先生の家庭科の授業は、日常から題材をとり、普段意識しない問題を提起することで、生徒自身に同様の問題を想起させようとする内容でした。具体的には食品添加物、環境ホルモン、農薬、遺伝子組み替え食品、プランテーション、南北問題、フェアートレード、家畜類の穀物過剰消費など、今日的問題や非常に多岐にわたる話題を基に、生徒自身による調査や調理実習を交えたテーマ性を持つ授業内容でした。例えば、食品添加物をテーマとした時には、まず市販の豆腐に含まれる添加物から説き起こし、生徒による調査、添加物を使わない豆腐調理の実習、他の商品への発展へとつながる大変工夫された内容でした。これら一連の授業は、日常性に潜む諸問題を提起するもので、生徒の知識欲を刺激する大変興味深いものでした。自らの頭で考える賢い消費者、また、自律的判断能力を持った市民になることの大切さが、1年間の授業を通じて繰り返し説かれていたと記憶しています。

(3)家庭科授業の有意義性

いま考えますと、私の人生において、上述のような根津先生の授業は大きな意味を持っていたように思います。現在私は、大学で政治学を学んでおりますが、現在の問題意識の中核になっているのは、中学校時代に撒かれた問題意識に外なりません。話題が多岐に及んだ根津先生の家庭科の授業、修学旅行での被爆者との面談、学年を挙げた戦争学習などが、私の社会への問題意識を高める大きな契機となりました。根津先生は、このような授業を試行錯誤しながら続けてこられたということです。

（略）

5. 本件教材用プリント受領について

(1)本件教材プリント受領について

本件教材プリントを一読した当時、私は訓告事由箇所について何ら「学校及び職の信用を著しく傷つける」意図があるものとは思わなかったように記憶しています。

反面、事前の文脈を知る受講生徒としては、本件教材用プリントの文言が、根津先生の教育方針である自立的思考を促す意図であることは明らかなように思われました。その趣旨に沿って、その他、多くの例示の中のひとつとして、自律的判断を行なわず、重大事件を起こしてしまったオウム真理教信者のケースもまた例示であることは明らかでありました。卒業式という中学校最後の機会において、当時、教職員並びに生徒にとって論争的議題であった日の丸・君が代問題に関して、自律的思考と判断を促す意図で、これまでの問題を総括的に提起なされたものと思われました。持論である自立的思考を促す意図で、総括的に時事的な話題を取り上げたことは、本件教材用プリント手書き部分を読めば明らかです。さらに、原審判決が、根津先生が「活きていく上で私が一番大事にしていること、そしてみんなにもこれからの生活の中で考えて行ってほしいことを今日は話したい」と前書きをしてから授業に入ったと認定していることからも明らかです。

（後略）

定期テストよりも市教委の指示を優先？

市教委の和田参事は文書訓告では飽き足らなかったようで、99年10月初め、根津に3点にわたって職務命令を出すよう秋山校長に「指導・助言」しました。校長は同月4日の放課後、

「3点の順守を命じます。1、自作プリントはすべて、少なくとも使用の2日前までには校長に見せて許可をえること。2、家庭科の指導内容が把握できる年間指導計画と単元毎の指導計画を提出すること。3、学級指導における指導内容が把握できる指導計画を提出すること。なお、上記1～3に関わって随時、授業（学活・道徳を含む）を参観させてもらいます」との職務命令書を発しました。

私は、「これは職員全体に関わることなので、職務命令を出すのであれば、職員会議で全員がいるところでしてほしい。いまは受け取れません」と言い、職務命令書を校長につき返しました。校長は、「受け取れ」という職務命令は出さなかったので、この日はここまで。なぜ、今日？　1日遅らせて明日出せばいいのに、と私は思いました。翌5日の中間テストで1年生は家庭科が予定されており、「職務命令1」に従えば、中間テストはできなくなります。ここでも校長は、市教委の指示（「指導・助言」）に従うことだけが頭を占め、翌日のテスト、いや当日のテストを変更することで生じるであろう混乱には頭が及ばなかったのでしょう。

翌朝は、勤務開始時間前に学年職員がそろったところで学年会議を開いてもらい、続く職員朝会でも私は校長が出した職務命令の件を報告し、今日の家庭科のテストが終了するまで職務命令を凍結してほしい旨発言しました。当然のこと、同僚たちはそれに賛成しましたが、校長は「職務命令は撤回しない。家庭科のテストは明後日にお願いしたい」「校長が当該のクラスに行って話をする。保護者には明日連絡する」と言いました。校長は普段、職員に対して高圧的な対応をする人ではないのですが、こうなってしまうのでした。これが、「指導・助言」＝指示・命令の怖いところです。校長は1年生の教室に行き「家庭科の先生のほうのチェックをまだ終わってないので、申し訳ないけれど今日はできない。明後日にします」と言いました。このひとことでした。私は担任する4組の教室で、これを聞きました。生徒たちは当然のことながら、「根津先生、まだテスト問題作ってないの」と聞いてきました。

6日付で校長は、「中間テスト（家庭科）の実施日の変更について／校内の事情により、家庭科の中間テスト日を下記のように変更しました。生徒には昨日、口頭で説明をいたしました。何卒、ご理解をいただきたくお願いいたします。なお、今後とも本校の教育活動に対するご支援ご協力を賜りますようお願い申し上げます。／当初予定日10月5日（火）変更日10月7日（木）」と記した通知を保護者に宛てて発しました。理由も告げずにテスト日を当日になって変更するなど、前代未聞のことです。

学年職員の会議を経て、6日にこの件で臨時職員会議となりました。長時間の議論の末、事前に校長に見せるプリントは思想信条に関わるものだけ、指導計画は出さない、となり、校長が出した職務命令は事実上の撤回となりました。授業参観については、私のほうから、「職務命令云々ではなく、どなたの参観も拒むものではない」と発言し、それが確認されました。

中間テスト後、3年生の家庭科の授業を校長が「参観」（監視）に来た際に、生徒たちは校長に激しく質問し抗議しました。「1年生のテストが2日延期になったのはなぜですか」

「テスト問題に家庭科の問題ではないものでもあったんですか」と聞かれて校長は、「学校から出るプリント類は校長の目を通すことになっています。2日前に出してほしいと根津先生に言ったので、翌日のテストはできなかった」と訳のわからぬ回答をし、「なぜ、家庭科の授業を監視に来るのですか」に対しては、「授業を観に来てほしいと根津先生から頼まれた」と、私を前に嘘を述べたのです。教育委員会の「指導・助言」を忠実に実行したがための嘘発言。私は校長の許可を得て、事実を話しました。この授業後、校長は私に、「この件に関して、生徒の前で一切の発言を禁じる」と口頭で職務命令を発しました。翌日の3年生の授業で、私は生徒たちから「事実を話してほしい」と言われ、「話したいが話すことを禁じられている」と答えたところ、生徒たちは校長を教室に連れてきて、校長質問会を始めました。これ以降、校長は授業監視に来なくなりました。

ここでの直接的な学びも加わって、3年生は卒業式を迎えるに当たり、「日の丸・君が代」をめぐって早くから校長交渉をしていました。そのことについては、後述します。

16日は保護者対象の授業参観日。参観が終了した放課後、中間テストを延期したことについて校長が説明する会が開催されました。会は、学年教員の総意で校長に要求したのでした。校長の説明を批判する発言が、2人の保護者から出され、他の保護者もうなずいておられました。私に対しての批判はありませんでした。

Ⅳ 石川中学校での「日の丸・君が代」の変遷

私が着任した1990年度の卒業式から93年入学式まで、石川中学校では「君が代」はもちろん、「日の丸」掲揚もなく、92年度まで在職した長谷川校長は職員会議で掲揚の提案さえしませんでした。93年度（94年）卒業式では、前述したように、永井校長（93年度着任）は教育委員会の圧力に屈して生徒たちのほとんどが反対するなか、校庭のポールに「日の丸」を揚げました。94年度入学式では、写真撮影する約1分間、「日の丸」を揚げました。94年度卒業式では、職員会議で「『日の丸』は揚げない」と決議したところ、永井校長は「揚げます」と譲らず、「職務命令」を発動し、「日の丸」を揚げました。このことは、訓告とされた「学級だより」に記したとおりです。

95年度卒業式ではこの流れが変わりました。永井校長が揚げた「日の丸」を私が降ろした93年度卒業式当時に1年生だった学年が卒業を迎え、その生徒たちの行動が後任の船木校長を動かしたのでした。1年生から3年間、私が担当した学年でもありました。

卒業式前日、卒業式実行委員を中心に、生徒たちは校長と最後の交渉をしました。たまたま廊下で出くわした私に、「校長先生も教頭先生も逃げてばっかりで話にならないから、ぼくたちこれからポールのロープを外してくる」と言います。「最後まで校長先生と話しあいなよ」と言う私に、生徒たちは「校長先生、何もぼくたちの話を聞いてくれない。ぼくたちの卒業式だから、ぼくたちの意見を聞いてほしいと言っているのに、『君たちの卒業式ではない。日本国の卒業式だ』って言うんだよ。そのことが一番頭にきた」「あとは法がどうのこうのしか言わない。だから、外すんだ」。そう言って、ポールに向かって走り出しました。

「ぼくたち・私たちの卒業式」という認識は、生徒たちには当然のことでした。日頃からいつも学年職員は生徒たちに「生徒たちが主人公」という対応をしており、卒業式の取り組みのなかでも、その姿勢で取り組んできました。どんな卒業式にするか、一つひとつ学級討議に付し、持ち寄った意見を実行委員会でまとめ、決定していきました。いわゆるフロアー形式にしたのも、卒業証書をもらう順を男女交互にした（生徒、教員ともに学習・論議を経て1999年度からは男女混合名簿に変更）のも、別れのことばの台詞も歌も装飾も、すべて生徒たちの決定で進みました。だから、「私たちの卒業式」と生徒たちが言うのは自然のことでした。

「ポール」と聞いて、私は事故が心配になり、校長・教頭に生徒たちがしようとしていることを伝えたところ、なぜか2人は全職員にポール下に集まるよう放送を入れました。やや遅れて私が着いたとき、同僚たちは生徒たちを説得していました。「校長先生の話も聞けというなら、ぼくたち生徒の意見もちゃんと聞いてよ。ここにいるぼくたちだけじゃなく、

3年生はほとんど皆が揚げてほしくないと思っているんだから」「私たちは1年生のときから勉強をして事実を知って、それで考え、出した結論が『日の丸』を揚げないことなんだ」『日の丸』が戦争中どんな役目をしたか知らないなら、731部隊を見ればよくわかる。見てみてよ」「修学旅行で広島に行ったのは、こういうことを知るためだったんでしょ」。生徒たちは教員たちに言いました。

この学年の生徒（希望者による実行委員）は2年生の夏休み直前から夏休みのほとんどを使って、731部隊について調べ紙芝居をつくり、中野区と町田市で上演したのです。この年、『731部隊展』が全国で行なわれていて、中野の実行委員会から石川中の私の学年に依頼があって行なったことでした。文化祭でも上演し、以降私の在職中は毎年、文化祭で上演されてきました。横道にそれますが、この紙芝居は、2000年3月末に父の死去で数日間の慶弔休暇をとっているあいだに、施錠した被服準備室からなくなっていました。鍵を借り持ち去ったのは校長や市教委であることはまちがいなく、追及したのですが、現場を押さえていません。逃げられてしまいました。でも、紙芝居は、当時出始めたカラーコピーをして1部を家に保管していました。

話を戻します。私は、「私たちがすることって、生徒たちを説得することではないんじゃない？　話を聞こうとしない校長に、生徒の話を聞くよう、橋渡しをすることが私たちの役目じゃないかしら。私たち、生徒を力で抑えるようなことって、3年間しないできたじゃないの。いつでも話を聞いて、話しあって解決してきたじゃないの。最後に力で抑えるのはやめようよ」と、皆に考えてほしいと念じながら言ったところ、流れはそう変わりました。

校舎に入り、船木校長はまず職員を集め、「ごちゃごちゃするといけないので、明日、『日の丸』は揚げない」と発表しました。その後、生徒たちを校長室に集めて、「揚げない。君たちの卒業式だから」と明言したとのことでした。時計は18時を回っていました。

「これで本当にぼくたちの卒業式が迎えられる。とってもうれしい」。輝いた顔でそう言った生徒の顔が印象的でした。誇らしげでもありました。生徒たちは声をあげ、行動することの大切さを知った、と思いました。言っても、行動してもダメという絶望感を、生徒たちが抱かずにすんで本当に良かった。学校はあきらめることを教えるところではないのですから。

生徒たちが言うように、3年間の平和学習で事実を知り、考えて出した結論がこの行動だったのでしょう。でも、もう一つに、暴力は振るわない、力で押さえつけない、生徒たちの意見を聞き、最後まで話しあうという学年職員の3年間を貫く姿勢があったからだと思います。生徒たちは日常の学校生活のなかで、行動すれば変えられると多少とも感じていたのではないかと思うのです。

続く96年度入学式では、私たちが到着する前の6時30分に「日の丸」を揚げ、すぐに降ろしたとのことでした。

1996年度卒業式では――

職員会議では、儀式的行事委員会の原案である「日の丸は石川中のいずれの場所にも掲揚しない」に対し、船木校長は「生徒に影響がないよう、誰もいないところで揚げさせてほしい」と修正案を提案。新藤教頭は、私が同僚たちに手渡しておいた討議資料について、「根津先生の言われることに反論のしようがない。だから早朝に揚げるのです」と言いました。「おふたりとも、『日の丸』を揚げることが子どもたちにとっていいことだと思っていないのだから、勇気をもって揚げないと決定しましょうよ」と発言しても、2人とも無言でした。校長、教頭のこの発言は、学習指導要領に沿って「日の丸」を掲揚し「君が代」を斉唱することに教育上の意義があるとは考えていないにもかかわらず、教育委員会からの圧力に抗すことができない、ということです。教育への政治介入がこのようにして進んでいきました。

この年の職員会議では校長たちを支持する発言まで出ました。「『日の丸』については皆反対だ。でも、卒業式が混乱しないよう校長案に賛成する。この学校に来てから、『日の丸』でもめて嫌な気持ちだった。気持ちよく式を行ないたいから」「『日の丸』があってもなくても私はいい。だから校長案でいい」と。校長案賛成の発言は1人ではなく、1人が発言すれば、勢いがつくのか、何人かから同様の発言がありました。教育論議はせずに、こうした「妥協」案が今後、ますます幅を利かすのではないかと怖く感じました。採決の結果は、原案賛成10、修正案賛成8、保留5～6。かろうじて原案が通りました。しかし船木校長は、「皆さんの意見は尊重しますが、決定は私がします。揚げます」と言いました。

昨年までの職場交渉は私が所属する日本教職員組合（以下、日教組）系八教組石川中分会と、全日本教職員組合（全教）の東京都教職員組合（以下、都教組）八王子支部石川中分会とが一緒に行なってきたのですが、この年は、「校長案に反対ではない組合員が都教組分会員に多いので交渉はしない」と都教組分会長が言うので、交渉は八教組分会員の6人で行ないました。船木校長は、「揚げる。一日中揚げる。今度は自信をもって揚げる」と言葉にしました。「なぜ揚げるのか、私に説明してください。生徒たちに説明してください」と要求しましたが、「自信がある」と言いながら、説明はしてくれませんでした。

式当日の朝、私と佐藤茂美さんが8ミリ映写機とテープレコーダーを用意して校長室に行ったところ、船木校長はその直前に作った職務命令書を手に、「ビデオをやめたら、『日の丸』はいますぐ揚げて生徒が来る前に降ろすが、どうか」と言いました。私たちが「映写機は正確な記録のために必要です」と言うと、校長は「私の命令に従わなければ、処分の対象になるでしょう。私がこれを読み上げれば、終わりなんだよ。読み上げましょうか」と。「あなたたちを処分してから自らも校長を辞める」とも言いました。言いながら時間が気になる様子。机の引き出しを開け、ぐちゃぐちゃに丸めビニール袋に入れた「日の丸」をつかんで足早に校長室を出ていき、教頭がぴったりとあとを追いました。校長は7時33分、校庭のポールに「日の丸」を揚げ、ただちに降ろしました。私たちは映写機で記録しました。

こうしたこともあろうかと、私は用意していった無地のスカーフに、「校長先生、『日の丸』を揚げると生徒たちにどんないいことがあるのですか。生徒にも私にも説明してください。7時33分、校長先生は『日の丸』を揚げました」と書いて、始業前に廊下を歩き、生徒たちに事実を知らせました。私のこの行動を軽率と思われるかもしれませんが、私は、事実を知らせることは知った者の責任と考えたのです。

1997年度入学式では——

入学式前日、八教組分会代表3人で校長交渉を行ないました。夕刻行なった分会の職場会では、「少数で行動すると皆から浮くからやめてほしい」という意見も出され、一致した行動は決まらず、個々の意思を尊重するというようなニュアンスで終わりました。

当日朝、私と佐藤さんは6時に学校到着。管理職が来たのは、教頭が7時30分頃、校長は7時39分。校長交渉を待つが、「着替えをするので、しばらく待ってほしい」と教頭。やっと、8時12分、船木校長に呼ばれました。校長は、「今朝は揚げるつもりで家を出ました。いまも揚げたいと思っています。職員だけならいままでも揚げます。でも、私は子どもがかわいい。もう、子どもが来ている。だから……。あとは、揚げる揚げないと言わなくてもそちらで判断してほしい。言わなくてもわかるでしょ」。佐藤さん、「子ども、職員を見て英断くださりありがとうございます。これで校長さんを信頼して仕事ができます」。私も「ありがとうございます」。

校長は教育委員会からはお叱りを受けたでしょうが、生徒たちから不信の目で見られることはなく、自己矛盾に悩む必要もなく、幸せだったと思いました。事実、それまでは校長室から出てこない校長でしたが、入学式以降は職員室にもたびたび顔を見せるようになりました。また、校長は「(「日の丸」掲揚を指して)おかしいことはそう長く続けることはできないですよ、市民の反対もたくさんあるし」と私に話しかけてきました。船木校長が自責の念にかられずにすんだのはまちがいありません。

1997年度卒業式では——

1995年度卒業式前日の生徒たちの行動に掲揚をやめた船木校長は、96年度卒業式では写真撮影のためだけの掲揚を行ない、97年度入学式では「日の丸」掲揚を断念しましたが、97年度卒業式では強行しました。校長が強行することを予測したからでしょう。この年度は、都教組分会も八教組分会と一緒に校長交渉に臨みました。そこで校長曰く、「行政から命令されている。命令に従わないで、誰が私の身を守ってくれるのか」。追いつめられた校長の表情と教育委員会の「指導・助言」のすさまじさが想像できると思います。

式当日、私たちは6時前に学校着。生徒も9人がこの時刻に登校していました。この生徒たちも校長に「日の丸」の掲揚をさせないために登校していたのです。7時25分、校長着。校長は駐車場からポールに直行し、通常の入り口である玄関北側で校長を待っていた私たちが気づいて駆けつけたときには、校長はポールのひもを手にしていました。

私と佐藤さんはビデオカメラを回しながら、「子どもがいるところでは揚げないということですが、もう、3年生も2年生も10人位ずつ、登校しています」「揚げないでください。地下鉄サリン実行犯のオウム信者が『悪いことだと思っても命令には逆らえなかった』というのと、校長の行為は同じことです。やめてください」「人間としての良心をもってください」と訴えましたが、校長は「私の信念で揚げるんだ」「どきなさい。手を触れたら報告するぞ」と目をあわせずに言いました。昨日までは「命令だから」と言っていたのが、一夜にして「信念」に変わっていました。

校長は揚げ終わると校長室に戻り、新藤教頭と用務主事がその「日の丸」を降ろしました。「子どもがいる時間帯には揚げない」と言ってきた教頭にその点を質したところ、「子どもに見せたって構わない」と居直りました。

人は、考えや行動を変更する際には、自己正当化や自己合理化をするものです。1年前には「根津先生の言われることに反論のしようがない」と発言した教頭は、何を根拠に自己正当化したのか。校長の決定に従うのが教頭の仕事と合理化したのか。「立場」で執った自身の行動が職員会議の決定＝石川中の民主主義を破壊し、目の前にいる教育の主人公である生徒たちの考えを踏みにじっていることを自覚しないでいられるのか。そう思わずにはいられませんでした。

97年度入学式では揚げずに、にこやかな表情の毎日だった船木校長でしたが、定年退職となる97年度卒業式では、「日の丸」掲揚を強行しました。後日わかったのですが、定年退職後、船木校長は調布市教委に天下ったのでした。天下るためには、「日の丸」掲揚を実行し業績を残さねばと焦ったのでしょう。しかし、子どもたちをその犠牲にすることへの後悔はなかったのでしょうか。でも、それさえ考える余裕がなくなっていたのでしょう。船木校長も、後述する、次に着任した秋山校長も、独裁支配をするような人ではありませんでしたが、「校長」という「立場」に置かれ、判断力を失なったのだと思います。

法令上は「校長は、校務をつかさどり、所属職員を監督する」（学校教育法28条3項、40条）のですから、決定権は校長にあります。教育委員会と校長との関係は、指示する・されるのではなく、指導助言する・される、です。教育委員会が「指示した」となれば、それは違法となります。したがって、法令上はどんなに教育委員会から強く「指導」されても、校長はその「指導」どおりのことをしなくていい。「子どもたちの最善の利益」を考え、責任をもって判断し決定することになっています。89年改訂の学習指導要領が「国旗（略）国歌を指導するものとする」として以降、さらには99年に国旗国歌法が成立すると一層、教育委員会の「指導」が強まり、全国の校長は自身で「校務をつかさど」らず、教育委員会の「指導・助言」に屈していきました。

1998年度入学式では――

新しく校長になった秋山校長（＝前述の99年2月の3年生最後の授業で文書訓告にされたときの校長。53頁以下参照）は、入学式の最終確認の会議で「日の丸」について発言をしなかったので、両分会の4人で校長を訪ね、「職員会議の決定どおり、石川中のいずれの場所にもいずれの時間にも『日の丸』は揚げない、ということでいいですね」と確認したところ、「学習指導要領に沿うのが校長の仕事だから、揚げます。前校長のやった線で」と言いました。

そこで私たちは、学習指導要領は大綱であって、字面のとおりやらなくても学習指導要領に沿っていること、前校長は在任中、半分も揚げていないこと等を話し、「学習指導要領の問題はクリアーしましたね。他に揚げる理由はありますか」と尋ねると、「最終的な学校の責任は校長にある。法規から逸脱するわけにはいかない」と校長。そこも私たちの説明でクリアーしたうえで、「『日の丸』を揚げる教育的意義はなんですか」と尋ねると、「どこの国にも国旗があり……、日本人として……」とマニュアルどおりの答えをしました。

「石川中にも日本国籍でない生徒もいますよ。その生徒にも、『日本人として』を要求しますか？」

校長は言葉につまりました。よくわかっているから言葉につまったのでした。

「校長の言うように、揚げることが教育的行為なら、どうして早朝にこっそりと揚げるんでしょう。意義あることなら、子どもにも教員にもしっかり説明をして、堂々と揚げましょうよ。ただ揚げるだけ、あるいは見せるだけというのは教育ではないですね。矛盾した行為ですね」と言うと、校長はうなずきました。

「いままでの話を追っていくと、揚げないという結論しか出てきませんね。一つひとつ追ってみましょう。初めに揚げる根拠とされた『学習指導要領は大綱、したがって、掲揚しなくても問題ない』ということでクリアー。『校長の責任』については、『校長は校務をつかさどる』、揚げるも揚げないも校長が判断し決定したことが『校長が責任をとった』ということ、この点もクリアー。一方、教育的意義については確かなことが述べられない。しかも、意義あることと言いながら、『誰もいないところで揚げる』とおっしゃる。矛盾していますね。校長の言葉を見てくると、『揚げない』という結論しかないですよね」

そう言うと、校長は、

「そうですね。では、今回は揚げません」

ということで、入学式に「日の丸」掲揚はありませんでした。秋山校長は私より1歳年上の48歳（当時）、この頃から若くして校長になる人が出始めました。

1998年度卒業式では――

「『日の丸』だけでも揚げさせてほしい」と発言していた昨年までとはちがって、今回は「『日の丸』を三脚で壇上に、『君が代』を奏楽で行なう。管理運営規則にもあることだし」と秋山校長。「日の丸・君が代」未実施の最後の1校である石川中の校長への市教委の「指導・助言」のすさまじさは誰の目にも明らかでしたが、その点を質すと校長は否定までしました。それすら答えてはいけない、と校長は悟ったのでしょう。

職員会議は、「『日の丸・君が代』はいかなる時間にもいかなる場所でも実施しない」という原案を可決していました。一方、生徒たちは入試が終わると発表を待つ間もなく卒業式実行委員会を発足させ、一つひとつ討議に付して決定し、「私たちの卒業式」をつくっていきました。

卒業式前日、「せめて子どもたちに実施する理由を説明してほしい」という3年職員の要求を受け、校長は生徒たちに説明をしたのですが、納得しなかった生徒たちは放課後校長室を訪ねました。はじめは7～8人で行ったらしいのですがうまく思いが伝えられず、明日の準備で残っている人たちに呼びかけ、準備がすべて終わった18時、20～30人で校長室を訪ねました。

「私たちの卒業式です。私たちがつくってきた卒業式です。壊さないでください」

「3年生の多くは『日の丸・君が代』を強行することに反対しています」

口々に思いを訴えたそうです。「一晩考えさせてほしい」との校長の言葉に、退席したのは20時近くでした。

3年職員（私もその1人）も式1週間前から毎日、ときには全員で、ときには2人ずつで校長に職員会議の決定を守るよう要請を続けました。式の主人公は生徒たちであり、生徒たちの活動を保証するのは3年職員の責務。こう確認しあっての行動でした。しかし、校長は「（『日の丸・君が代』を実施することで）生徒が混乱を起こしても仕方ない」とまで言い、冷静な判断ができなくなっていました。

当日、校長は「一晩考えて」次の行為に出ました。3年生が教室を出たあとに、誰かの手によって「日の丸」は校庭のポールに揚げられました。教室からは校庭のポールが間ぢかに見えますが、式場である体育館に向かう際には「日の丸」を背にするので、校長は生徒たちに気づかれないと思ったのかもしれません。しかし、生徒たちは揚げられた「日の丸」に気づき、怒りをあらわにして入場する生徒がかなりいました。卒業証書をもらうとき、校長からもらうのはいやだ、明らかにそういう表情をした生徒もいました。

「君が代」については、式が終わってから「騙された」ことを生徒たちは知りました。「君が代」は式の始まる前にボリュームを小さく絞ってテープレコーダーで流したとのことでした。私も3年生と一緒に入場したので、「君が代」を流したことは式が終了して初めて知りました。

「校長のお祝いのことば」で秋山校長は、「卒業生に託すこと二つのうちの一つ」だとして、「周りの人と連帯していこう」と言葉にしました。生徒席のあちらこちらで、ざわざわっとしました。93年度卒業式で永井校長が言った言葉とそっくり。校長用指導書にでも掲載されているのかと思いました。

式が終わり「見送り」で校庭に出ると、大勢の生徒たちが「校長先生はひどい。自分のために生徒を犠牲にした」「昨日校長先生に話に行ったことを今朝聞いたが、私も参加したかった」と言っていました。「校長の行為を決して許さない」と校長に通告に言った生徒もいました。

生徒たちだけではなく、保護者の中にも怒りがあったようです。保護者が何人かわざわざ私を見つけて挨拶に来られたので、「本当なら、『おめでとうございます』と言いたいのですが、今日はそう言うと嘘になるから言えません。ごめんなさいね」と言うと、「わかります、その気持ち。私たちも同じです」。どの保護者もおっしゃいました。私のことを快く思わない保護者は私に挨拶しには来ないでしょうから、どのくらいの保護者がそう感じられたかはつかめませんが、ごく少数でないことは確かです。

権力を濫用した校長によって卒業式は壊されました。入学式では私たちが論理的に話を整理していき、「つじつまの合わないことはやめましょうよ」と促すと、「ではやめます」と「校長判断」をした人。その人が1年後には「『日の丸・君が代』に歴史的問題があっても、学習指導要領に沿って私は実施します。反対するなら私に言うのではなく、選挙によって政府を変えたらいいのです」と言ってはばかりませんでした。1年で秋山校長はここまで変わってしまいました。

校長は（分身のようにふるまう教頭も）私たち職員には権力を濫用しても心が痛まないでしょうが、生徒たちを前にしても同じように心が痛むことはないのだろうか。そう思って私は何度、校長の顔を覗きこんだことか。

生徒たちはよく考え行動しました。立派、でした。

教員もかなり行動したと思います。素直にそう思いますが、満身怒りをもって卒業した生徒を前にして、「私たちもよくやった」とは、やはり私には言えませんでした。

1999年度入学式では――

（この入学式については私の記録がなく、不明。）

1999年度卒業式では――

職員会議では儀式的行事委員会の原案、「『日の丸』はいかなる時刻にも、いかなる場所にも掲揚しない。『君が代』も行なわない」に対し、校長は「国旗・日の丸は三脚で壇上に、国歌・君が代は奏楽で行なう。式次第に『国歌斉唱』と入れる」「昨年は卒業生が反対したのでそこまではできなかったが、今年はやります」。採決を秋山校長は拒みましたが、15対9で原案を可決しました。

一昨年までの校長の「お願い」は「せめて『日の丸』は揚げさせてほしい」でしたので、「校長もかわいそう。『日の丸』に賛成ではないが、それくらい仕方がないのではないか」といった声が職員の中に起きていました。しかし、昨年度「君が代」を校長が言い出してからは、校長の、何が何でも命令には服従するという強行姿勢に危機感をもち、〝かわいそう路線〟をやめた人が多くなったように感じました。

この年、校長は「職員会議のことを生徒たちに話すのはやめてください」とまで口頭で職務命令を発しました。

卒業式前日、職員の要請に応じて校長は全校生徒を前に、「当日混乱がないように話しておきます」と言い、「日の丸・君が代」の実施について、上記した職員会議での発言と同じことを言いました。「君が代」については、「歌える人は歌ってほしい」とまでつけ加えました。続けて、「『日の丸・君が代』には反対の声があるのも事実。『日の丸』は戦争に結びつく。日本がしてはいけない戦争をした。いやな気持ちをもった人がいるのも確か。『君が代』は天皇を称える歌。でも、法律で国旗・国歌に決まった。『日の丸・君が代』には長い歴史がある。『君が代』は古今和歌集で（……云々）。戦争のことは長い歴史のなかのわずかな出来事でしかない」と話しました。校長は社会科の教員でした。生徒たちに戦争や「日の丸・君が代」をどう教えてきたのだろうか、いま現職の社会科教員だったら、これと同じことを言うのだろうか、と思いながら聞きました。

校長の話が終わると、3年生が3人続けて質問しました。

生徒：国立の学校ではないのに、なぜ、国歌をやるのですか。何で国歌が、天皇の歌の「君が代」なのかですか。

校長：公立学校は国歌をやるのです。

生徒：私たちの卒業式であって、国家の卒業式ではない。だから、私たちが「日の丸・君が代」を必要ないと思えば、やる必要はないです。（賛同する声とともに大きな拍手が起きた）

校長：義務教育の義務は、国民の義務として憲法で定められている。税金で学校が運営されているのだから、君たちは守らなければならない。日本の国民として、日本の国を支えてほしいということ。

生徒：強制してまでやって、何の意味があるのですか。ないと思います。

校長：歌わない自由も歌う自由も認める。

1年生の席からも手が挙がりました。3年生たちは、後ろに座る1年生を振り返りました。

生徒：法律、法律って校長先生は言いますが、法律に関係しないで校長先生自身は「日の丸・君が代」についてどう考えているのですか。

3年生から歓声や拍手が上がりました。あとで3年生の1人が言うには、「1年生が言ってくれる、誰だろうと聞いていたら、◯◯ちゃんだった。すっごくうれしかった。また、すごいと思った」と。

校長：法律で決まっているからやります。

司会をしていた教頭は、「まだ質問のある人は校長室に来てください」と言って、会を閉じました。

この日は、これで放課。3年生の10人ほどは校長室に行って交渉をしたといいます。校長室から出てきた生徒に私は聞かれました。「職員会議のことを質問したら、校長先生は『ごく少数、反対する人はいるが、ほとんどの先生は私に賛成です』と言ったけれど、本当？」。私は、「事実を話したいけれど、職員会議のことを話すなと校長から職務命令が出ているので話せない。でも、校長の言ったことは嘘だということだけ伝えておくね」と答えました。

その生徒はまた、校長室に入っていきました。

このとき私は、2年生と装飾の仕事をしていたので、廊下を頻繁に行き来していて、ちょうど職員室に差しかかったところで同僚の佐藤さんから、教頭が模造紙を抱えて職員室を出た、と告げられました。校長が「国歌斉唱」と書いた式次第を貼りに行くのだと直感し、私たちは先回りして教頭を待ちました。私たちの会話を聞いた生徒3人がついてきました。私たちは「職員会議では『式の流れ』の作成は生徒の実行委員会が担当する、と決まっていたのに、なぜ校長が書くのか」と佐藤教頭を問いつめました。教頭は「3年担当の先生から、『式次第は校長がやってほしい』と話があったので校長先生が書いた」と言い、「貼らせてください」を繰り返しました。しかし、教頭は15分ほどであきらめて職員室に戻り、「貼れなくて申し訳ありません」と校長に謝っていました。

3年生の卒業式担当教員に教頭の発言を確かめたところ、「生徒たちが原案どおりの『式の流れ』を書いても校長がそれを貼らせなかったら、生徒たちが傷つくと思い、返上したんです」と。

「生徒たちが傷つくという気持ちはわかるけれど、その配慮はよくないと思う。生徒たちが書きたくないというなら別だけれど、書くと言うなら、職員会議の決定どおり、生徒たちに任せるべきと思う。それで、それを校長が貼らないと言えば、それを生徒たちに明らかにして考えるのが筋じゃない。現実を生徒たちに見せないようにするのは、生徒たちに失礼だし、教育的でないと思う。現実を見せていこうよ」

そう私が言うと、彼はうなずいてくれました。傍らにいた3人の生徒は、「じゃあ、私たち書いていいのね」「私たちだけで書いて貼っても、みんなの気持ちを表したことにはならない。私たちがつくる『式の流れ』と校長先生がつくったものとどっちがいいか、明日の朝、今日の説明をしたうえでみんなに聞こうよ」。そう言って作業に入りました。

1人は「式の流れ」を色マジックをたくさん使ってカラフルに書く。もう1人は明朝の説明に使うプリントを、後の1人は模造紙に何やら書く。今日の顚末を、受付の玄関に貼るのだそうです。

そして当日――。在校生入場の時点で、式場に「日の丸」はありませんでした。在校生や保護者が入場しているどさくさのなか、気づけば、教頭が「日の丸」を三脚に設置していました。「日の丸」が式場に持ちこまれたのは、これが初めてでした。私は教頭のところに行き、外すよう迫りましたが、それ止まり。そこへ昨日の3人の生徒が、自分たちがつくった「式の流れ」を手に、意気揚々と走ってきました。「みんなの賛成があったよー」。貼り終えると、ひとこと「日の丸」を批判して、校舎に走り戻っていきました。

式が始まりました。司会が「校歌斉唱。皆さん、ご起立ください」と言うと、教頭が小さな声で「国歌」なんとかと言い、テープで流し始めました。すると、1人の3年生の生徒が、「おれたち、こんなこと望んでなんかいねえ。やめろ」と叫びました。大きな拍手。拍手がやんで、本当に一瞬の静止。直後、バタッと1人が座る。バタッ、バタッ。240人中、10数人を残して3年生は着席してしまいました。2年生にも何人か、そうした生徒がいたそうです。

「君が代」が終わり、校歌の指揮者が登壇すると卒業生は興奮冷めやらぬなかを式に戻っていきました。その後は「式の流れ」に沿って進みましたが、「証書授与」の際に、校長へのお辞儀を拒否した生徒が何人かいました。

「式の流れ」作成を担当した3人が、3年生に当日の朝配った説明文は次のとおりです。

昨日、私たち実行委員5人は校長先生の所に行き「国旗・国歌」について話してきました。私たちは校長先生に「国旗・国歌」について反対であること、卒業式で使わないでほしいことなどを話しました。

だけど、私たち3年生の卒業式にも拘わらず、私たちの意見を聞いてくれなかった。「指導要領に書いてある」「公務員だから自由はあるていど制限される」など、結局私たちの意見は聞いてもらえなかった。

でも、学校のことは（教育委員会ではなく：筆者補足）校長先生が決めてもいいという決まりもある。私たち3年生が望んだことが卒業式で実行されてもおかしくないのです。

昨日の全校集会でおかしいと思った人も多いと思います。だから、その人たちの意見も聞きたいし、言ってもらいたいです。

とりあえず、今は時間がないので式次第のことについて、みんなの意見を聞きたいと思います。詳しく説明したいと思います。本来、式次第は卒業式実行委員で書くと、職員会議で決定していました。しかし、私たちにはそんなことは知らされていませんでした。そして、校長先生が勝手に書いてしまいました。職員会議で決定した式次第とは違う内容の式次第を……。

そこで私たちは、自分たちで、職員会議で決まった式次第を書くことにしました。しかし、私たちが書いたものが、今日の卒業式で使われるとは限りません。なので、各クラス、多数決をとりたいと思います。私たちの書いたものか校長先生が書いたものか、どっちがいいですか？

自分たちの卒業式だから、自分たちでつくり上げよう!!　　実行委員3名の名前

石川中の10年間の卒業・入学式の流れを見ていくと、「日の丸・君が代」の実施を迫った教育行政の支配介入と、そうしたなか、「日の丸・君が代」の歴史や意味を知った生徒たちが考え判断し、校長に意見をぶつけ、「私たちの卒業式」をつくろうとしてきたことがわかると思います。子どもたちは（も）、事実を知れば考え判断し行動します。「事実をもとに考え判断する」教育を実質的にさせないこの国の教育行政は、子どもたちの教育を受ける権利や、思想および良心の自由を侵害しています。それは、国家犯罪というべきものです。

歴史をひもとけば、侵略戦争に子どもたちを駆り出すための戦前・戦中の国家主義・軍国主義教育の過ちが、繰り返されようとしてきたことがわかります。教員は国家のエージェントになってはならない。この頃から、私はこのことを常に意識するようになりました。

私は石川中の生徒たちの行動からたくさんのことを学び、教員としてなすべきことを確認することができました。生徒たちは、在学中は「先生たちは生徒を信用してくれている」「先生たちは仲がいいね」と言い、卒業してからは「他の中学校の話を聞いたりして、石川

中の先生たちが生徒を信用してくれていたことをさらに強く感じた」と言ってくれました。私たち教員はこうした生徒たちの声や行動を受けて、平和教育をはじめとした人権に根差した教育を論議し、つくることができたのです。

その後、私は裁判を行なうなかで「旭川学テ事件」＊最高裁判決に出会うのですが、それが判示する「子どもの教育が教師と子どもとの間の直接の人格的接触を通じ、その個性に応じて行われなければならない」という教育の基本理念を、石川中の私たちは多少とも実践してきたと思えました。石川中での学びは、私の教育観に確信をもたせ、また、2000年以降、都教委が私を攻撃した際に、私はまちがっていない、と思える力を与えてくれました。

私の当時のノートには、政治学者のダグラス・ラミスさんの言葉が書かれています。「教師は、1年中、教室の中ではいいことを教えています。ところが卒業式のときに、その教師の思想とは関係なく、国家権力が、天皇制がドーンと入ってくるのです。正面には『日の丸』が掲げてあって、普段、いろいろないいことを教えてきた教師たちがみんな起立

＊1961年文部省が行なわせた全国中学校一斉学力テストに反対する北海道旭川市立の中学校の教員が、これを阻止しようとして校長と争いになり、公務執行妨害罪等で逮捕・起訴された事件。「学テ」は「学力テスト」の略。一審・二審は建物侵入では有罪としたが、学力テストは違法とした。最高裁判決は、学力テストは教育基本法第10条「不当な支配」には当たらない等として合憲とし、上告の教員が敗訴。しかし、全国各地で学テ反対闘争が行なわれたことにより、全国学力テストは廃止となった。

して厳粛に『君が代は……』と歌うわけですよね。そうするとそこでその教師の1年間の教育がひっくり返ってしまうのです。生徒たちはそれを見て、『あの素晴らしい思想を持っている先生たちが、みんな『君が代』を歌う。なるほどそういうもんか』と思うのです。生徒たちは、その瞬間に大変なことを知るわけです。国家権力がでてきたら、現れたら、我々はどういうふうにするものかを学ぶのです」（「君が代」訴訟陳述書より、岡村達雄著『処分論』インパクト出版会）。

当時私は、ダグラス・ラミスさんの指摘どおりと思っていましたが、あれから20有余年が経過したいま、「日の丸・君が代」のない卒業式・入学式を体験した教員は少数になってしまいました。ですから、「日の丸・君が代」はあって当たり前、教員たちが「日の丸・君が代」に疑問をもつことすらなくなってしまっています。ダグラス・ラミスさんの言葉が死語と化すまでに学校現場は様変わりしてしまいました。

この時期、高校生は――

１９９８年、埼玉県立所沢高校では、県教委の「指導」に従い独善的・高圧的に「日の丸・君が代」を強行した校長に抗議して、生徒たちのほとんどが卒業式をボイコットし、生徒たちによる「記念祭」を実施したといいます。続く入学式は、校長主導の「入学式」と生徒主導の「入学を祝う会」が行なわれました。分裂の発端は、前年度の入学式で、転任してきた校長が「日の丸・君が代」の実施を強行したことにありました。所沢高校の生徒会は90年、「日の丸・君が代問題では同校生の間でも賛否両論があり、教育行政による強制には反対」を決議。歴代の校長はそれを認め、「日の丸・君が代」は実施されてこなかったといいます。

この時期、生徒間で論議し自治活動を大事にしてきた高校は所沢高校だけではありませんでした。やや遅れて、国旗・国歌法制定（99年）に合わせるように県教委の締めつけが強まった千葉県の小金高校や東葛飾高校でも、「日の丸・君が代」の持ちこみに抗議した多くの生徒たちが入場をボイコットしました。東京では「10・23通達」を発出した最初の03年度卒業式では、国際高校等いくつかの高校で生徒による抗議行動が行なわれました。記事にはならずとも、このように生徒たちが行動した高校は他にもありました。

V 「日の丸・君が代」の特設授業

89年改訂の学習指導要領が「国旗を掲揚し国歌を斉唱するよう指導するものとする」とし、3年間の移行期間をおかずに即、先行実施するとしたことで、私はこの年度から卒業式の前に「日の丸・君が代」の特設授業をしてきました。その授業の終わりに、私は生徒たちに「国旗と言われる『日の丸』と国歌と言われる『君が代』を尊重すべきということについては、賛成・反対、世論は二分します。なので、周りの人たちの意見を聞いたり、新聞や本を読んだりして自分の頭で考え判断してほしい」と念を押してきました。

八教組女性部では、「日の丸・君が代」の授業報告や教材についての学習会を続けていきました。

私が当時教材として使ったもののいくつかを次に示します。

「日の丸」「君が代」ってなんだろう？ 97・2

1・今、卒業式と入学式で「日の丸」が掲揚され「君が代」が斉唱されるのはなぜ？

文部省「入学式や卒業式などにおいては……国旗を掲揚するとともに国歌を斉唱するよう指導するものとする。」

都教育委員会「児童・生徒が、**国際社会において尊重され、信頼される日本人として成長していくため**には学校教育において、国際社会に生きる日本人としての自覚を培うとともに、国旗及び国歌に対する正しい認識をもたせ、尊重する態度を養うことが極めて大切であると考える。

都教育委員会は、各学校の入学式・卒業式などにおける国旗の掲揚・国歌の斉唱指導が、平成２年度から新学習指導要領に即して行なわれるよう、区市町村教育委員会に対して指導する」

＊そして、校長先生のほとんどは、「上司（＝教育委員会）の命令と法に従う」と言って「日の丸」や「君が代」を実施するようになった。

2・質問コーナー

①国旗とは「日の丸」、国歌とは「君が代」ですか。

②「日の丸」を見て、また、「君が代」を歌って（聞いて）あなたはどんなことを感じますか。

「君が代」

君が代は　千代に　八千代に
さざれ石の　いはほとなりて
苔(こけ)の　むすまで

3・「日の丸」「君が代」を知るために

(1) 戦争中（戦前・戦中）の教科書には「日の丸」「君が代」がたくさん登場します。その中から3つ紹介します。さて、子どもたちはここから何を学んだのでしょう。

十六　日の丸の旗

どこの國でも、その國のしるしとして、旗があります。日本の旗は、日の丸の旗です。朝日が、勢よく、のぼって行くところをうつした旗です。

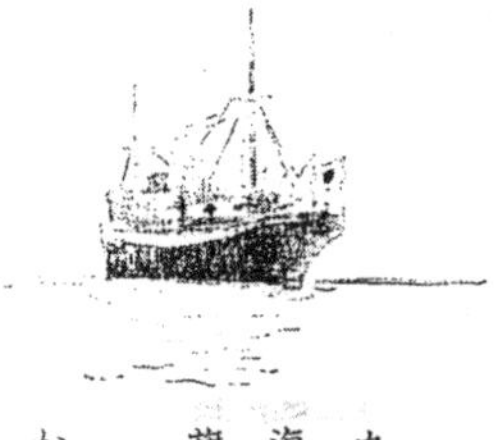

若葉の間にひるがへる日の丸の旗は、いかにも明かるく、海を走る船になびく日の丸の旗は、元氣よく見えます。

青くすんだ空に、高々とかかげられた日の丸の旗は、い

かにもけだかく、雪のつもった家の、軒先に立てられた日の丸の旗は、何となく暖く見えます。

日の丸の旗は、いつ見ても、ほんたうにりっぱな旗です。

祝祭日《しゅくさいじつ》に、朝早く起きて、日の丸の旗を立てると、私どもは、

「この旗を、立てることのできる國民だ。」

「私たちは、しあはせな日本の子どもだ。」

と、つくづく感じます。

日本人のゐるところには、かならず日の丸の旗があります。どんな遠いところに行ってゐる日本人でも、日の丸の旗をだいじにして持ってゐます。さう

して、日本の國のおめでたい日や、記念の日には、日の丸の旗を立てて、心からおいはひをいたします。

敵軍を追ひはらって、せんりゃうしたところに、まっ先に高く立てるのは、やはり日の丸の旗です。兵士たちは、この旗の下に集って、聲をかぎりに、「ばんざい。」をさけびます。

日の丸の旗は、日本人のたましひと、はなれることのできない旗です。

初等科修身1　1942

十七　國旗《こくき》

けふは明治節《めいぢせつ》です。どの家にも、日の丸の旗が、朝風にいきほひよくひるがへつて居ます。

此の村には、もと、祝日《しゆくじつ》に日の丸の旗の立たない家もあつたさうです。それが、今から十年ほど前に、村中さうだんして、どの家でも日の丸の旗

を作りました。さうして、いつもは、しぶ引のふくろに入れ、ふくろの上に旗を立てる日を書いて、神棚の下にかけて置くことにしました。それからは、此の村には、祝日や祭日《さいじつ》に旗の立たない家は、一けんもなくな

つたといふことです。

どの國にも、其の國のしるしの旗があります。これを國旗といひます。日の丸の旗は日本の國旗です。我が國の祝日や祭日には、學校でも、

家々でも、國旗を立てます。これは、國民《こくみん》が、祝日には、おいはひの心持をあらはし、祭日には、つゝしみの心持をあらはすためです。

日本の船《ふね》が外國のみなとにとまる時には、日の丸の旗を立てます。また、國々のうんどうせん

しゆが集つてきやうぎをする時にも、日本のせんしゆが勝つと、「君が代」の奏樂《そうがく》とともに、日の丸の旗が高くあげられます。かういふ時に、勇ましい日の丸の旗を見上げる

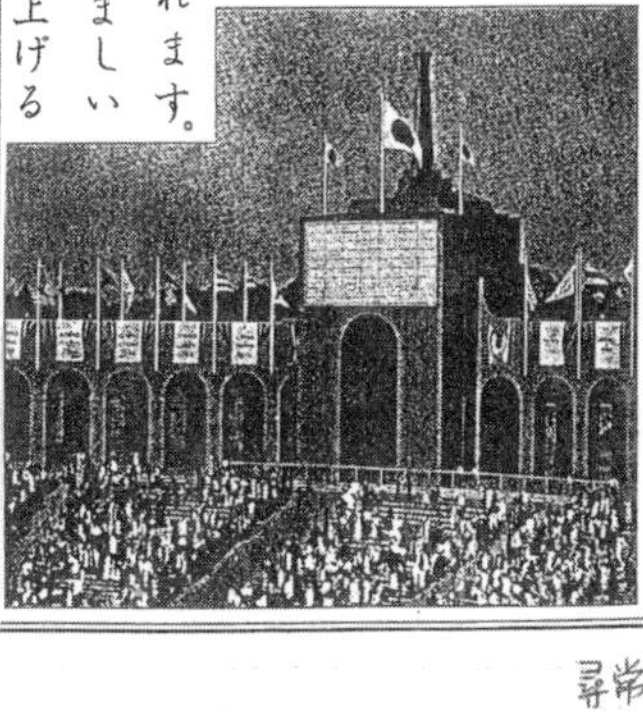

と、日本人の胸は、國を愛《あい》する心で一ぱいになり、思はず涙が出ます。

日の丸の旗は、日本のしるしですから、私たち日本人は、誰でもこれを大切にします。それと同じやうに、外國の人も、自分の國の國旗を大切にします。私たちは、外國の國旗にも、れいぎをうしなはないやうに心がけませう。

尋常小学修身書 巻三

第二十三　國歌《こくか》

「君が代は、
千代《ちよ》に
八千代《やちよ》に、
さゞれ石の
いはほとなりて、
こけの
むすまで。」

とほがらかに歌ふ聲が、おごそかな奏樂《そうがく》と共に、學校の講堂《かうだう》から聞えて來ます。

今日は紀元節です。學校では、今、儀式《ぎしき》が始つて、一同「君が代」を歌つてゐるところです。

どの國にも、國歌といふものがあつて、其の國の大切な儀式などのあるときに、奏樂に合はせて歌ひます。「君が代」は、日本の國歌です。我が國の祝日《しゆくじつ》や其の他のおめでたい日の儀式には、國民は「君が代」を歌つて、天皇陛下の御代萬歳をお

祝ひ申し上げます。

「君が代」の歌は、「我が天皇陛下のお治めになる此の御代は、千年も萬年も、いや、いつまでもいつまでも續いてお榮《さか》えになるやうに。」といふ意味《いみ》で、まことにおめでたい歌であります。私たち臣民が「君が代」を歌ふときには、天皇陛下の萬歳を祝ひ奉り、皇室の御榮を祈《いの》り奉る心で一ぱいになります。外國で「君が代」の奏樂を聞くときにも、ありがたい皇室をいたゞいてゐる日本人と

生まれた嬉しさに、思はず涙が出るといひます。

「君が代」を歌ふときには、立つて姿勢《しせい》をたゞしくして、靜かに眞心をこめて歌はねばなりません。人が歌ふのをきいたり、奏樂だけをきいたりするときの心得《こゝろえ》も同樣です。外國の國歌が奏せられるときにも、立つて姿勢をたゞしくしてきくのが禮儀です。

第二十四　禮儀

尋常小学　修身書　巻四　1937

4・近隣アジア諸国の人たちは「日の丸」「君が代」をどう見ているのだろう？

質問コーナー

日本の侵略によって朝鮮、中国、フィリッピン、マレーシア、シンガポール、インドネシア、タイ、ベトナム…等で２０００万人に及ぶ人々が殺されました。これらアジアの人たちは、日本について、「日の丸」について現在、どう考えていると思いますか。

ⓐ日本にはたくさんの朝鮮や韓国の人がいます。そのひとり小学校卒業をひかえた金佳林《キムカリン》さんが新聞に投書しました。(1991.3.4 朝日)

ひととき

「君が代」歌えません

音楽の先生が不意に「宗教か何かで『君が代』歌えない人、手を挙げて」と聞いてきました。思わず周りを見てしまいました。みんなきょとんとしています。いっそう私はあせりました。手を挙げるか挙げないか頭のなかでぐるぐる回ります。ようやくの思いで私は言ってしまいました。「あのう、私、歌えません」

これを聞いて数人の男子がざわめきました。とたんに私の心はぐらりとゆれました。

私は韓国人なのに、なぜ日本で生まれたんだろう。それが知りたくて歴史の本を読んでいくと、そこには目をおおいたくなるような事実がたくさん書いてありました。

一九一〇年、日韓併合が公表された時、「朝鮮全土は土地をたたいて泣き声に満ちた」というのに、日本ではのき並み、日の丸が飾られて、花電車まで出たこと。村をおそった時、その証(あか)しに日の丸を張りつけていったこと。土地を奪われて、名前まで変えられて、その上、日本語しか使ってはいけないと強制されたこと。それらに胸がつまるようでした。

それからの私は日の丸を見るたびに祖国の人たちは「何を思うだろう」と考えるようになりました。私は日の丸を見上げることがつらいのです。

去年の卒業式の時、となりの友だちは「君が代」をどんな気持ちで歌っているんだろう、歴史をほんとうに知っているんだろうかと思いました。歌詞の意味を知ってしまった私は、とても「君が代」を歌うことはできないのです。

（横浜市港北区　金　佳林　小学校六年生・12歳）

ⓑ韓国の金学順《キムハクスン》さん(元従軍「慰安婦《いあんふ》」)が謝罪と補償を求めて裁判に訴えに来日した時の発言 (1991.12)

「機内の窓から外を見ますと（日本の飛行機に乗って、日本に向かっている時）、赤い日の丸に似たもの（日本航空のマーク）が目に入ったのです。それを見た瞬間《しゅんかん》、50年間の私の人生をメチャクチャにした日本に対する思いが一気《いっき》にこみ上げてきて、胸をしめつけられるような感じがしました。軍人たちはどこへ行っても日の丸をかかげて、"天皇陛下万歳《へいかばんざい》"と言いました。日の丸という言葉を聞くだけでも、頭の中がくさってしまうほどいやな思いがする体験をしてきたのです。今でも日の丸を見ると胸がドキドキするのです。…あっちこっち引きずりまわされた私は、日の丸は好きになれません」

「アジアふれあいブック」(広島平和教育研究所)

ⓒシンガポールの街中で

PKO法案が衆議院《しゅうぎいん》の特別委員会で強行採決されたことで、シンガポールでもニュースや新聞で大きく取り上げられることになりました。これらはいずれも「シンガポールが昭南島だった時代」展の準備中におこった事件でした。

今度こそ日本が謝罪し反省をしてくれるのではと期待をしていただけに、不信と反発は非常に強いものがあったのです。それが展覧会《てんらんかい》の案内板にも現れたのです。

鉄条網を巻きつけられた「日の丸」(1992年2月)
「アジアふれあいブック」(広島平和教育研究所)

ⓓフィリピンの小学生の教科書には

「日本占領下の記憶」として小5のフィリピンの教科書にのっているイラストである。「日本軍におじぎするフィリピン」「飢えてやせおとろえた人たち」「乱暴されかけている女の人」というシーンである。フィリピン侵略の象徴として「日の丸」があった

出典「たみちゃんの日記」
神奈川県国際交流課

ⓔシンガポールの中学生の歴史教科書では

1　イギリス降伏後のシンガポール

123年間もの間、シンガポールの人々は平和な生活に恵まれていた。日本人がシンガポールを攻撃した時、人々は戦争の恐怖を経験しなければならなかった。日本が島を占領した時以来、3年半の間、より大きな苦痛と困難がこれに続いた。この時期は、日本占領時代として知られている。

イギリス降伏直後のシンガポールの町は、恐るべき状態にあった。多くの建物は破壊され、多くの死体が道路や焼けた建物の中に横たわっていた。イギリス人・オーストラリア人の捕虜は町をきれいにしたり、死体を埋めたりさせられた、それに水・電気・ガスが不足だった。昇る太陽を表す日本の旗が、家々の前に掲げられた。シンガポールは、昭南島(Syonan-Island と発音する)または、Shonan-Toh と改名された。昭南は南の光を意味する。しかし、これは明るく鮮やかに輝いてなく、シンガポールの人々は日本の支配下で彼らの人生において最も暗い日々を過ごしていた。

〜日本の侵略について何ページにわたって記述が続く〜

1997年2月作成のプリント教材の一部

日本軍占領下のシンガポール

写真・バンザイをする日本兵

写真・市庁の前を行く日本軍戦車

写真・イギリス降伏後のシンガポールの街

こうした写真もたくさん載っている.

85年度版 教科書

5・「日の丸」「君が代」を学校で（強制的に）実施することについての日本人の意見は？

a　「日の丸は国旗、君が代は国歌であり、子どもたちにこれらを親しませることは、愛国心を養い、国際社会に生きる日本人としての自覚を培うために大切である。」

b　「日の丸・君が代は国旗・国歌ではない。侵略戦争を反省するならやめるべき。まして、学校で強制的に実施するとは大問題だ。」

大きく分けて a、b 2つの意見があります.

Ⅵ

多摩市立多摩中学校での「従軍慰安婦」の授業に端を発した1年にわたる攻撃、そして減給3か月処分

異動要綱の「同一校10年」の期限が来て、私は2000年4月に石川中学校から多摩市立多摩中学校に異動となりました。私の住む地域は八王子駅に出るまでに50分以上かかるところで、異動要綱では「順僻地」扱い。本来なら「八王子市内の異動で可」でしたが、私に限っては市外への異動でした。この年度に市外に異動になるはずだった家庭科の教員は、「根津を市外に出したいから、あなたは市内異動でよい」と言われたと本人から聞かされました。

3月に校長面談で多摩中を訪ねた際に何人かの生徒の表情を見て、石川中の生徒たちの表情とのちがいに驚くとともに、「これがキレるということだ」と咄嗟に頭に浮かびました。当時、中学生の「荒れ」について「キレる」という造語が流行っていて、合点したのでした。

1年目の2月末から1年にわたり教育行政が私に対して意図して行なったここでの攻撃は、つらく厳しいものでした。でも、攻撃が始まるまでは、「根津先生は話したくなるフレイバーを出している」と生徒から言われたり、授業のないときには教室から抜け出す生徒の

相手をしたりと、私は「普通」の日常を送っていました。八王子市議会で高木議員が私を叩いたことから、知り合いのいない他市に異動したらこうした危険に晒されるだろうことは十分予想していました。でも、危険を回避するために必要と思う授業をしないという考えはもっていませんでした。

問題とされた授業

3年生の最初の授業で生徒たちに自己紹介をしてもらった際、ある生徒の自己紹介に、1人の生徒が「こいつ、オカマだぜ」とつけ加えたのです。その生徒に私が、「それはどういうこと」と訊くと、その生徒は机を蹴飛ばして教室から出ていってしまいました。生徒たちのあいだでは「レイプ」や「ホモ」「オカマ」等の話が面白おかしく交わされ、ポルノ雑誌に出てくるような言葉が日常的に飛び交っていましたし、校舎内には避妊具やアダルト雑誌がこれみよがしに置かれていました。こうした状態を教員たちが見過ごしているはずもなく、言葉での注意は生徒たち一人ひとりに届いていないのだなと思いました。そこで、生徒との信頼関係が多少でもできるであろう3学期にこの問題を授業で取り上げようと思いました。

3年生の3学期、毎年行なってきた「男女共生社会に向けて」の授業で、働く上での女性差別や多摩市男女共同参画社会基本法などとともに、「従軍慰安婦」および同性愛者についても取り上げました。「従軍慰安婦」と「　」をつけたのは、本来ならば、従軍慰安婦ではなく《日本軍による性暴力被害者》と言うべきと思うからです。しかし、教科書は従軍慰安婦という言葉を使っているので、言葉はそれに合わせ「　」をつけました。

前者では、「従軍慰安婦」にされた李貴粉《イキブン》さんが語るDVD「元『慰安婦』は語る――李貴粉さんを訪ねて」（中高生向け教材：アーニー出版）を観て、この年に開催された女性国際戦犯法廷で自身の体験を証言した元日本兵・金子安次さんの証言録（『季刊　中帰連』15号）を読みました。DVDは李さんが郷里を訪ね、子どもの頃の生活をインタビュアーに語る内容で、「慰安婦にされた当時のことは語ったら何日も眠れなくなってしまうから、自身で調べて」と締めくくります。金子さんの証言録は、「任務」として「慰安婦」の移送に従事したこと、自身が「慰安所」に行ったり強姦・輪姦に加わったりしたこと、そしてそのときの気持ちについて語ります。金子さんの証言を取り上げたのは、「従軍慰安婦」問題を男子生徒が受けとめられるようにと考えてのことです。後者では同性愛者のK・Kさん（大学生）が小学校高学年から大学生に至るまでのご自身の気持ちや心の揺れを書いた「ぼくのこと」を読みました（教材プリントには、ご自身が書かれたままに実名を記しましたが、「ぼくのこと」の発行所等を失念したため、ここではK・Kさんとしました）。

性情報は巷にあふれており、生徒たちのかなりが読んでいるであろうマンガ雑誌には女性をレイプするような内容が目につきますし、中学生もレイプやセクシャルハラスメント被害に遭います。教員から被害を受ける生徒も、現実にいます（東京の実例は後述）。私は、子どもを歪んだ性情報から遠ざけることが困難な社会にあって、興味本位ではない正確な情報を、理性的なコメントとともに示し、子どもが自分で判断する力をもてるよう援助することが大切と考え、この授業を行ないました。

李貴粉さんについては、「ひどい」「なぜ、日本兵はこんなひどいことをしたの?」「よくこの人がんばって生きたよね。私だったら死んでしまったと思う」という声があちこちから上がり、「いま、皆がひどいと感じたことがなぜ起きてしまったんだろう」と尋ねると、生徒は「民族差別」と「女性差別」を挙げました。李さんが名乗りを上げたことについて、「とても勇気がある人だよ」という発言はどのクラスからも出ました。金子さんについては、「ひどいことをした」ということとともに、「大勢がやったのに、金子さんは(略)こうして証言しているので、とても立派」という意見が出ました。

感想、意見文では、「慰安婦だった人(略)私はその人のつらさや怖さがよくわかりました。(略)当時の日本兵(略)自分達がとてもえらい立場に立ったように、殺すとか、強姦するとか、平気でそういうことを口に出して、一体当時の日本兵は何を考えていたんだろう(略)慰安婦だった人たちに、心から謝ってほしい」「私たちと同じくらいの年で(略)その女性は一生、心に傷が残ってしまったし、(略)きっと男の人のことが恐くなってしまったのだろう。こんなヒドイ事は絶対にダメだと思う」「自分たちが(日本人が)何をしたのか、しっかり見つめるべきです」と書いています。授業中の発言でも感想文でも、「私のおじいちゃんも慰安所に行ったのだろうか」と自身と重ねて考えた生徒たちがかなりいました。

「慰安婦」問題がなぜ、未だに解決しないのだろうか?　ということについて生徒は、「金子さんのように反省した人は少ないから」「まだ、日本人が差別意識をもっているから」「政府が解決しようとしないから」と返してきました。

それを踏まえ私から、「平和なはずのいま、国内でレイプ事件は珍しくないほどに起きているが、そこには、元日本兵にあったと同質の女性蔑視の思想があるのではないか。女性差別がなくなったときには、レイプは起こらなくなるのではないか。ポルノ雑誌などもなくなるのではないだろうか」と投げかけ、まとめとしました。

K・Kさんについては、K・Kさんの痛みが伝わり、生徒たちは自身の偏見に気づいたように思いました。「プリントが配られたとき、『ホモか』としか思わなかった。でも、見出しに『ホモ』とは書いてなく、『同性愛者』と書いてあったから興味が湧き、すぐに読んだ。そうすると、ホモの人の苦労がわかった。普通に人を好きになって、その人が男だっただけなのに、馬鹿にされたりするのは、おかしいと思った。(略)口で『ホモホモ』って軽く言うけれど、ホモの人にはすごい苦痛なんだということがわかった」「私はちょっと同性愛が理解できないけれど、決して悪いことではないと思う。同性が好きなのはしようがないと思う。でも、この人は勇気あってえらいなあと思う。このプリントには写真も名前も載っていて、とても誇りをもって生きていた。私はそれに驚いたし、感動もした。もし、仲のいい人が同性愛者だったとしても、今まで通り付き合っていけたらいいと思う。／K・Kさんみたいに、その人に暗い人生を送ってほしくないからです。K・Kさんもまた、それを望んで勇気をもって私たちにメッセージをくれたんだと思いました。本当にえらい人です。でも、

K・Kさんは1人で立ち上がったのではなくて、家族や団体の人、医者、いろいろな人に支えられて今を堂々と生きているんだと思います。（略）そのためには周りの人たちの理解が必要だし、大切だと思います。私はこの授業で同性愛者の人に対して、少し偏見がなくなり、理解できるようになりました」と生徒の1人は記しました。

「苦情」を利用して「指導力不足等教員」申請へ

「従軍慰安婦」の授業および卒業式実行委員会の私の指導に対し、「1人の保護者から苦情が寄せられた」と前島校長から呼ばれたのが2001年2月末でした。

3月初め、卒業式実行委員である1人の生徒から卒業式のことと「従軍慰安婦」の授業について聞かれました。話の中で、「先生は『君が代』をやらせないために、どんな卒業式がいいかって聞いたんじゃなかったの？　ぼくたちは根津先生に利用されたんだと思った」と言うので、「『君が代』のことは、私から言ったのではないよ。実行委員の誰かが言い出したんでしょ」と私が驚いて言うと、「そういえばそうだ」と。「なぜ、あなたがそう思ったのか、理由はあるの」と聞くと、「普段からお母さんやおばさんたちが、根津先生のことを『困った』と言っている。教育委員会に逆らう良くないことをやって、新聞にも載ったでしょ」と言うのです。99年の読売新聞の記事とともに、私についての一方的な情報が意図的に流されていたことがわかりました。

「従軍慰安婦」の授業については、「校長先生が見せてくれた学習指導要領には慰安婦のことは書いていない。なのになぜ、慰安婦のことをあんなにやったのか」「なぜ、戦争のことを取り上げたのか」と聞いてきました。話をしていくなかで、この生徒は「暗い話はやっぱり授業でやってほしくはないけれど、先生の気持ちはわかった」と最後は言うので、私は彼に、「疑問を直接ぶつけてくれたから話ができた。話しに来てくれてありがとう」と伝えました。校長は私にも「従軍慰安婦（の授業）は家庭科ではない。学習指導要領逸脱」と言いましたが、同じことを生徒たちに学習指導要領を見せて言っていたことがわかりました。

3月6日の多摩市議会の休憩時のこと、多摩中のスキー教室について問いあわせていた吉田千佳子市議会議員に石川教育長が調査結果を告げたときのことです。その際に石川教育長は続けて、吉田議員が聞いてもいない「多摩中の家庭科の教員」について次のように告げたと言います。

「多摩中の家庭科の教員を現場から外すことが、多摩に引き受けた大きな目的であり、いまそのチャンスをねらっている。いままでは指導力不足教師の処分は、10年もかかるような大変なことだったが、国の方針が示されて、3〜4年でやれるようになった。つまり、研修などではなく、都教委の事務職員としての配置換えをして監視するという方法がとれるようになった。何とかそこにもっていきたいのだが。（略）プリントの内容そのものは処分の対象にならない。苦情ももっと数が多くないと難しい。……」

教育長は何の用心もしなかったのでしょう。教育長の発言を吉田議員はすぐに記録し、私に送ってくれました。石川教育長は半年前の99年10月、都から派遣された人物で、根津を「指導力不足等教員」に仕立て上げることが任務だったわけです。これ以降、この計画に沿ってことは進んでいきました。なお、石川教育長は、私についての指導力不足等教員申請を終了した2001年9月末日で、都に戻りました。

99年のプリント教材の件では都教委は私を処分しませんでしたが、私をマークしていたということです。当時はそこまで気づきませんでしたが、経過を追うとそれがわかります。

3月15日には教育長の指示の下、野中指導主事が私の2年生の授業を観察しました。授業開始直前に校長からそのことを告げられたので、生徒たちに説明する時間もありませんでした。教育委員会が授業を観に来るなんてことは普通はないことですから、生徒たちは私を心配してくれ、2時間続きの授業の休み時間に私に「辞めさせられるの」と訊きに来る生徒や泣き出す生徒もいました。そして、授業後、生徒たちの何人かは校長室に行って「教育委員会がどうして観に来たのか」「根津先生を辞めさせるんだったら、もう学校に来ない」と言ったとのこと。校長室にいた野中指導主事が「多摩中の保護者から匿名で、授業に問題があると苦情が入ったので授業を観に来た」と言ったといいます。昼休み時間に校長室に来た生徒たちもいたとのことでした。このことは放課後、校長から聞かされました。生徒たちが校長室に行ったことが後に、「根津は保身のために生徒を利用した」と校長によって喧伝されました。もちろん事実無根のデマです。3月末から4月にかけては、市教委は卒業生の家庭を回り、「苦情」の収集とプリント教材・ノートの回収をしたといいます。この事実は、市民有志が調査してつかんでくれました。開示請求したところ、生徒の書いた文字を黒塗りした、1人分のプリント・ノートが開示されました。

4月末から5月末にかけて4回にわたって市教委による事情聴取がありました。事情聴取は通常、処分を前提に行なうもので、処分を受ける者に弁明の機会を与えるというものです。なぜ、「従軍慰安婦」の授業をしたのか、どのような授業内容だったのかを確かめるだけでしたら、事情聴取とはなりません。校長が私から話を聞けばいいのです。保護者からの苦情というのであれば、苦情の主に説明し、意見交換をするのが筋です。ですから、私は事情聴取を受けることで次に何をされるのか、見通せない状態にありました。この時点では、校長は「従軍慰安婦」の授業を問題視し、同性愛者の授業についてては言葉にしませんでした。事情聴取を多くの人に見守ってもらいたい、私はそう考えて、電話やファックスで支援を呼びかけたところ、大勢の人が市教委に駆けつけてくれました。

市議会では早くも、3月16日の予算特別委員会で「家庭科の時間にまったく別な裁判の事例とか（略）通常の家庭科の授業から逸脱している」と私の授業を問題視した発言が出され、岩木学校教育部次長は「男女の平等ということ、それ自体は非常に大切なこと……、その内容を踏みこんで、例えばの話ですけれども、同性愛のことを中学生に教えるとか、こういう内容の話がどうも教えられていたらしい……。これは本当に家庭科の授業として適切なのかどうか、私どもも調査をしてみたい」と答弁しました（平成十三年〔01年〕予算特別委員会会議録、多摩市議会）。3月16日は、野中指導主事が授業観察に来た翌日です。その時点で議員が問題視した発言をするとは、なんという速さなのでしょう。この市教委の答弁・対応に同予算特別委員会に出席していた末木あさ子議員、吉田議員（ともに生活者ネット）、K議員（共産党）が、6月の市議会ではK（共産党）、Y（社民党）の両議員が市教委の対応を批判してくれました。

私には保護者たちに事実を伝える術がありません。そこで6月16日、私が所属する多摩島しょ地区教職員組合（以下、多摩教組）が、事実を知らせるチラシを学区に戸別配布したところ、これをきっかけにPTAが根津糾弾に動き出しました。校長は、私を信頼する生徒の家庭を回り、「根津は保身のために君を利用したのだ」と説得し続け、朝の職員打ちあわせの席上、「最後の1人を落とした」と発言。そして、6月22日、職員の反対をよそに、「根津は保身のために生徒を利用した」を喧伝するための緊急全校保護者会を夜の時間帯に開催しました。250世帯のうち百人の参加。私1人を被告席ともいうべき体育館の壇上に、同僚たちをその下に保護者に向かって座らせ、同僚の発言は禁止しました。台本がつくられ発言分担が決められていると感じさせる進行でした。吉田議員を介して知りあった2人の保護者は発言するつもりで出席したそうですが、圧力を感じ恐ろしくて発言できなかったといいます。

7月2日には、旧2年X組の保護者会が開催されました。私は直接質問に答えたいからと出席を申し出ましたが、前島校長はそれを拒みました。「・学習指導要領に沿った授業になるように校長、教頭はもちろん教育委員会にも授業を参観し指導をしてほしい／・慰安婦の授業をしないと約束せよ」などの質問・要望書を渡され、回答を文書で迫られました。私の出席を拒んだことは、「苦情」の解決を目指していないことの証左であり、保護者の「苦情」を大きくすることが校長・教育委員会の目的であったということです。

3月に市教委の野中指導主事が2年生の授業を観察したのは、3年生の教科授業が終わっていたからだと思っていました。しかし、そうではなく、「苦情」を大きくするためには卒業してしまう3年生ではなく、次年度も在籍する2年生を、と踏んだのだと、ずっとあとになって気づきました。

後日のことですが――11月19日、駅に向かう道中で、3年生の保護者から声をかけられました。「根津先生の授業については娘が毎回、話をしてくれる。とてもためになるいい授業で、そう思っている人が何人もいる」と。その際、6月の全校保護者会にこの保護者を含め、かなりの保護者が意識して参加しなかったとも告げられました。参加し発言できればいいのだが、この地域に長く住む以上、それは難しく、発言しなければ根津を攻撃する側に加担してしまうと考えてのことだったといいます。この保護者も後の裁判で陳述書を提出してくださいました。

7月6日から9月25日までは、「保護者の要請により」（校長発言）、都教委・市教委が私の授業を観察。多いときには校長、教頭を含めて12人もが並びました。7月17日には学校運営協議会（2004年「地方教育行政の組織及び運営に関する法律」第47条の5に明記。地域の声を学校運営に反映させる目的で、校長が委任したい人物について意見書を教育委員会に出し、それをもとに教育委員会が任命する。東京では一足早く、2000年前後から始まった）までもが授業観察に来ました。9月に入ると授業観察のあと、授業について指導・助言をする協議会に出席するようにと、校長は連日、私に職務命令を文書と口頭で出しました。そして、9月20日、都・市教委が別室で待機するなか、校長は学年会議中の部屋に入ってきて、私の前で「指導力不足（等教員）で（市教委に）あげる」と通告文を読み上げました。20日に提出した申請書は不備があったようで27日に再提出され、それを受けて石川教育長名での申請がされました。

前島校長は申請書に、「授業観察の結果、授業の展開は学習指導要領をふまえたものではなく、年間を通して教師自らの指導観に基づく題材で授業を構成するなど、家庭科における基礎的な内容を学習する授業にはなっていない」と記したうえで、ア.「専門的な知識や技能が不足しているため」「指導方法が不適切であるため」「学習指導を適切に行うことができない」、イ.「生徒の心を理解する能力や意欲に欠け、生徒指導を適切に行うことができない」と記し、さらに、ア.では、「3年3学期の授業は従軍慰安婦、同性愛、男女差別に関する内容のみで、この授業をするに際し、事前に校長の許可を得ていない」、イ.では、「保護者や生徒から、授業中や生徒指導において不適切な発言があることや、授業内容が家庭科で扱う内容ではないとの苦情が出ている」等々記しました。

申請が終わると、授業観察はなくなりました。「もう、保護者は授業観察を希望していないのですか」と校長に尋ねたところ、校長は私に向かって臆面もなく、「（根津についての）私の仕事は終わった」と言いました。この言葉は、都・市教委の指示（「指導・助言」）で校長が動いたと白状したも同然です。6月から9月までに校長が私に出した職務命令書は20通ほど。

3月に石川教育長が吉田市議に語ったねらいどおりに、都・市教委はことを進めたのでした。「指導力不足等教員」の申請は通常は12月半ば過ぎ（で研修は新年度から）と定められています。年度途中での申請は、子どもたちへの被害が甚大で4月まで待てない、緊急を要する場合に限られます。私についての申請は9月でしたから、後者に該当します。すぐにでも「指導力不足等教員」認定の通知が来ると覚悟し、それでもできることはしようと考え、10月初めに多摩教組の委員長に同行してもらって都教委に行きました。都教委は「弁護士ならいいが、組合役員は許可しない」と言うので、渡りに船ということで、石川中での99年訓告・損害賠償裁判で弁護をしてもらっている萱野弁護士に同行してもらい、私の授業のねらいについて資料を用意し逐一説明しました。1回2時間ほどで都合3回行ないました。都教委の担当者が口を滑らせてしまったために私はこの機会を得られ、ラッキーでした。

前島校長は「男女共生、従軍慰安婦は家庭科の学習指導要領にない。根津は学習指導要領を逸脱している」と保護者や生徒に吹聴し、私の授業を観察した市教委や都教委は市教委野中指導主事を通して「プリント教材は不適切」と言ってきましたから、私は、学習指導要領は「最低基準」であって生徒たちの関心・意欲や実態に沿って「より高度な内容」の教材を使っていいこと、また、教材資料は、誤りでなければ、これまで広く新聞等で公表されたことなら教材として使ってよいというのが文科省の見解であることに触れて、教材の正当性を主張しました。この学習指導要領の読み方は、石川中での1999年の訓告処分についての裁判で、高嶋伸欣琉球大学教授（当時。現在は同大学名誉教授）が書いてくださった3本の意見書で学んだことでした。この学びがあったので、私は自信をもって主張できました。こうして外堀を埋めながら、「男女共生社会」と「従軍慰安婦」「同性愛者」との関係を都教委の役人に理解してもらうべく、説明しました。

ここでの説明ややり取りは、萱野弁護士が都教委に文字化させました。冊子には、「根津公子教諭『指導力不足等教員』に伴う『意見を聴取する場』の議事録」とのタイトルがついています。この議事録は指導力不足等教員判定会議で使われたはずです。

さて、「指導力不足等教員」についての通知が来たのは3月25日。「緊急を要する」年度途中の申請であったにもかかわらず、市教委原田指導室長から渡されたのは、「指導力不足等教員と判定しない」との通知でした。

そして、2日後の3月27日、校長が出した職務命令「協議会への出席（9月4〜6日）」に違反したことを理由に、減給10分の1、3か月の懲戒処分書を渡されました。遡る2月5日、校長は7、9月の授業観察に伴う職務命令違反（①指導案の未提出　②協議会に出席しない）について事故報告する旨を私に伝え、その事故報告書をもとに2月8、12、18日には市教委による事情聴取が、2月21日には都教委による事情聴取が強行されました。2月初めの時点で、「指導力不足等教員」に認定することは難しいと判定会議（人事部長〈委員長〉、人事企画担当部長、職員課長、主席管理主事、教育職員研修準備室長、指導部企画課長等による）の結果が出て、そこで、職務命令違反での処分に切り替えたのだと思われます。判定する委員はすべて都教委の要職にある人物ですから、シナリオに沿って私を「指導力不足等教員」に認定するのは難しいことではなかったでしょうに、なぜそうしなかったのか、とても不思議です。と同時に思ったことは、大勢の市民が動いたならば、都教委といえども、下手なまねはできないということです。２００８年3月に「君が代」不起立で免職が予測されたときも、免職は回避されました。このときも大勢の人が連日、夜遅くまで都庁内で行動をともにしてくれたのでした。攻撃されていることを広く知らせ、ともに闘ってもらうことで弾圧を跳ね返すことができる。私は体験からそう確信します。認定されなかったもう一つの理由は、上記した「根津公子（略）『意見を聴取する場』の議事録」の存在だと思います。裁判になった際に、これが証拠として出されるのはまずいとの判断があったのではないでしょうか。

「従軍慰安婦は家庭科ではない。学習指導要領逸脱」だとして始まったこの攻撃で、当初、校長および多摩市教委は盛んにそう言っていたのですが、8月末に多摩教組が申し入れに行った際には、「従軍慰安婦の授業はやっていい。問題にしていない」と発言したといいます。都教委の家庭科担当の指導主事の判断・見解によってのことだと思われます。となれば、私に渡された7月2日付旧2年X組の保護者会の「質問・要望」書は効力を失いますし、校長はその旨を保護者会に説明する責任があったはずです。しかし、校長・市教委はそれをしませんでした。その点を追及すべきでしたが、私は悔しいかな、当時はそこまで気づきませんでした。1日1日を乗り切ることで精いっぱい。気持ちに余裕がなくて、考えられなかったのだと思います。

なお、「従軍慰安婦」の授業を私は石川中で１９９７年の4月にも行なっていました。3

月に行なった「日の丸・君が代」の授業で「従軍慰安婦」にされた金学順《キムハクスン》さんの発言を紹介したところ、もっと知りたいとの要求が生徒から出され、それに応じて行なった授業でした。その授業報告を東京教組女性部でしてほしいと要請され、教材資料と子どもたちの感想文をプリントして6月半ばに報告したところ、その数日後から学校にも自宅にも右翼団体からの脅し電話が入り、八王子駅頭や学校周りを宣伝カーが私の名前を連呼し、がなり立てながら走行しました。石川中は通りから入ったところにありましたが、窓を開けると宣伝カーからの言葉が聞こえてきました。なぜか、女性部で使った資料がすっぽり右翼団体の手に渡っていたのでした。それがわかったのは、『ゼンボウ9』（1997年9月号、全貌社）が「ここまで来た 反日を吹き込む〝慰安婦授業〟」と題して、東京教組女性部で配った私の資料すべてを掲載して私を叩く記事にしたからでした。全貌社はその月刊誌を私に送ってきました。

このとき石川中の船木校長は、「従軍慰安婦問題は学習指導要領に掲載されているのだから、学校にかかってきた電話はすべて校長が対応する」と言ってくれ、事実そうしてくれました。八王子市教委も校長の対応を了承したということです。1997年度から中学校社会科教科書のすべてに「従軍慰安婦」問題が記述されたときでした。多摩市教委および多摩中前島校長の対応とはまったく異なるものでした。

「従軍慰安婦」が歴史教科書に記述されたのは、高校が93年度から、中学校が97年度からでした。「従軍慰安婦」にされた金学順さんらの行動を受けて、それに呼応する行動が日本社会で始まりました。民間の行動だけでなく、政府にも動きがありました。当時の宮澤喜一首相は92年、「あったことはあったこととして次のジェネレーション（世代）に正確に伝えていかなければならない。教育は確かにその一つ。たとえば教科書なんか、その一番の例だ」と発言しました。93年には河野洋平官房長官の談話（河野談話）が出されました。「われわれは、歴史研究、歴史教育を通じて、このような問題を永く記憶にとどめ、同じ過ちを決して繰り返さないという固い決意を改めて表明する」と。こうしたことがあって、「従軍慰安婦」問題が教科書に記述されるようになりました。

しかし、瞬く間にこのことに反対する動きが起きました。「従軍慰安婦」や「南京大虐殺」などを教科書に載せるのは「反日的、自虐的、暗黒的」だとして、削除を求める抗議活動が「新しい歴史教科書をつくる会」（97年発足、日本会議と重なる団体）を中心に行なわれました。その結果、「従軍慰安婦」について記述した教科書は、01年度中学校教科書検定では8社のうちの3社に、05年度検定では2社に、11年度検定では0社になってしまいました（その後、歴史の教員・元教員たちが新たに作った出版社・学び舎が15年度検定で、山川出版社が20年度検定で記述を始めています）。

多摩中での私への攻撃・弾圧は、「従軍慰安婦」についての社会認識が悪化するなかで、それを利用して行なわれたことでした。

「『指導力不足等教員』に認定するな」との行動へ

前後しますが、校長、市教育長が都教委に「指導力不足等教員」の申請を上げると、間髪入れずに、都教委に「『指導力不足等教員』に認定しないで」と文書等で声をあげてくれる人たちがいました。一緒に動いてくれていた市民や多摩中の何人かの保護者、多摩教組、昨年度まで在職した石川中時代の保護者や生徒たちです。

また、岡村達雄さん（関西大学）や、多摩市民であり当初から闘いに関わってくださった小森陽一さん（東京大学）、高嶋伸欣さん（琉球大学）、成嶋隆さん（新潟大学）、西原博史さん（早稲田大学）が呼びかけ人（五十音順）となり、賛同人を募って「学者・文化人アピール多摩中学校教諭根津公子さんを『指導力不足等教員』に認定するな」との要請書を都教委に提出してくれました。「根津さんは、所属する組合や市民の力を得て闘っており、いま現在はその認定はなされていません。しかし、明日にでもという状態に置かれています。（略）ご賛同くださる方は、至急返事をお聞かせください」と、一刻の猶予もないという文面で呼びかけてくれたのです。

大勢の方々のこうした動きがあって、都教委は私を「指導力不足等教員」に認定できなかったのだと、あとになって思いました。

前々年度石川中で最後に担任した生徒は、都教委に宛てて手紙を出してくれました。

「私は八王子市立石川中学校3年生のN・Tです。多摩市立多摩中学校の先生、根津公子さんのことでお手紙を書きました。根津さんが「指導力不足」という理由で東京都職員研修センター送りになるのではないかということを聞きました。私が石川中学校1年生の時、根津さんが担任だったのですが、そんな事は全くありませんでした。

私は、生まれたとき泣かなかったため、脳性まひになってしまい、手足、口を皆のようにうまく使う事ができません。そんな私でも、私なりに授業を受けられるように、根津さんは工夫・配慮をしてくださいました。

例えば、調理実習の時です。私は脳性まひのため、時々よだれが出てしまいます。そのため、今までは、クラスの人も私も嫌な気分になってしまい、私は普通の人より気を使って実習をしなければなりませんでした。でも、中学校で初めての調理実習の時、根津さんがマスクを用意してくださったので、私は安心して実習をすることができました。私はとっても嬉しかったです。

私は定期テストのときは、書くのに時間がかかるので、時間を延ばしてもらい、別室で試験を受けています。ある期末テストのとき、体育のテストで、選択問題がありました。下の語群から選ぶのですが、選択肢の言葉が長かったので書くのが大変だなあと思っていると、根津さんが来て、各選択肢の上に、アイウエオと記号をふってくださいました。私は回答欄に記号だけ書けばよかったので、とても楽でした。私が、問題を全部解き終わると、根津さんは、体育の先生にそのことを断ってくださいました。

このような根津さんの臨機応変な考え方や対応で、私はとても幸せな中学校生活を送る事ができました。根津さんが担任だった中学1年のときは、どうしても学校を休みたくありませんでした。私は根津さんのことが大好きです。根津さんはとても優しくて、叱るときでも、絶対に頭ごなしに怒鳴ったり、意見を押しつけたりはしません。自分の頭で考えて、自分の考えを持つことを、クラスの皆に語りかけていらっしゃいます。このような根津さんのどこが「指導力不足」なのでしょうか？　実際に1年間、根津さんのクラスで学んだ私には、なぜ根津さんがそのように言われなくてはならないのか分かりません。

私は、根津さんと出会えて本当に幸せだったと思います。なのに、もし根津さんが学校で教えることができなくなってしまえば、これから先の中学生には、私のような、根津さんとの出会いすらなくなってしまうのです。これは、本当に悲しいことです。どうか私の言うことを聞いてください。これからも、根津さんが学校で教えられるようにしてください。お願いします。

八王子市立石川中学校3年　N・T」

多摩中「減給3か月」処分取消訴訟の判決は——

この処分取り消し訴訟も、人事委員会審理、地裁、高裁、最高裁のいずれもが不当判決で敗訴でした。

地裁判決は、校長や市教委の石川教育長、野中指導主事の陳述書および証言をそのまま採用する一方、石川教育長の発言・嘘の証言に対する吉田市議の証言・陳述書は、「石川教育長が発言はしていないと述べている」ことを理由に、その一切を切り捨てました。私が主張したことに対しても、そのすべてを校長の嘘の証言・陳述書を根拠に切り捨て、また、私を支持する生徒や保護者の陳述書や証言も無視しました。

生徒が出してくれた陳述書を紹介します。


「家庭科の授業で私が特に印象に残っていることの一つは、食品添加物などの表示をちゃんと見て安全性の確認をすることを先生に教えていただいたことです。それから、『男女共生社会をめざして』というテーマの授業です。この授業が家庭科の授業内容から外れているのかどうかは私にはわかりませんが、先生の伝えたいというお気持ちはとてもよくわかりました。／当時のクラスには家庭科に限らず授業妨害をする一部の男子生徒がいましたが、ある日の授業で、根津先生を挑発するかのように、『障害者なんか世の中の邪魔だ』という意味のことを何人かで発言して授業妨害を始めました。先生は穏やかに、そして静かに根気強く、その生徒たちを説得していました。その時私は、他の授業の他の先生なら、そんな生徒たちのことは無視して一方的な授業をするだろうな、と思いました。根津先生は生徒全員に、人間はみんな平等なのだという当たり前のことを、当たり前の気持ちとして持ってもらいたかったのだと思います。／先生の授業は、『同じ人間同士、差別や偏見があってはいけないのだ』という一点を、ひたすらに生徒たちに伝えたい、そして自分自身で考えてほしいという熱意に満ちていました。

（以下、略）」

「根津先生は間違ってないと思います。日本は、『性教育をもっときちんとやるべきだ』と言いながらも、授業で『慰安婦』や『同性愛』を取り上げると、批判されるのはなぜなんだろうと思います。中学生には早くないと思うし、スウェーデンなど北欧の方では5歳の子どもでも知っていると聞きます。／『日の丸・君が代』についても、卒業式は伝統的にやるかどうかなんて、校長や教育委員会が決めることではないと思います。卒業するのは子どもなんだから、子どものやりたい卒業式にするのが当たり前!! 子どもから見ると、校長なんかは世間体ばかり気にしてるようにしか見えない。私はその時いたからわかるけど、根津先生は生徒を扇動してないです。『君が代』について校長先生の所に質問に行ってるだけなのに、校長は、〈根津先生は『日の丸・君が代』をやめさせるために生徒を利用している〉なんて言って校長の方が生徒を扇動しているんじゃないかと思います。／『多摩中は子どもが荒れていて大変だが、もっと困るのは教員だ。』そんなことはないと思います。私は世間一般で言う非行少女？ で、授業なんて全然聞いてなかったけど、根津先生の授業を聞いて、前は家庭科は興味なかったのに、興味を持つことができました。それに、教科書にはそういう事実は書いてないじゃないかって、思います。きれいごとばかり書いて、日本の悪いところを書かないのはおかしいと思います。私は根津先生から従軍慰安婦の人の話を聞けて良かった、ためになったって思うし、他の人にもそういう事実を聞いて、女性が傷ついているのをもっときちんと考えてほしいです。／普段から根津先生とは信頼できるっていうか、先生として意識しないで一人の人間として話せる気がします。他の先生は、なんでも先生という立場からものを言うけれど、根津先生は一人の人として話せるから、私は一緒に話してて何も隠すことなくしゃべることができます。だから私は、そういう先生がもっと増えてほしいです。」

聖心女子大学教授であり家庭科教育学会の会長であった鶴田敦子さんが、「従軍慰安婦」を家庭科で取り上げることの意義について、「性暴力を学ぶのに、『従軍慰安婦』問題は典型教材となる」と、当時問題となっていた早稲田大学のイベントサークル「スーパーフリー」や京都大学のアメフト部の集団レイプ事件を挙げて、「まっ当な性教育を受けていたら、こういうことは起こらない。学ばないことのほうが問題だ」と証言してくださったことについても裁判所は無視しました。反論ができなかったのでしょう。

「従軍慰安婦なんて家庭科ではない」と保護者に言い続けてきた校長は、ある時点から「従軍慰安婦なんて家庭科ではない、などと言ってはいない」と言うようになりました。尋問では、「従軍慰安婦なんて家庭科ではない」との校長の発言を録音したテープとレコーダーを持参し、反訳文（録音証拠を書き起こしたもの）も証拠として提出し、そのことを確かめたところ、観念したのでしょう、「従軍慰安婦は家庭科ではない、と言ったことはまちがいでした」と証言しました。しかし、都教委に不都合なこうした事実には、判決は触れません。「従軍慰安婦は家庭科ではない」ことから始まった攻撃だったのですから、それに触れない判決は判決の体をなしてはいません。

その結果、判決文は、根津は「平成13年7月に実施された市教委の授業観察でも、改善すべき事項が複数指摘されていたことからすれば、その改善指導のための協議会には自ら進んで出席すべきであった。しかるに、原告は、全くこれら改善指導を受け入れようとする姿勢を見せず、（略）その違反態様は教員としての自覚を欠くものであるといわざるを得ない」と罵ります。「従軍慰安婦は家庭科ではない」から始まった授業観察なのですから、授業観察も協議会での指導も根津には必要なかった、と判示すべきなのにもかかわらず。

最もひどいのは、指導力不足等教員の制度や現実をまったく見ていない点です。校長、教育長が行なった指導力不足等教員の申請は、「原告の指導力向上を図るべくされたものであって、原告を教育現場から排除するためにしたものではない」「1週間のうち何日か通所をして、彼女の足りない分を補うと。こういうのが1か月、あるいは数か月続く、こんなパターンかと思っていた」とした石川教育長の法廷での証言（07年10月17日）を援用し、判決は「弁論の全趣旨によれば、原告に予定されていた研修の通所コースは週1日であり、教育現場から外すような効果もないと認められる」と判じました。でたらめもいいところです。

前述のとおり、通常の申請は12月末に行なわれますが、私については年度途中の9月の申請。通常の申請まで待てない（と彼らが考える）私についての研修が「週1回」の通所コースであるはずがありません。私の場合、週のうち1日は学校での指導、他は都研修センターでの指導を受けるという、「指導が不適切である教員」のパターンでの研修だったはずです。研修期間は1年間。1年後に合否の判定がなされ、不合格とされれば、もう1年研修を受けさせられます。2年後も不合格とされた場合には、受検して合格すれば事務職への配置転換となりますが、多くの場合はそれも不合格で免職とされます。したがって、次の就職に不都合となる免職を避けるために、途中で「自己退職」する者も多いのが実態であり、指導力不足等教員制度は、2年後には合法的に免職にもっていくことができる制度です。石川教育長が証言した通所コースは、指導力不足のランクがやや下の「指導に課題がある教員」と認定された教員の処遇です。都の「指導力不足等教員要綱」に照らせば、教育長の証言の嘘偽りは明白なのに、判決はそこを逃げました。

したがって、公正公平に審理したとは到底言えない地裁・高裁判決でした。悪質な裁判官に当たってしまいました。

きつかった多摩中の3年間でしたが、3年目にはうれしい出会いがありました。人の縁とは実に不思議なもの。転任してきた用務主事が横川中での教え子で、このとき彼は第3子の育児休業を時間単位で取得していました。自身が3年生のときの私の家庭科の授業で、育児休業を無給で取得した父親のこと（田尻研二さんを報じた新聞記事）を学んだ際に、「将来、ぼくも取ろうと思った」のだと告げられました。彼には、2年生の家庭科の保育の授業で、ご自身の子育てについて語ってもらいました。生徒たちから好かれる用務主事でしたので、生徒たちは興味いっぱいに彼の話を聞きました。

私がその後「君が代」不起立処分を受け続けると、どこでアドレスを知ったのか、励ましのメールをくれた多摩中の生徒（当時）もいました。06年に町田市立鶴川第二中学校に異動となって停職3か月処分中に〝停職「出勤」〟をしていた際には、鶴川二中の校門前で「根津先生！」と声をかけられました。問題とされた「従軍慰安婦」の授業を受けた、00年度に3年生だった元生徒でした。鶴川二中に隣接する小学校の改築工事に来ているとのことで、「あのとき先生に教えてもらわなかったら、いまも（「従軍慰安婦」のこと）知らないままだったと思う。教えてもらってよかったよ。なぜ隠す必要があるのか」が第一声でした。「おれ、今年○月に子どもが生まれるんだ」と満面の笑みを浮かべ、誇らしげに話してくれました。6年後にこう言ってもらえ、あの授業が彼の中で生きていると思うとうれしく、何よりも私の傷口を塞いでくれました。

当時の生徒が後日私に届けてくれたこうした言葉は、校長や教育委員会が私を弾圧するのを間ぢかで見てきたことによって出たものでもあると思います。

3. 私が受けた6回の「君が代」不起立処分

「10・23通達」による「君が代」不起立処分の始まり

２００3年10月23日、都教委は「国旗掲揚及び国歌斉唱の実施に当たり、教職員は本通達に基づく校長の職務命令に従わない場合は、服務上の責任を問われることを、教職員に周知すること」（傍線は筆者）という通達を都立学校の校長に出しました。また、各区市町村教育委員会は、その通達に沿って同一の通達を各校長に出しました。出された日をもって「10・23通達」と呼びます。

10・23通達が出されて以降も、「日の丸・君が代」の授業および「君が代」不起立は、私の教育観に基づく教育活動であり、指示・命令されてもまちがっていると思うことには従わない、考えずに従ってはならない、従わなくていいのだということを子どもたちに示すための、教育行為でした。

1989年改訂の学習指導要領が「国旗・国歌」条項で、「（教員が）指導するものとする」と、強制を強めたことに反対する集会で、故西原博史さん（早稲田大学、憲法学）が、「日の丸・君が代」に反対するのは教員の「抗命義務」と言われ、私はまさに！と強く共感し、この4文字はいつも私の頭にありました。

そうした思いも働いて、私は05年から09年までに6回の「君が代」不起立処分を受けました。

その内訳は、

◎立川市立立川第二中学校在職時に、

①05年（04年度）3月の卒業式で減給6か月処分

②05年4月の入学式で停職1か月処分

③06年3月の卒業式で停職3か月処分

◎町田市立鶴川第二中学校在職時に、

④07年3月の卒業式で停職6か月処分

◎都立南大沢学園養護学校在職時に、

⑤08年3月の卒業式で停職6か月処分

◎都立あきる野学園在職時に、
⑥09年3月の卒業式で停職6か月処分

以上が、「君が代」不起立で停職6か月処分3回を含む、計6回の処分でした。

都教委は体罰やセクハラについては累積加重処分をしませんが、職務命令違反については累積加重処分を行なってきました。「君が代」起立・伴奏を求める職務命令違反についても、1回目のそれは戒告とし、2回目は減給1か月、3回目は減給6か月、4回目は停職1か月、5回目は停職3か月、6回目は停職6か月としました。私の不起立処分については、94年に石川中で「日の丸」を降ろしたことでの減給1か月処分、02年に多摩中で職務命令違反とされての減給3か月処分が累積され、05年の1回目の不起立が減給6か月処分とされました。

後述する2012年の「君が代」不起立・不伴奏最高裁判決が、原則「戒告は違法ではない」が「減給以上の処分は重すぎて違法」と判じたことにより、都教委はその後の処分発令では、減給1か月止まりとしています。しかし、最高裁判決に沿った「戒告止まり」にはしていません。最高裁が判じた「減給以上の処分は違法」に従うのは都教委の沽券に関わるとでもいうのでしょうか。

さらに定年退職前の5年間に「君が代」不起立・不伴奏処分を受けた者は、定年退職後の再任用を拒否されてきました。「反省がない」「再び繰り返す」ということがその理由のようです。13年に総務省が高齢者雇用安定法を改定し、年金支給年齢を引き上げることとセットで65歳までの雇用を段階的に義務化したことにより、都教委は年金支給年齢までの雇用はするようになりました。しかし、その後の雇用はしません。定年退職前の5年間に体罰やセクハラで処分された教員が再任用を拒否されることがないことと比較すれば、都教委がどれ程「君が代」不起立教員を忌み嫌うかがわかります。教員不足が常態化するなか、困りはてた都教委は20年度から再任用の年齢制限を撤廃しました。70歳でも75歳でも採用されるのですが、しかし、それでも、「君が代」不起立・不伴奏教員の再任用は拒否し続けています。

なお、私は05年卒業式および入学式での不起立処分の後、7月に課せられた思想転向を迫る「再発防止研修」の際に、ゼッケンを着けたことと質問を続けたことが「職務専念義務違反」だとして、減給1か月処分とされました。一緒に処分された他の9人は戒告でしたが、私は「昨年の再発防止研修ではゼッケン着用を禁止しなかったというのに、今回はなぜ、ゼッケン着用を禁止するのですか」と質問したことが「進行妨害」だというのです。主催者側がひとこと答えればすむことなのに、それはしません。服従を刷りこむ研修で質問を受けつけるのはご法度、上下関係にひびが入るということなのでしょう。

「君が代」不起立・不伴奏処分を契機に都教委は一段と教員の支配管理を強め、教育内容に介入してきました。それがどのようにしてここまで来てしまったのか、その経緯を敗戦後から見ていきます。

4. 戦後の教育行政

１９７1年度に江東区大島中学校に着任し、２０１０年度にあきる野学園を退職するまでの40年間の仕事の中で、私が処分されたのは後半の１９９４年から。私の仕事に対する姿勢は40年間変わりませんでしたが、教育行政が「不当な支配」を強めたことで問題視されてからのことでした。教育基本法は「教育は、不当な支配に服することなく」行なわれるべきと定めているにもかかわらず、実態は「不当な支配」・政治介入が年ごとにひどくなっていきました。

その実態を合法化するように、１９４７年制定の教育基本法10条が「不当な支配に服することなく」に続けて「国民全体に対し直接に責任を負つて行われるべき」としていたところ、第一次安倍晋三政権時の06年改訂の教育基本法16条では「不当な支配に服することなく、この法律及び他の法律の定めるところにより行われるべき」とされ、「不当な支配」の性格を変えてしまいました。

21年、菅義偉政権は閣議決定によって検定済み教科書の記述を事実上書きかえさせるまでに至りました。

すでに国定教科書

21年3月、日本維新の会の馬場伸幸衆院議員による2通の質問主意書（「従軍慰安婦」等の表現、「強制連行」「強制労働」という表現に関して）が出され、政府はそれに乗じるように同年4月27日、「『従軍慰安婦』という用語を用いることは誤解を招くおそれがある」「単に『慰安婦』という用語を用いることが適切」、「朝鮮半島から内地に移入した人々（略）について、『強制連行された』若しくは『強制的に連行された』又は『連行された』と一括りに表現することは、適切ではない」「『強制連行』又は『連行』ではなく『徴用』を用いることが適切」などとする答弁書を閣議決定しました。その後、教科書における「従軍慰安婦」「強制連行」等の記述について「今後、そういった表現は不適切ということになります」等の政府答弁（萩生田光一文科相）をし、教科書会社に対して訂正申請を事実上指示しました。その結果、教科書会社7社が訂正申請を行ない、「従軍慰安婦」「強制連行」等計41点にわたって記述の削除や表現の変更を行ないました。

閣議決定したことを社会科教科書に書くこととしたのは、第二次安倍政権の14年。「閣議決定その他の方法により示された政府の統一的な見解又は最高裁判所の判例が存在する場合には、それらに基づいた記述がされていること」と教科書検定基準に追加規定したことによります。つまり時の政権によって教科書に書かれることが異なる、政権の見解を「正解」とする教育にしたということです。「日本ヨイ国、キヨイ国。世界ニ一ツノ神ノ国」などと子どもたちに教えこんだ戦前の国定教科書と変わらないところまで、教科書への政治介入、教育への政治介入が進んでしまいました。

処分の対象とされた私の教育行為は、「君が代」不起立を含めて「日の丸・君が代」および「従軍慰安婦」の授業でした。処分の目的は、教育の主体である子どもたちが事実や資料をもとに自分の頭で考えることを促す教育を奪うことにありました。指示命令に従順な国民をつくることが自民党政権にとって、最重要課題だからです。

軍国主義教育を反省したのは一時

「日の丸・君が代」の強制は89年に突如始まったのではありません。敗戦後しばらくは「日の丸」も「君が代」も学校だけでなく、一般社会でも使われなくなりました。戦後すぐは、日本から軍国主義をなくすことが、日本を占領した連合国軍総司令部（ＧＨＱ）の方針だったからです。ＧＨＱは戦争犯罪者の公職追放をはじめとして、軍国主義に関係するもののすべての排除に乗り出しました。

ＧＨＱの方針だけでなく、敗戦直後は日本の政治家の中にも、軍国主義を排除しようとする動きがあり、それが「国民主権」「基本的人権」「戦争放棄」を謳った日本国憲法および日本国憲法に則った教育基本法の制定につながりました。

47年に文部省が出した学習指導要領は、法的拘束力のない「試案」でしたが、その「序論」ではこう述べられています。「いまわが国の教育はこれまでとちがった方向にむかって進んでいる。（略）これまでとかく上の方からきめて与えられたことを、どこまでもそのとおりに実行するといった画一的な傾きのあったのが、こんどはむしろ下の方からみんなの力で、いろいろと、作りあげて行くようになって来たということである」。子どもたちを戦場に向かわせた戦前・戦中の軍国主義・国家主義教育を反省し、生徒や保護者を含め、みんなの力で学校をつくり上げていくのだ、という姿勢を打ち出したのです。

また、国家が教育に対して「不当な支配」をしないよう、教育行政を一般行政から独立させ、中央集権ではなく地方分権の教育委員会を設置しました。教育委員は住民の投票によって選出する、民主教育の柱となる制度でした（公選制教育委員会制度）。

しかし、そのGHQが48、49年になると日本の占領方針を変え、共産主義のソ連に対し米英が優位に立とうとして、ソ連の影響力を排除することを方針としました。１８０度の転換でした。50年の朝鮮戦争でさらにそれに拍車がかかりました。この方針転換を受け、政府は日本共産党とそのシンパの公務員・民間労働者の首切りを行ない、教員もその対象とし（49～50年レッド・パージ）、日教組運動や生活綴り方に力を注ぐ教員の首を切りました。その首切りに反対し、立ち上がるＰＴＡも少なくはなかったといいます。

52年にサンフランシスコ講和条約が成立すると、GHQは日本から撤退し、政府は戦犯・もしくはその疑いがあるとされた人たちを徐々に釈放し、そうした人たちが再び政界や財界に登場しました。安倍晋三元首相（第一次内閣06〜07年、第二次内閣12〜20年）の祖父である岸信介は、戦中の41年から東条内閣の閣僚として日米開戦の詔勅に署名し、敗戦後すぐにA級戦犯容疑で逮捕され巣鴨拘置所に収監されたのですが、48年12月には無罪放免、57年には内閣総理大臣に就任。侵略戦争を反省しない人たちが再び政界、財界で実権を握っていくのでした。それは、ナチズムを生んだドイツが、旧ナチの幹部を復活させなかったこととは大ちがいです。

ドイツとのちがいを考えると――。貧困が深刻化するのにそれには手を打たず、アメリカ政府の言いなりに武器を買い軍事費を倍増させるいまの自民党政治は、戦犯を国のリーダーにした時点で予想されたことだったのではないかと思います。安倍晋三元首相が22年7月に銃撃されたことで、安倍3代および自民党を中心とする政治家と統一教会の強固な結びつきが明らかになりました。このことによって、戦後の自民党政治がいかに国民のためのものではなかったかが白日の下に晒されました。

話を戻します。こうしたなか、文部省は56年、文部省の権限を強めるために公選制だった教育委員会を任命制に変えました。首長が議会の同意を得て任命する、現行の教育委員会制度です。教育委員会制度を変えて57年、待っていたとばかりに、文部省・各県教育委員会は教員に対する勤務評定（勤評）を強行しました。レッド・パージ、勤評および教育委員会の任命制は、民主教育に精力的に取り組んできた教員たちを弾圧し、日教組を潰すのが目的でした。愛媛県教育委員会は一足先に56年から勤評を実施し、「日教組脱退」に応じた教員には校長への道を用意し、戦争に反対し民主教育を守ろうと闘う教員は、通勤できないような僻地等に異動させ、退職に追いこみました。こんな汚い手を使って、政府・文部省は日教組を弱体化させていきました。

日教組と「日の丸・君が代」

日教組の結成は47年。「教え子を再び戦場に送るな」のスローガンを掲げ、労働権の確立とともに民主教育の破壊に抗し団結して闘いました。勤評反対闘争では、「勤評は戦争への一里塚」とのスローガンを掲げ、組合員は連日地域を歩き保護者や地域の労働組合に弾圧の意図をわかってもらい、支援を要請して闘ったと、東京の当時の教員から聞きました。

戦後日本社会から姿を消した「日の丸・君が代」でしたが、50年、天野文部大臣は「各学校では（略）行事を催される（略）際、国旗を掲揚し、国歌を斉唱することもまた望ましい」と談話を発表しました。以降、「日の丸・君が代」については職員会議で論議させずに、卒業式や運動会に校長の独断で持ちこむ学校・地域が出始めました。私は57年に小学校に入学したのですが、元旦には「日の丸」の揚がった学校に登校し、紅白まんじゅうをもらったことや、卒業式では講堂に「日の丸」が揚げられ「君が代」を歌ったことをおぼえています。

こうして、軍国主義・国家主義を排した政治・教育から一転して、「逆コース」の戦前回帰の政治・教育に向かい始めたのでした。

日教組は勤評や学テ（全国学力テスト）反対闘争を果敢に闘ってきましたが、「日の丸・君が代」については1980年代に教員向け学習図書は発行したものの、「日の丸・君が代」被処分者を支援することはまったくせずに今日に至ります。70年には「君が代斉唱」の際に「3年1組まわれ右」と生徒たちに号令をかけた、侵略戦争帰りの群馬県の教員・小作貞隆《おさくていりゅう》さんが自宅謹慎の処分を受け、その後依願退職に追いこまれました。74年には鹿児島県の校長が自殺に追いこまれ、79年には「君が代」をジャズふうにアレンジして伴奏し抵抗した福岡の小弥《こや》信一郎さんが分限免職＊にされました。福岡県北九州市教委は、1985年に文部省が出した「日の丸・君が代」徹底通知を受けて「君が代」不起立処分を始め、処分が続出しましたが、日教組はそれも看過。このように、日教組が被処分者を見殺しにしてきた現実も、89年学習指導要領の「日の丸・君が代」強制を容易にしたと私は思います。権力側はよく観察しているものです。

教職員組合はなぜ、「日の丸・君が代」被処分教員を支援しないのか。私が「君が代」不起立処分を受けるようになってから執行部に聞いたところ、「大勢が処分されると財政面で難しくなる」との回答でした。ならば、組合員にカンパ支援を呼びかければいいではないか。組合がカンパを呼びかけることで、組合員にとっても「日の丸・君が代」の闘いが多少なりとも他人ごとではなくなるだろうに、と私は思うのですが。

天皇の戦争犯罪を追及しなかったのが大きな誤り

なお、ＧＨＱは占領直後に軍国主義の排除に乗り出しましたが、国家元首であり、大日本帝国陸・海軍の最高指揮官であった天皇裕仁については、その筆頭であるにもかかわらず、戦犯にはしませんでした。天皇の戦争犯罪を放免することが後々得策とマッカーサーは考え、「象徴」として天皇を残す道を選びました。また、裕仁は沖縄のアメリカ占領と引き換えに自身の命と末永く続く天皇制を護ることに精力を注ぎ、政府もそれを容認し追随しました。夫や息子を戦死させられ、戦犯の筆頭である裕仁に強い恨みをもつ人々は、生きることに精いっぱいで、声をあげることができなかったのでしょうか。「政府の行為によって再び戦争の惨禍が起こることのないようにすることを決意」（憲法前文）するならば、政府は天皇裕仁の戦争犯罪を問うことから始めるべきでしたが、そこがすっぽり抜けています。政府がそれを回避したのは、次のことからわかります。

文部省は敗戦の8月15日、「文部省訓令5号」を出しました。敗戦という由々しき事態に立ち至ったのは「皇国教学ノ神髄ヲ発揚スルニ未ダシキモノ有リシニ由ル」との反省に立ち、今後は「各位ハ深ク此ノ大詔ノ聖旨ヲ体シ奉リ国体護持ノ一念ニ徹シ……」日本の再建に努

＊「分限」処分は、一定の事由により職責を果たせない場合に、公務の効率性を保つために行なわれる処分。何らかの違反行為をした際に制裁として科せられる「懲戒」処分とは異なる。

めるよう、説いています。天皇の戦争責任どころか、天皇制のもとでの国体護持は揺るがなかったのです。それに沿ってなのだと思われますが、12月20日、文部省は各学校に下賜してきた（貸し出してきた）ご真影を都道府県単位で回収し、県庁や地方事務所で焼却処分にしました。GHQに対して証拠を残さない、天皇の戦争責任を回避するためでした。

また、47年発行の「あたらしい憲法のはなし」（中学1年生対象）は「戦争の放棄」「基本的人権」「最高法規」などを説く社会科副読本で、とてもいい内容でしたが、その一節に「こんどの戦争で天皇陛下は大変なご苦労をなさいました」という一文があります。天皇に戦争責任はないとした政府見解ともいうべき記述です。天皇の戦争責任を問うことを生徒や国民に事実上禁じた、と私には読めます。

裕仁が自身の戦争責任・戦争犯罪を不問に付しただけでなく、その息子の明仁も孫の徳仁も、父・祖父の戦争責任に触れたことはありません。そればかりか、厚かましくも2018～19年に「象徴」を振りかざし、天皇家の子々孫々の身分保障＝天皇制を維持するために生前代替わりを行ないました。

歴史に「もしも」はありませんが、天皇裕仁が戦犯になっていたら、侵略戦争に対する「国民」の反省やその後の政治、教育がいまとはちがっていたのではないか、憲法（1条を除いて）に沿った、国民のための政治・教育が行なわれていたのではないか、岸信介が首相になることも、自民党政権がのさばることもあり得なかったのではないかと私は思います。

しかし現実は、日本の侵略を反省せずにきた自民党政治が、侵略に使った「日の丸・君が代」を学校教育に再度持ちこみ、侵略を「東アジアを解放するための戦争だった」とうそぶく日本会議や、名称どおりの神道政治連盟所属の国会議員を大量に生み出しました。こうした国会議員で構成される安倍内閣は、第一次内閣の２００６年には「日本国憲法に則」った47年制定の教育基本法を改悪し、「愛国心」を強調した教育基本法を制定。第二次内閣の２０１７年には、日本国憲法や教育基本法に反するとして48年に「軍人勅諭」とともに衆議院で排除に関する、参議院で失効確認に関する決議が行なわれた「教育勅語」を、「憲法や教育基本法に反しないような形で教材として用いることまでは否定されることではない」と閣議決定しました。日本の戦後教育は、同じ敗戦国のドイツとは異なり、戦犯である天皇を「象徴」として賛美し、それに連なる「日の丸・君が代」尊重を鼓舞し現在に至ります。

こうして振り返るとき、「戦後民主主義教育」と久しく言われてきたけれど、そうではなかった、と私は思います。なお、教育委員会制度についても15年に、06年改訂の教育基本法に沿って、首長が教育に介入できる制度に変えられました。首長が教育長・教育委員を招集して行なう総合教育会議が義務づけられ、教育に関する「大綱」を首長が策定するとされたのです。

5.「日の丸・君が代」強制のねらいは

都教委が言う「無形の指導」とは

「10・23通達」発布の直前、都教委は「『国旗・国歌の適正な実施』は（略）学校経営上の最大の課題であり、この課題の解決なくして学校経営の正常化は図れない」（2003年7月9日、指導部「都立学校における『国旗・国歌』の現状と課題」）と言いました。

2011年6月に、「君が代」斉唱時に職員の起立斉唱を義務付けた全国初の「君が代条例」を成立させた橋下徹大阪府知事（当時）は、「（『君が代』不起立）問題は、今の教育行政の病理の象徴で、ここを正せるかどうかが、今の教育行政のポイント。僕の組織マネジメント論の琴線に触れる問題」（2011年5月8日付の府幹部へのメール）と言い、不起立処分をすることで、教員の服従と学校組織の上意下達を徹底しようとしました。

04年4月に都教委が主催した教育施策連絡会（全都の校長や地教委の役職にある者を集めて、

石原慎太郎知事、竹花豊副知事、横山洋吉教育長、清水司教育委員長と4人の教育委員が発言）で、鳥海巌教育委員（元丸紅会長）は、こう言い放ちました。

「あいまいさを改革のときには絶対残してはいけない。この国旗・国歌問題、100％やるようにしてくれということを事務局にも教育長にも言っているわけなのですけれども、1人の人、あるいは2人の人だからいいじゃないのと言うかもしれませんけれども、改革というのは、何しろ半世紀のあいだにつくられたがん細胞みたいなものですから、（略）がん細胞を少しでも残すと、またすぐ増殖してくるということは目に見えているわけです。徹底的にやる。あいまいさを残さない」

そう、だから都教委にとっての「がん細胞」の私は記録を残すのです、まちがった施策をただす教員が「増殖してくる」ように。

処分の取り消しを求めた裁判では、都教委はこう言いました。「日の丸」掲揚「君が代」斉唱をすることによって「儀式的行事として、会場全体が厳粛かつ清新な雰囲気に包まれることは、児童・生徒にとって、無形の指導」であり、「起立する教員と起立しない教員がいると、児童生徒は起立しなくてもいいのだと受け取ってしまう（から、起立しない教員を処分する）」のだと。

「日の丸・君が代」の歴史や意味について、また、卒業・入学式で掲揚・斉唱する意義について学び考える機会を与えずに、実質それを禁止して、すべての教員が「国旗に正対し国歌を斉唱」する姿を見せることで、子どもたちが同じ動作をする。これが都教委の言う「無形の指導」です。戦場に子どもたちを駆り立てた戦前・戦中の教育と同様に、空気を読ませそれを刷りこむ〝調教〟です。

起立しない教員を処分するのは、異論の排除。都教委と異なる考えを行動で示す教職員を処分で脅し排除することによって、子どもたちに異論のあることを見えなくさせ、都教委＝国家が行なうことに疑いをもたせないようにする。このどちらもが、思想の統制であり、もの言える社会を壊します。民主主義の完全否定です。「『日の丸・君が代』の尊重」を徹底するためには、子どもたちに考え判断させないほうが得策、「寝た子を起こすな」ということです。

繰り返しになりますが、子どもたちに考え判断する資料を提供せずに「君が代」斉唱をさせるのは、教育に反する行為ですし、意味もわからせないままに「尊重する態度」を求めるなどということは、子どもたちをひとりの人格として見ておらず、失礼極まりないと私は思います。

また、このことは、憲法が保障する「思想及び良心の自由」（憲法19条）や「信教の自由」（同20条）、「表現の自由」（同21条）を主張してはならないと、子どもたちに暗示的に教えることでもあります。これらの権利の保障は、この国に住むすべての人が対象であり、子どもも当然のこと、対象です。子どもの頃から権利を主張することで、政治が生活に直結していることを実感するはずです。

国政・地方選挙で選挙権を行使しない人が過半数を優に超えますが、学校教育で権利の行使を具体的・実践的に学んでいたなら、人々は選挙の投票を放棄しなくなるとも思います。政治に無関心であるツケは、私たちに返ってきています。愚民化政策を断つためには、知識や資料をもとに自分の頭で考え判断する取り組みに学校教育が、教員たちが着手すること。人々が安心して暮らせる社会の創造は、ここから始まります。しかし、それをさせたくない、権力をもつ者が常に優位でいられる社会を維持するために、都教委は「無形の指導」をしているのです。

現行の学習指導要領（小学校は2020年度、中学校は21年度から全面実施、高校は22年度の入学生から年次進行で実施）は、「主体的・対話的で深い学び（アクティブ・ラーニング）」を売りにします。子どもの「主体的・対話的で深い学び」は、考えさせない「無形の指導」とは対立するはずですが、都教委や大阪府教委はどう弁明するのでしょう（文科省のいう「主体的・対話的で深い学び」が内実の伴ったものでないと、私は思っていますけれど）。

ところで、「できん者はできんままで結構。できる者を限りなく伸ばすことに労力を振り向ける。やがて彼らが国を引っ張っていく。非才、無才には、せめて実直な精神だけを養っておいてもらえばいい」と三浦朱門氏（作家）は言いました（2000年）。

氏は、文部省下の教育課程審議会会長を歴任し、後に新しい歴史教科書をつくる会から分派した日本教育再生機構に所属した人物。06年9月に発足した第一次安倍内閣は、10月には「愛国心」を刷りこむ安倍教育「改革」を実行するために、閣議決定で「教育再生会議」を設置しました。日本教育再生機構は、それを民間の立場から後押しするために設立された団体です（理事長・八木秀次氏）。政府・権力者を信じこむ「実直な精神」の育成と、都教委の言う「無形の指導」とは同義、ぴったり重なります。

小学校入学時から（18年度からは幼稚園教育要領・保育所保育指針が「3歳児から国旗・国歌に親しむ」と明記したので、3歳から）「国旗に正対し国歌を斉唱」し続ければ、子どもたちは「日の丸・君が代」に愛着を感じるようになるでしょう。「君が代」は天皇を讃える歌。子どもたちは知らぬ間に、天皇に愛着を感じるようになるでしょう。国民の支配管理、社会の秩序維持には国民の「実直な精神」が必要不可欠であり、それが「日の丸・君が代」・天皇制の「無形の指導」で達成されるということだと私は思います。

ついでではありますが、上記した三浦氏の発言は、次のとおりです。

「平均学力が下がらないようでは、これからの日本はどうにもならんということです。つまり、できん者はできんままで結構。戦後50年、落ちこぼれの底辺を上げることにばかり注いできた労力をできる者を限りなく伸ばすことに振り向ける。百人に一人でもいい、やがて彼らが国を引っ張っていきます。限りなくできない非才、無才には、せめて実直な精神だけを養っておいてもらえばいいんです」（斎藤貴男著『機会不平等』文藝春秋より）

「学力向上のために」全国一斉学力テストや各県学力テスト、区市町村学力テストをするのだと文科省・教育委員会は言いますが、それがまやかしであることが読み取れるかと思います。学力テストを実施するのは、教員に教科書どおりの授業をさせる、自主編成教材を使わせないためではないかと私は考えています。

天皇制による「秩序」維持か

２０１７年告示の現行の６年生社会科学習指導要領は、

「我が国の国歌『君が代』は、日本国憲法の下においては、日本国民の総意に基づき天皇を日本国及び日本国民統合の象徴とする我が国の末永い繁栄と平和を祈念した歌であること」

「我が国の国旗と国歌の意義を理解し、これを尊重する態度を養う」

「天皇についての理解と敬愛の念を深めるようにすること」

と書きます。


授業を通して子どもたちに「天皇を日本国及び日本国民統合の象徴とする我が国」を認識させ、「尊重」「敬愛の念を深め」させることは、憲法19条「思想・良心の自由」を侵害するはずなのに、教員はこれを子どもたちに教えこめというのです。天皇を敬愛しない者は子どもであっても「非国民」といった扱いを教室で行なうのです。いったい何なのか――。

日本が侵略戦争を開始した際にその正当性を示すために使った言葉、「八紘一宇」「大東亜共栄圏」の根幹をなす天皇制を復活させようとしているのではないか。象徴天皇をいただく日本国民は近隣アジア諸国民よりも勝るという優越意識を子どもたちに、やがては社会全般に植えつけようとしているのではないか。優越意識をもてば、政府に反感をもったり、生活苦から労働組合に結集したりしなくなる、という見通しを政府・権力者はもっているのではないか、と私は思うのです。

そのためには政府は侵略戦争について反省してはならないし、教材は天皇賛美につながる「日の丸・君が代」でなければなりません。政府が侵略戦争を反省しないのは、被害国に対する補償問題があることは言うまでもありませんが、「日の丸・君が代」・天皇制を国体とする、「明治」以降の「秩序」が、日本国民を支配管理するのに都合がいいからだと思うに至りました。

「君が代」不起立処分を最初に受けた頃までは、私は天皇制による「秩序」まで考えていませんでした。裕仁および天皇家が戦争責任を感じない、とらないままに戦後を生きてきたことについては看過できずに来ましたが、そこ止まりでした。

しかし、停職処分を受け続けクビにされるのを恐れ覚悟するなか、日本社会には象徴天皇制が確かに活きていると思うようになっていきました。「日の丸・君が代」に反対する教員は多数なのに、起立・伴奏拒否者は多くはない。そこには、不利益処分を避けるためだけではない〝何か〟があるのではないか。そしてそれは、「日の丸・君が代」を拒否する行為は憲法1条象徴天皇制を批判することであり、保護者から特別視されるという怖れを抱くがゆえなのではないか、と思うようになっていきました。

さらに、自民党の憲法草案（2012年）は現憲法が規定する「公共の福祉」を「公益及び公の秩序」に書きかえ、個々人の人権よりも「公益」を優先するとしました。また、後述するように、不起立処分撤回を求めた裁判で私は停職6か月処分の2件が取り消されましたが、停職6か月1件を含む4件は処分妥当とされました。理由は、「（根津が受けた）処分による不利益」よりも「学校の規律や秩序保持」を害した不利益のほうが多大ということでした。双方が言う「秩序」とはやはり、天皇制秩序ではないのかと思うのです。

はたまた、天皇制反対のデモには、他のデモとは比べようのない大勢の警察・機動隊による「警備」がつき、右翼団体からのデモ隊への突撃が毎回あります。沿道の市民からの視線も冷たく感じられます。天皇制批判がタブー視されている現実を私はデモに参加するなかでも感じてきました。

私にとって後にそれが証明されたかのように思われたのが、2015年の安保法制（戦争法）に反対する国会前等の行動に参加している人たちの会話でした。「安倍首相は平和を願う天皇を見習うべきよね」。このような言葉を何回も耳にしました。〝リベラル〟といわれる人たちのその会話から、主権をもった戦前の天皇とちがい、法的には上下関係にない戦後の象徴天皇や天皇家は、「国民」に受け入れられているのだと思いました。

報道機関は「天皇」ではなく「天皇陛下」、「雅子さん」ではなく「雅子様」でなければ報道許可が下りないというし、一般国民も同じ表現をします。「憲法を護れ」と言うとき、私は「1条を除く憲法を護れ」とこだわりますが、天皇制は日本社会で活きていると思い知らされました。

命よりも「日の丸・君が代」

新型コロナによる全国一斉休校期間中に行なわれた20年の東京の卒業式は、三密を避けるために時間を短縮し来賓の参加を取りやめました。しかし、都教委は一堂が会する体育館で「国歌斉唱」を行なうことを全都立学校に通知し、全校がこれに従いました。

呼吸器をつけた生徒がいる特別支援学校もその例外ではありませんでした。都の教育委員の1人は医学博士ですが、その委員もこれを問題視したとは聞いていません。私は月2回行なわれる都教育委員会定例会を傍聴していますが、そこにおいても発言していません。

21年の卒業式は、都民の批判や東京新聞などの批判報道を考慮してか、都教委は「斉唱」はやめ、体育館で「国歌静聴」するよう通知しました。体育館ではなく教室で、という要望もあったそうですが、〝一堂が会する体育館〟は譲りませんでした。

大阪府教委は一般には「国歌静聴」としましたが、前後左右1メートルの距離をとれる場合は「国歌は起立して斉唱」するよう1月21日付で通達を出しました。

都教委・府教委にとっては、人命よりも「日の丸・君が代」の刷りこみが大事ということでしょう。

「日の丸・君が代」問題は、個人の思想・良心の自由の問題だけでなく、教育の国家支配の象徴なのです。呼吸器をつけた子どもの命よりも「国歌斉唱」を優先する都教委・府教委、そしてそれを実行する校長たちは、戦前・戦中の校長が戦火から御真影を守ろうとした姿、それができずに殉職した姿と私には重なります。

民主主義は異なる意見を闘わせることによって育つという考えが国際社会の常識ですが、それを封じる都教委は民主主義のかけらも持ちあわせていないと言っても過言ではないでしょう。

上意下達の徹底か、発言まで封じる

都教委は不起立処分だけでは飽き足らず、いや、鳥海教育委員の発言に見られるように、それだけでは不安だったのか、上意下達を徹底するために06年には職員会議での発言・採決禁止を通知しました。教員は、職員会議での議論を通して互いに学び、教育活動に生かしてきたのに、それが奪われました。

横道にそれますが、私が2007年に異動・着任した都立南大沢学園養護学校の尾崎校長は、私が職員朝会で、事前に司会の教員に申し出て行なった発言を「不規則発言」だとして都教委に報告し、そのうえ、「不規則発言」をしたことを「学校運営」についての業績評価「D」の第1の理由にしました*。ちなみに尾崎校長が私に対して行なった評価は「学習指導」D、「生活指導・進路指導」C、「学校運営」D、「特別活動・その他」C、「総合評価」Dでした。

こうされると、教員は委縮し、職員会議で発言しなくなります。委縮は職員会議だけにとどまりませんでした。教員たちは子どもたちに社会的・政治的問題について話したり問いかけたりもしなくなっていきました。

そうなれば、子どもたちは社会を批判的に見ることも疑問をもつこともなくなっていきます。かつての「少国民」はたちまちのうちに生み出されていきます。そのことを私はリアルタイムで体験しました。06年度、私が異動させられた町田市の鶴川第二中学校でのことですが、その話は後に譲ります。

なお、尾崎校長が「学習指導」を「D」とした理由の「週案の提出」ですが、都教委が週案（「週案」とは一週間の授業計画案のこと。単元名や使用する教科書のページを書く）の提出を求めたのは2001年でした。それまでは、週案の提出強要は教育の自由を奪い、教員を管理統制するとの認識に立ち、都教組と都教委とのあいだで、「一、『週案』『日案』は、強制的に提出する義務はない。／二、行きすぎの校長については、注意し、指導する」（1969年7月7日付都教組新聞「週案に関する都教組－都教委の確認」）ことが確認され、多くの学校で週案の提出はされてきませんでした。私は01年以来、「週案を提出することによって、指導・助言がされ、私の力量が上がり、生徒の学力が上がるのならば提出しますが、その保証はありますか？　その説明をしてください」と各校長に要求してきましたが、その説明をした校長は1人もいませんでした。「説明もされないことに私が応じてしまったら、次は私の説明責任が問われます。責任をもって仕事をしたいので、提出を見合わせます」と校長には告げてきました。

このことからも、都教委の教員支配・管理が21世紀に入ってますます強化されたことがわ

＊業績評価は「学習指導」「生活指導・進路指導」「学校運営」「特別活動・その他」の4項目について「A」～「D」で評価し、そのうえで「総合評価」を「A」～「D」で行ないます。年度末に「本人開示通知書」が配られ、「D」評価の者にはその理由が説明されます。

尾崎校長は私に次のように口頭で文書を読み上げ、説明としました。

「業績評価がDの教職員は開示と同時に面接をします。根津先生は業績評価が総合でDです。Dの理由を言います。評価項目『学習指導』にかかわる内容として、一つ目が週案の提出について繰り返し指導したにもかかわらず、提出しなかったことです。二つ目が学習活動中に不適切なトレーナー・Tシャツを着用しました。再三の注意及び指導をしたにもかかわらず従わなかったことです。さらに、学習指導中に不適切なトレーナー・Tシャツを着用しないよう職務命令を受けたにもかかわらず着用を続けたことです。／評価項目『学校運営』についてです。1番目、職員朝会で不規則発言をする、不適切なビラを配布するなど学校運営に支障を来たす行為をしたことです。2番目、学校経営計画に沿った個人の具体的な目標を設定する、自己申告書の提出を拒むとともに、具体的目標設定もしなかったことです。3番目、目標達成状況を確認あるいは指導する機会である自己申告書に伴う校長面接に応じなかったことです。昇給が3号級になります（注：通常は4号級で、3号級は昇給率が1段階下がる：筆者）。／苦情相談制度についてです。苦情相談については、評価結果と開示面接の校長の対応について苦情相談ができます。申し出期間は4月14日から4月25日です。相談したことの結果通知は7月下旬です。苦情相談制度はプライバシーに配慮します。苦情を出したことで不利益にはなりません。申し出期間前に退職したら対象となりません」

かると思います。

ますます強まる「日の丸・君が代」の刷りこみ

「日の丸・君が代」・天皇制の子どもたちへの刷りこみは、卒業式・入学式の年に2回ではなく、ますます激しくなっています。19年4月23日、明仁が退位の報告に八王子市にある昭和天皇の墓（武蔵野陵）を訪れた際に、八王子の小学校3校の子どもたちが「日の丸」の小旗を手に沿道に立たされ「天皇奉迎」をさせられました。調べていくと、それをさせたのは八王子出身の萩生田光一衆議院議員でした。同議員の「呼びかけ」で「八王子奉迎会実行委員会」が発足し、それに忖度して八王子市教委が2校に、同実行委員会に加盟する一つの町会自治会が1校に要請したのでした。私たち市民有志の問いに、市教委は「2校は学校の判断で決めた、市教委はあくまでも情報提供をしただけ」と言いましたが、校長の1人は「『しなさい』とは言わない。忖度しなさいということだ」と本音をぽろっと言葉にしました。退位に際して文科省が出した通知文（19年4月22日）は、「国民こぞって祝意を表する意義について、児童・生徒に理解させるよう」明記したもので、市教委を通じて各校長に配られました。天皇制反対の考えをもつ者に対しても「こぞって」ということは、憲法19条「思想・良心の自由」を侵害しますが、文科省はそれを承知で無理を通したのでしょう。

八王子には天皇関係の施設がいくつもあるので、天皇が八王子を訪れることはこれまでもよくあることでしたが、子どもたちがそれに駆り出されたのは、このときが初めて。八王子市教委にとっては、萩生田議員の「呼びかけ」とこの通知文が大きな圧力となったと思われます。同年12月4日には徳仁が即位の報告に昭和天皇の墓に来ましたが、このときには子どもたちは駆り出されませんでした。私たち市民有志は市教委や各校長に働きかけを続け、市議会一般質問でもこの問題を私たちと行動をともにする市議会議員が取り上げました。12月に子どもたちが駆り出されなかったのはその成果、と私たちは思っています。声をあげれば変えられることを、私はここでも体験しました。

4月の退位の報告について、萩生田議員は自身のブログ（「はぎうだこういちの永田町見聞録」2019年4月26日付）にこう書いています。

「天皇皇后両陛下は、昭和天皇への退位のご報告の為、八王子の武蔵陵を訪問されました。警備の関係もあり、いつもはギリギリまで日程が公表されないのですが、今回は宮内庁から3週間ほど前に内示があり、町自連、安協、八王子まつりやいちょう祭りの実行委員会にも呼びかけ、『両陛下をお迎えする会』を組織し準備をしました。八王子インターから浅川大橋、追分から御陵まで、沿道にはかつてないほどの市民が出迎え、両陛下は長い道のりを窓を開け、手を振り続けてくださいました。日の丸の小旗4000本はたちまち無くなり、沿道の小学校、幼稚園、保育園の子供たちは手づくりの小旗で集まってくれました」

「呼びかけ、組織し準備をした」のは、主語の記述はありませんが、自身が書いているのですから明らかに「私、萩生田」です。萩生田議員が組織して町自連（町会自治会連合会）等が動き、「両陛下をお迎えする会」ができたということです。退位については誇らしげに報告していますが、即位の報告については、萩生田議員はひとことも書いていません。なお、これを記している22年10月は、統一教会と自民党との共存癒着が問題視され、萩生田議員も取りざたされていますが、このことについては反省も弁明も自身のブログに一文字もありません。天皇退位の報告とのあまりにも異なる対応に、驚きます。

子どもたちへの「日の丸・君が代」の刷りこみは、コロナ感染拡大によって開催が1年遅れの21年夏となった２０２０五輪東京大会でも行なわれました。オリンピック観戦は直前に中止が決められましたが、パラリンピック観戦については一般観戦は中止するなか、学校観戦は強行しました。観戦した生徒がコロナに感染したことで、千葉県はそれ以降に予定していた観戦を取りやめ、埼玉や神奈川も観戦中止に向かいました。しかし、都教委は「観戦の希望がある」ことを理由に中止を打ち出しませんでした。

都教委の方針では、子どもたちの命が守れない。目黒区教委を皮切りに東京のほとんどの自治体が学校観戦を中止しました。都と都教委の指導ではなく、文字どおり、地方自治を発揮したのでした。この判断に、私は希望を見ました。

一方、新宿区、渋谷区、杉並区、八王子市の４教委は観戦中止をしませんでした。八王子では直前になって観戦辞退者が急増しましたが、小中学校１０７校のうち小学校２校と中学校１校は少人数になっても（3校で86人）観戦を強行しました。私たち市民有志は、八王子市教委および当該の３校の校長に観戦中止を要請し続けましたが、市教委は校長たちに、要請に対して面会や「回答」に応じないよう圧力を加えることまでしました。私たちが校長に出した質問・要請書について回答を求めたところ、回答を約束していた1人の校長は「市教委から電話が入り、市教委に相談するよう言われた」と、もう1人の校長は「回答は市教委からもらってほしい」と言ったのです。さらにもう1人は、電話に出ることさえ拒否しました。学校運営は校長に権限があります。しかし実際は、市教委からの指示で校長および学校が動かされていることを如実に示しています。

学校観戦を強行した都教委では——。8月18日の夜に行なわれた都教委臨時会で、出席した4人の教育委員が学校観戦に反対しましたが、「報告事項だから」として教育長は議案としなかったといいます。続く8月26日の都教委定例会で、遠藤教育委員は「なぜ反対意見を言っただけで、とめられなかったのか思い悩んできた。決議事項にしてくださいと言わなければいけなかった。（地域住民の意見を教育行政に反映する）レイマンコントロールの原則を実現できなかった」と反省の思いを述べました。山口、新井両教育委員もそうした発言をしたといいます（東京新聞、8月27日付。私はこの定例会は傍聴できませんでした）。そして、パラリンピックが終了した9月9日の都教委定例会では、「18日の臨時教育委員会で感染リスクを避けるべき、観戦はマイナスのアナウンス効果となってしまう、と私（たち）は発言したが、観戦が『0』にならなかったのは残念。今もそう思う。千葉で中止にしたことを都では議論したのか。／VR観戦など、素晴らしい。直接観戦しなくとも、それでよかったのではないか」（遠藤教育委員）、「万全を期すためにコスト増があったと思うが、それを調べる必要がある。マイナスの面についても客観的なことを残すのは都教委の使命だ」（新井教育委員）、「観戦に参加した各学校は、どういうプロセスで観戦を決定したかを検証し、残していくべき」（山口教育委員）との発言がありました。これらの発言は命最優先の至極まっとうなもので、定例会を傍聴していた私は感動しました。都教委を批判する発言を日頃は教育委員から聞くことはないので、これらの発言は強く印象に残りました。都教委が学校観戦を強行したのは、都教委が言ってきた「レガシーを残す」こと、「日の丸・君が代」・帰属意識（＝「愛国心」）を刷りこむことが目的だったと私は思います。

当日の観戦だけでなく、都教委は16年度から『オリンピック・パラリンピック学習読本』を子どもたちに、関係ＤＶＤを各学級に配り、オリンピック・パラリンピック教育を年に35時間（週1時間）するよう各学校に指示してきました。実に、6年間にわたって。各教科の授業確保も大変ななか、週に1時間のオリンピック・パラリンピック教育にかける時間を生み出さねばならない。無理もいいところです。また、使えと渡された『学習読本』は、嘘や一面的な見解を記述するものでした。オリンピック憲章では「選手団の旗、歌」と記述しているところを、そうは書かずに、なぜか、「国旗、国歌」と書きます。「国旗と国歌（略）に敬意を表すことは国際社会の基本的マナー」と書き、旗の揚げ方を説明し（中学生用）、「開会式で選手たちが自国の国旗を先頭に行進します。表彰式では、優勝した選手の国旗を掲げ、国歌を演奏します」（小学生用）と、意図して嘘を教えます。このように、都教委は教育の国家支配の象徴である「日の丸・君が代」・天皇制の刷りこみを年々強めてきています。嘘の記述のある『学習読本』について、私たちは裁判をしています。

国に従順な教員を育成するための管理支配

子どもたちに「愛国心」「忠誠心」を刷りこむことが学校教育の最大のねらいと考える文部行政は、抵抗する教員を弾圧するだけでなく、上意下達の学校組織をつくることに躍起となってきました。その一つに、一般の公務員の試採用期間は6か月なのに教員のそれは1年としました（1989年度）。試採用の1年間、教員は校長の指導（指示）に従うことが何よりも大事、おかしいと思っても疑問を呈してはなりません。疑問を呈するなどして、本採用にならない人が毎年3％ほどで推移しています。本採用にならない人を一定程度つくることで、試採用教員に緊張感をもたせ、校長の顔色をうかがう従順な教員に仕立てあげるわけです。

教育委員会が主催する校外での初任者研修もそれに拍車をかけます。教育は人と人との触れあいですから、子どもたちと教員とのあいだでトラブルが起きて当然ですが、トラブルが起きても相談してはまずい、隠すしかないと試採用教員や若い教員は思ってしまうでしょう。「重大ないじめ」が発生した際に、担当教員を含め学校側は「いじめに気づかなかった」と言いますが、それは、こうした背景があるからだと思います。教員の支配管理は、子どもたちの命さえ奪う事態をもたらします。

夏季休業などの長期休業中、昔（１９９０年代終わり頃まで）は教員が学校へ出勤しなかったことを記憶される方もいるかと思います。その期間、教員は「自宅研修」が保障されていました。都立高校では、長期休業中だけでなく平常も週に1日の「自宅研修」が保障されていました。ゆとりをもって研修も授業研究もできました。いま、教員不足が深刻化し、都教委は70歳以上の臨時採用まで行なっていますが、20数年前の働き方に時計を巻き戻したら、教員希望者は確実に増えると思います。子どもたちと関わる仕事は実に楽しくやりがいがありますから。でも、文部行政は「自宅研修」なんて決してさせないでしょう。忙しくさせて教員にものを考えさせないことが、てっとり早い管理・支配の手段なのですから。教員不足もまた、文部行政が引き起こしたことです。

さらにもう一つ、長時間残業が当たり前となっている教員たちに向けて、文科省は21年、「働き方改革」を出しました。しかし、夏休みのまとめ取りなどでお茶を濁したもので、学校現場の働き方はまったく変わっていないどころか、ＩＴＣ教育・ギガスクール構想なるものを小学校1年生から導入させ、教員はますます多忙な状態に置かれ、子どもたちとの「人格的接触」はますます遠のいていています。子どもたちの心の叫びが読みとれず、学校に行きたくない子どもたちがさらに増えるのではないかと気にかかります。

こうした日常も、「日の丸・君が代」をはじめとした管理支配によって教員がもの言えないなかで起きていることです。

6. なぜ重い？「君が代」不起立処分

2012年最高裁判決が、原則「戒告は合法、減給以上の処分は処分権の濫用であり違法」と判示したことで、都教委はそれまで行なってきた、不起立を増すごとに処分量定を重くする累積加重処分をやめざるを得なくなりました。同最高裁判決は減給1か月処分を違法としましたが、都教委はそれにそむいて、いまなお4回目の不起立からは減給1か月処分を発しています。でも、それ以上の処分はできなくなりました。

それ以上の処分ができなくなった都教委は、不起立を続けてきた田中聡史さん（あきる野学園での同僚）について、16年度からは卒業式にも入学式にも出席させない手段に出ました。彼を毎年小学部3年生、現在は2年生に配属し、その学年は式には参加せずに平常授業をするとしたのです。このことは都教委に訊いても答えてはもらえないので確認したのではありませんが、まちがいなく、都教委の校長への「指導」によるものだろうと私は思います。どこの学校でも子どもの学年進行とともに教員も持ち上がることが通常なのに、それを田中さんには適用させないのです。持ち上がりをさせないのは、子どもを犠牲にしてもかまわないということ。

こうして都教委は、東京の教員が「君が代」斉唱に反対していないように見える状態をつくり出そうとしています。「16年度からは『君が代』不起立『0』、東京のすべての教員が『君が代』起立斉唱を受け入れた」と都教委は豪語したかったのでしょうが、16年度の卒業式では高校の教員2名が、17年度の卒業式では高校の教員1名が「君が代」不起立をしました。

もっとも、18年度からは「君が代」不起立「0」となっていますが、だからこそ都教委は、定年まで十数年もある田中さんにこうした措置をしたのだと思います。

私が不起立処分を受けたのは、この最高裁判決が出される前でしたので、07年停職6か月処分まではすべて累積加重処分でした。「君が代」不起立での停職3か月、停職6か月処分が体罰やセクハラなどの処分案件と比べていかに重いかを、私たちは都教委が行なった処分案件の「処分理由説明書」を開示請求して比較し、裁判で主張しました。私の処分を取り消さなかった07年事件地裁判決、08年事件地裁・高裁判決、09年地裁判決は、それを「事案が違う」のひとことで片づけ、検討をした形跡はなかったのですが、はたして裁判官たちは何も感じなかったのでしょうか。結論ありき、でなければ、処分の重さのちがいに驚いて当然と思うのですが。

体罰・セクハラの処分量定と行為を「処分理由説明書」から見ていきます。

体罰事案では、10発殴っても（04年）、5〜6回蹴っても（04年）、計25人に体罰を加えても（05年）「戒告」。過去に体罰で2度の減給処分歴があり、同種の非違行為を繰り返しているのに「戒告」（08年）という事例もあります。職務命令違反とちがって、これらは累積加重処分ではないのです。

停職3か月処分の事案は以下のとおりです。

・息苦しくなった女子生徒にブラジャーのホックを外すように指示しブラジャーの中央部分をつまんで2回くらい引っ張り、さらに襟首から手のひらを入れて左乳房側面に触れて生徒を驚かせ、不快にさせた事案
・女子生徒の後ろから前頭部を触り両肩を数回もみ、空いていた教室に女子生徒を連れて入り、引き寄せて抱きしめ、腰に手をまわして抱いた事案
・右手のひら、右こぶし、右足などで生徒の額、でん部をたたく、殴る、蹴るなどをした事案

次は停職6か月処分の事案です。

・呼吸器に障害があり注入器で食事を摂取する必要のある生徒の唇にワインを塗った事案
・1人の生徒にクリスマスプレゼントとして黒い縁の写真立てを贈り、同生徒の家族に恐

怖心を抱かせた事案

・合計58日5時間私事欠勤を行なった事案

・合計して6日間の無届欠勤、56時間の私事欠勤、2時間の遅参および14時間の早退を行なった事案

・酒気帯び運転により男性2人に頸椎捻挫による全治1週間の傷害を負わせた事案

・女子生徒の唇にキスをして、その様子を写真に撮った事案

・ボランティア講師として参加していた女子学生をホテルに誘い、個人的な交際を断られたにもかかわらず、繰り返し電子メールを送信し、同女子学生が出場する大会の会場に行って無断で写真を撮り、同女子学生が通学する大学に行って写真等を渡すなどのストーカー行為を行ない、女子学生に精神的苦痛を与えた事案

・平成13年（2001年）頃から平成16年頃までのあいだ、管理職から再三の指導を受けていたにもかかわらず、複数の生徒に対し、髪に触れる、肩に手を置く等の行為を繰り返し行ない、自宅で女子生徒と2時間過ごし、プレゼントを交換し、ドライブに2人で行き、さらには、不適切なメールを24回送信して、女子生徒に不快感を与えた事案

・同僚の女性教諭に対しストーカー行為を繰り返し、その結果、同女性教諭が3か月間の病気休暇をとらざるを得なくなる事態を招いた事案

絶句するような事案ばかりです。とりわけ、呼吸器に障害のある生徒の唇にワインを塗っ

た事案、クリスマスプレゼントとして黒い縁の写真立てを贈った事案などは、恐怖と怒りで震えます。即刻免職で当然でしょうに、私と同じ停職6か月処分です。学校が安全ではない場所、子どもたちが安心して過ごすことのできない場所になっているというのに、都教委と裁判所は、これらの非違行為と同等に悪質なのが、私の「君が代」不起立行為だとしています。

大津市でのいじめ自死を契機にいじめ防止対策推進法（13年6月）が成立して以降もいじめで自死する生徒があとを絶たないというのに、大半の当該校および教育委員会はまともな調査をせずに「いじめはなかった」と報告し、保護者から苦情申し立てが起こされてきました。そこに見られるのは、共通して保身を優先し、いじめを受けた子どもを第一に考えなかったことです。この人たちは、自分の子どもが被害を受けてもこうした対応に納得するのでしょうか。

体罰やセクハラでの処分には寛大な都教委、そしてそれについては「事案が違う」と片づけた裁判官たち。両者は仕事に対し責任を感じない点で同じです。こうした裁判官に私（たち）を裁く資格はありません。

7. 処分によって私は

石川中学校で1994年、95年、99年に受けた処分では、生徒たちが処分を梃子に校長を反面教師にして社会の現実を学び、話しあいを大事にして自治による学校をつくっていきました。だから、私は自身への処分をあまり重く受けとめずにきました。もちろん、「日の丸・君が代」の締めつけが年々強まっていくことへの危機感はありましたが。

2000年度に異動となった多摩中学校で1年にわたる攻撃を受け、とりわけ、生徒たちが「根津は保身のために生徒を利用した」と嘘の刷りこみを前島校長からされ混乱させられるなか、私はつらく苦しく、逃げ出したいという気持ちが日増しに強まっていきました。01年6月末の緊急保護者会以降、生徒たちの私に対する不信の目が強まり、7月に授業観察が始まってからは、帰宅すると「今日もがんばったね」と、朝になると「今日もがんばろう」と自分に言い聞かせました。毎日そう確認しないと、心が壊されてしまうと思ったのでした。

あるときは通勤途上の車の中で、田中哲朗さんの歌を聴いていて涙がこぼれ、駐車して泣きじゃくったこともあります。田中哲朗さんは八王子在住で、沖電気工業株式会社を１９８1年６月29日に不当解雇され１人闘っている、私の友人です。多摩市民の１人から勧められて購読した、『金子文子――自己・天皇制国家・朝鮮人』（山田昭次著、影書房）では、文子の生きざまに感銘を受け、私も自己と向き合おうと思えたことも大きなことでした。この時点で、私は50歳。この攻撃から逃げてこの先の50年を生きていけるかを自問しました。結果、逃げたらこの先、私は誇りをもって生きていくことはできない、「生けるしかばね」は私には耐えられない、だったら闘うしかない――迷いを振り切って闘うことを選びました。そうであっても、つらさは変わりません。３年生の多くが私に不信の感情を抱いているのですから、授業はかたちだけのものとなってしまっていました。これは本当につらく、１年生の授業に行くとほっとしました（2年生はこの時期、技術科を履修）。

９月の２回目の３年生の授業で、予期しないことが起きました。都・市教委および校長・副校長８人が監視するなか、遺伝子組み換え食品について授業をしていると、質問や意見が男子生徒から次々に出てきたのです。男子の半数にのぼる発言に、私を応援してくれている！　と、思いました。確かめたわけではありませんが。逃げ出さないでよかったとしみじみ思いました。このことがあって、私は多少ですが、心の苦痛から解放されました。

しかし――。03年度に多摩中から調布市立調布中学校に異動になって異変が起きました。調布中への通勤は多摩中の最寄り駅である聖蹟桜ヶ丘駅を通過するのですが、４月終わりか５月初め頃から「聖蹟桜ヶ丘」とアナウンスされると胸が痛み、呼吸がしづらくなったのです。多摩中にいるあいだは緊張していたから感じなかったものの、そこを離れたことによってＰＴＳＤ（心的外傷後ストレス障害）の症状を呈したのだと思います。体をコントロールすることの難しさを思い知りました。そして、この先、さらに攻撃・弾圧は強まるだろうけれど、逃げずに闘い続けることでしか、この症状を克服することはできないとも思いました。10・23通達が出される半年前のことでした。

ＰＴＳＤ症状が出たことの他に、私は生徒たちに接する際に、石川中時代のようにダイレクトにではなく、見えない薄いついたてを置き身構えてしまっていると感じることが、調布中に異動してからもありました。それを解消できたきっかけは、後述する、私の「君が代」不起立を報じた新聞報道をご覧になった保護者からの電話によってでした。

処分によって、私の人事は全面的に都教委が行なうようになりました。横川中から石川中までは異動要綱の最長「同一校10年」の規定に沿って、２校とも10年在職しました。しかし、多摩中には３年間在職しただけで、希望もしないのに調布中に異動させられました。当時の異動要綱は「経８年で必異動」「通勤時間は60〜70分を標準とし、90分までを可能とする」と定めていましたが、私の調布中までの通勤時間は往路が１０５分、復路は渋滞によって１２０分かかりました。

さらには、調布中からは「過員配置」。つまり余剰人員という扱いでした。余剰人員ならば、まっ先に異動の対象となります。都教委は03年に異動要綱を改定し「校長の人事構想により、１年での異動可」とした＊のですからそれで十分なのに、あえて「過員配置」という措置をとったのです。

04年度に異動となった立川第二中学校では、福田校長から「根津はT2。T1のお手伝いをするよう」言い渡されました。T・T（チーム・ティーチング）制の授業で、T2の私には授業をさせないということ。福田校長が思いついたのではなく、これもまちがいなく「根津に授業をさせない」という方針のもと、都教委が校長に「指導」したことだと思います。私は「T1のSさんがどのような方針でその授業をするのかがわかれば、それを受け入れてもいいです。しかし、この数日間、Sさんと話しあってきましたが、それは無理のようです。ですので、私にもT1の授業を持たせてください」と主張しました。明日から授業開始という前日の夕刻、校長は私の主張を受け入れました。授業をすることも闘いとらねばならなくなったのでした。また、1人で足りる仕事を2人体制で行なわせるのは税金の無駄遣いです。

＊将棋棋士の米長邦雄教育委員（当時）は、04年4月に開催した教育施策連絡会議の席上、次のように言い放ちました。

「校長先生は一国一城の主ですから、とにかく校長を助ける、味方をする。（略）この数年間に東京都の教育委員会が行なったことは、とにかく城主を助ける、味方をする。校長に盾突くもの、あるいは校長をいじめる者は徹底的に教育委員の権限において、決定的に校長のためにやったはずです。（略）一番大きなことは、教師の異動要綱の見直しですけれど、これは1年で出せるという画期的なルールの改正であります。（略）必ず出してください。（略）1年ごとにどんどんぐるぐる回る教師が存在して、では、その人たちはどうなるだろうと。そういうことは校長先生は考えなくていいのです」

監査請求をしてもいいくらいでしょう。

私の異動について都教委は「1年ごとの異動」を方針とし、私が在職したすべての学校の校長にそれを「指導・助言」したのはまちがいありません。少なくとも立川二中とあきる野学園の校長からは、そう伝えられました。校長が作成する異動カードは、校長が異動させたい教員名を順番に、最も不要とする教員名を一番上に書く形式で、都教委はそこに私の名前を書かせました。私の名前が一番上に書かれた異動カードを私は当時、立川二中の福田校長から見せてもらったのではっきりと記憶しています。

以下は、2003年に多摩中から調布中へ異動して以降の記録です。

Ⅰ　2003年度　調布市立調布中学校で

卒業式をめぐる報道

10・23通達発出後の初めての卒業式。04年3月19日付朝日新聞夕刊が「『日の丸・君が代』都教委、卒業式で徹底／『強制』に親・教師戸惑い」と題して3校の卒業式を報じました。その1校で私を取り上げてくれました。卒業式前日の夕方の取材でした。

調布市調布中学（高橋秀美校長）の家庭科教師根津公子さん（53）は「国歌斉唱」の時に起立しないと心に決めて卒業式に臨んだ。／様々な問題をはらんだ日の丸・君が代を国旗・国歌とすることへの抗議の意思表示だが、それ以上に「有無を言わさず押し付けるのはおかしい」と思う。「自分がおかしいと思うことをやってしまったら、もう教師として胸を張って子どもたちの前に立てない」／2003年11月の職員会議で市教委からの通知が配られた。都教委の通達を添付したものだった。根津さんは以前から卒業式や入学式での「不起立」を続けてきた。今回は職務命令違反に問われる公算が大きいが、「処分は覚悟している」。／高橋校長からは、式の冒頭まで会場入り口で受付をしてほしいと要請されたという。だが、断った。／会場にいて、生徒に不起立の姿を見せたいと思う。『なぜ先生は立たないんだろう』と考えるきっかけになるかもしれない。自分で考え、間違いだと思ったことには従わなくていいこともあると伝えたい」市教委の担当者は「すべての先生が通知に従ってくれると信じている」と話した。

この報道に、2日前に卒業した生徒の保護者で、PTA役員をされている方から電話で激励の言葉をいただきました。05年春の朝日・東京新聞の両調査で「君が代」不起立・不伴奏処分に都民の7割が反対と答えたように、調布中の保護者にも反対が多かったということでしょう。私の日記は次のように記します。

「朝日の記事を読んで親子で感激しました。新聞のことばは、卒業する子どもたちへの一番のはなむけのことばです。ありがとうございました」と言ってくださった。「自分でおかしいと思うことをやってしまったら、もう教師として子どもたちの前に立てない」「自分で考え、まちがったと思うことには従わなくていい」、これに感激されたと。「生きる上でこのことがいま、一番必要なことだと思う。そうしない人ばかりですものね」と。「君が代についての考えはいろいろでしょうが、先生はそれを言っているんではないのだと思います。日本では考えることも行動も個人が尊重されるはずなのに、この問題だけはそれが許されない。そのことを問題にしているんですよね？」とおっしゃる。「まさにそうです」と私。さらにたった1年間の、授業時数では年間20時間だけだったけれど、授業のことや普段の触れあいのことにまで身に余ることばをいただいた。もうありがたくって、うれしくて!! 私の伝えたかったことを彼女の想像力は十分すぎるほど受け取ってくださった。それだけでなく、他の保護者もかなり多くの方が、このような理解をしてくださっている、とも伝えられた。また、記事中の「受付をやってもらえないかと校長から言われた」のくだりで、「不起立者を出さないために、臭いものにフタをするようなやり方を校長先生はするんですね」と、しっかり見ぬかれた。周りの保護者も、同じように感じているとのことだった。

同僚の1人からもうれしい話を聞かされた。前日、部活動の卒業生の保護者と集まりをもったという。そこでAさんのお母さんが、根津が処分されるのをAさんがとても心配していると。このお母さんも、普段Aさんの話をよく聞いてくれた根津に感謝していて、処分を心配していらっしゃる。Aさんのお母さんだけでなく、他の人たちも皆そういう雰囲気だった、と言う。彼が話をそういう方向にもっていってくれたのだとは思うのだけれど、保護者が理解してくれたのなら、報道されて良かったと思った。それが昨日。

今日学校では、2年生何人かが私に話しかけてきた（2年生の授業は、私はT2）。誰かが新聞を学校に持ってきて、みんなで読んだのだと言う。「入学式ではどうするの？」と聞いてきた生徒もいた。「もう5度目の処分で、首が危ないから、座れないかもしれない。そのときはみんなに、ごめんなさいをするから許してね」と、2週間後を思い浮かべながら話をしたら、その生徒曰く、「それを新聞に書いてもらうのがいいよ。みんなにわかるから」と。意思、筋を貫くと、処分を受けてもそれとは比肩できない感動を味わうことができる。そう思った。石川中時代以来の感動だ。

私が取材に応じたのは、多摩中の生徒や保護者に語りかけたいという思いをもう一方にもっていたから。多摩中での攻撃で残ってしまったトラウマが、いまも生徒との関わりのなかに影を落としている。何とかしなければとは思っても、そう簡単に乗り越えられはしない。でも、調布中の保護者2人の話で、PTSDがかなり吹っ切れたよう。まちがっていなかった！ と、勇気をいただいた。私は4時間の通勤時間に耐えてでも、このまま調布中にいたい。保護者のあいだでは、飛ばされるんじゃないかとささやかれているそうだ。

新聞報道を読まれた保護者らの言葉は、多摩中での攻撃でトラウマ状態に落としこめられた私に再起の力を与えてくださいました。多摩中での攻撃について私がメールで発信してきたことがいろいろなルートを経て石川中や横川中などの卒業生たちにも伝わっていったそうで、元生徒たちの励ましに、私はどれほど救われたことか。そして、調布中保護者からいただいたこの言葉。闘い続けることができたのは、私の仕事を直接知ってくれている、こうした方々からの励ましによってでした。

なお、10・23通達が出されてから初めての卒業式を迎えるに当たっては、調布市内の多摩教組の仲間と意見交流し、その3人も不起立でした（多摩教組組合員は、私を含めて市内でたったの4人）。私たちはそれぞれに市教委の事情聴取が、市教委が学校に来て行なわれ、都教委から事情聴取の日時も告げられていましたが、結局、都教委事情聴取は行なわれず、したがって処分はされませんでした。4月3日付産経新聞によると、「調布市教委では『校長が明確に職務命令を出さず、説明しただけだったため』」処分発令とならなかったとのことでした。

心に残る「共に生きる」の授業

都教委は私の授業について、校長に観察・報告を求めていたのかもしれません。1年間で3回、校長は授業を観に来ました。最初の授業観察について、日記は次のように記します。

4月21日（月）5校時、1年3組の授業の第1回目。自己紹介を終えようとするところに高橋校長が入ってきた。「何かご用でしょうか」と言うと、「授業を観にきました」。「今日は自己紹介でまだ、授業に入っていませんよ」と言うと、「いいです。見せてもらいます」。10分くらい観て、挨拶もしないで帰っていった。この10分間は、「さん」についての問いかけ。私が名前を呼んでいるときに「ぼく、さんではありません。君です」と言うのをとらまえて、「私がまちがえたと思って教えてくれたのね、ありがとう。でもね、まちがえたんじゃないのよ」と切り出して、性によって呼称を変えるのがいいのか否かを議論した。そのなかで、「大勢がしているから正しいこととは言えないかもしれない、ということば（発言）に感動した」と1人の生徒が発言した。感激。

さて、調布中での授業でいまも心に残る授業があります。3年生を対象にした「ともに生きる」の授業です。

転任直後から3年生が「しんしょう」「7組（へ行け）」と言うのを、私は1日に何度も耳にしていました。日本全国、この差別用語は子どもたちのあいだでかなり使われてはいますが、この3年生はその頻度が特別でした。同僚に聞くと私と同じ認識。多摩中での卑猥な言辞と同様に、言葉での注意で正されることはないだろうと思いました。もし、少しの働きかけで正されるのでしたら、この状態には至らなかったはずですから。

そこで私は、「ともに生きる」の領域の3年生の授業で「障がい者」を取り上げることにしました。単なる知識習得ではなく、心を遣うことを必要とする授業では、教員と生徒の人間関係ができていないと効果が期待できません。そこで、12月を待って、4時間を使って行なうことにしたのです。

1時間目、「ダウン症児と両親の歩みを流したテレビCMと、それに対する反響」を報じた新聞記事を読み、両親の思い、また、テレビCMを見た人の反響を知ったところで、多少のやり取りのあと、生徒に無記名で次の3点について書いてもらい、私が読み上げました。

①新聞記事から思うことは？　②「障がい者」ということから想うことは？　③「しんしょう」あるいは「7組へ行け」と言う時、言われた時の気持ちは？

③については、「障がい者や7組の人に失礼。悪口にこれらのことばを使うのは最低」と言う生徒は少なく、多くは、「言ってはいけないことばだと思うけれど、もう聞き慣れているから、なんかあんまり気にならない」「深く考えずに、ついつい使ってしまう」「自分が言われるととてもいや」と回答しました。「一度も言ったことがない人は？」と訊くと、クラスに数人。その数人も、聞かされていて、「いやだ」とも「やめて」とも言わずにきたことを告げました。

2時間目。事前に入念な打ちあわせをした上で、地域に住まわれる障がいのある方に来ていただき、お話を伺いました。苦しさを乗り越え、前向きに生きる方と接し、生徒は親しみを感じていきました。「しんしょう」「7組」と生徒が発する言葉には、身体障がい者よりも、知的、精神障がい者を侮蔑する気持ちが強くあります。来ていただいた3人の方は身体（目、両足切断）に障がいを負った方でしたが、知的、精神障がい者について触れられた方もいました。

3時間目は、お話を聞いての感想を出しあいました。知的、精神障がい者に対する感じ方については、私から意識して投げかけました。4校時は生徒たちに自分の気持ちを文章にまとめてもらいました。

「Aさんの言葉の一つ一つに重みを感じた。Aさんは嫌なことでもプラス思考に変え、強く生きていることがわかった。私はAさんに会うまで、身体障害者の人はがんばって生きていても、やっぱりいやな人生なんだろうなと思っていた。でも、Aさんが、そうではないことを教えてくれた。〝『生き方』に意味がある。〟その言葉はとても心に残った。／私は最近つらいことがあって、いろんなことを拒んでいるときもあった。しかし今回、Aさんに生きることの意味を教えられ、もっと強く生きようと思った。人は傷があるから強くなれるんだと思う」

「自分は昨日の授業で、人間の尊さを感じた。人間はいつも自分の価値観で人を見ていると思う。自分より弱い人だの、変な人だの、キモいだの、バカだの。だから差別というものが生まれているのだと思う。Yさんのような足がなくて困っている人がいるというのに、就職できないなんてひどすぎる。果たしてこれは平等であると言えるのだろうか。このクラスだって、たくさんの人を差別したり、差別されている人が多い。先生の前じゃよい子ぶっているのもいる。『しんしょうだから』。そんなのは、差別する理由になんてならない。大切なのは、そういう人たちのためにどういう風に付き合うかというものだ。付き合うといっても、差別ではない、平等に接する付き合い方のことである。Yさんたちだって、好きでなった訳じゃない。事故や先天的なことでなってしまったのだ。同じ人間なのに、他人の価値のものさしで、そういう人を計ったりするなんて、間違っている」

「話を聞く前は、『障がい者＝かわいそう』という意識があった。でも、そう思っていたのに、『障がい者はかわいそうなんかじゃない』なんてキレイ事を言っていた。でも、話を聞いてみると、自分が思っていたことに反して、障がい者本人達は、『かわいそうじゃない』と思っている。それを聞いて『かわいそうだ』と思っていた自分が恥かしくなった。障害者への意識が変わった。／『しんしょう』という言葉はただ何となく口にしている人がいるのが嫌だ。ちゃんとした意味があって言っているなら、その意味を聞きたい。『みんなも言っているから』『仲間に入りたいから言う』という考え方は間違っていると思うけれど、私も『仲間ハズレになりたくない』という理由で、いけないことをやってしまう時もたまにあるから、あまり人のことは言えない。／『しんしょう』という言葉は、一人の人間が『いけない‼』と思っているだけではなくならない。『しんしょう』と言っている人間に、『言うなよ』と言える勇気が必要なんじゃないかと思う。『しんしょう』という言葉がなくなるためにも、障がい者への偏見がなくなるためにも、イジメがなくなるためにも、『人間は一人一人違っていて、それを認める』ということが大切だと思う。話を聞いて、『人と違ってもいいんだ』と安心した部分もある」

どの生徒も、自分やクラスのことに重ねて考えたことがわかります。

この授業を始めてからしばらくして私は、生徒たちが「しんしょう」「7組へ行け」と言わなくなったことに気づきました。チーム・ティーチング制で一緒に授業を担当したＴＡ教諭に話したところ、彼女も、「ホント、最近聞かないわね」と言いました。それまでは、聞かない日はない、いや、1日にどれだけ聞かされたかわからないほど頻繁に飛び交っていた言葉だったのに、です。この授業のかなりの部分を参観した中込教頭は、何度も「いい授業ですね」と私に言いました。お世辞ではなく、教頭の本心からの言葉であることが伝わってきました。私が教頭に、「しんしょう」などの言葉が3年生から消えた事実を告げたところ、教頭は、「どの学年にも、こういう授業が必要ですね」と言いました。

さて、3月最後の授業で、お楽しみ調理実習をした時のことです。あるクラスで、3年生後半からほとんど登校していない、登校したとしても授業が終わってから少しだけ顔を出すという生徒がいました。その生徒が調理実習があることを知って出席しました。作業のなかでその生徒が、「しんしょうだ！」といままでの調子で言ったところ、近くにいた1人が、「そんな言い方やめなよ」とたしなめたのです。しかし、言った生徒はここ数か月の変化を知らないので反発しました。今度は1人だけでなく、近くにいた他の生徒も加わって諭すように話をし、最後は、言ったその生徒が注意を受けとめるということがありました。以前にはこのような光景は想像だにしなかったことでした。

ところで、私は調布中への異動が異動要綱に違反した異動であったため、係争していましたが、その人事委員会口頭審理において、私が着任する前年の02年度に調布中校長であり、私に面接した嶋氏は、この学年の生徒について、「落ち着かない。生徒間で暴力をふるう」と証言しました。また、同僚たちから私は、「昨年の家庭科の調理実習は、生徒が包丁で何をするかわからないから、交代で教員が張りついた」と聞かされていました。いじめや暴力は絶えませんでした。その生徒たちが、「しんしょう」をめぐってこのような変化をしたことに、私は学ぶことの意味を実感しました。

4時間を費やしたこの授業について、調布中の高橋校長は、多摩中の前島校長のように「このテーマ・問題に触れるのは構わないが、1時間も2時間も使ってやるものではない」「従軍慰安婦のことを持ち出してやることは家庭科の授業ではない」（01年6月4日に録音）と禁止したり、あるいは保護者・生徒に自身の誤った見解を学校見解として流すようなことはしませんでしたから、生徒は授業を受けとめ、自己を見つめる機会にできたのだと思います。結論だけを押しつける短時間の授業では、このような生徒の変化は望めません。

都教委の根津対策に沿い、「過員配置」と米長教育委員が絶賛した異動要綱によって私は調布中を在職1年で去ることになり、04年度は立川二中に異動となりました。

Ⅱ　2004・05年度　立川市立立川第二中学校で

04年度に異動となった立川市立立川第二中学校の入学式では、私には校庭に立つ仕事が割り振られていました。どの学校でもそうですが、職員の校務分掌には教務部、生活指導部、進路指導部があり、誰もがそのいずれかに所属することになっています。卒業式・入学式の際には、当該学年を除く生活指導部は外の仕事を担当します。したがって、3年生・生活指導部所属の私は、入学式では式場には入りませんでした。不起立処分を避けるために私を生活指導部にしたと、後日福田校長は私に言いました。私が着任する前に決まっていたことなので私はそれに応じ、したがって、入学式では処分の対象ではありませんでした。

2004年度　立川二中卒業式では

05年（04年度）卒業式には、3年生の所属だったので出席しました。生徒たちには最後の授業で、戦争中の国民学校「修身」の教科書を使って「日の丸・君が代」の歴史や意味について話をし、生徒からの質問に、私は「君が代」起立はしない、でも、それは皆さんの卒業をお祝いしないのではないこと、「日の丸・君が代」の歴史や意味を考えると、肯定できないのだということを話しました。後述する福田校長のことがあったので、「起立はしてはならないと思いながらも、起立してしまうかもしれない。そのときは、教員なんて口ばかり、と思ってほしい。それに備えて、先に謝っておきます。ごめんなさい」と言っておきました。

生徒たちからは「日の丸・君が代」について、「日本人として尊重するのは当たり前ではないか」「私の家族は反対だ」とどちらの意見も出され、「小学校の先生も反対と言っていた」と言う生徒もいました。質問に答えて、「天皇を讃える歌『君が代』はみんなが平等に生きられる社会とは反対だと思うよ」と私が言うと、「平等なんて、理想だよ」と別の生徒。「私は理想を追求するよ。路上生活者がいたり、生活に困っていて行きたくても高校に行けない子が一方にいて、もう一方に湯水のようにお金を使える人がいる社会って、私は変えたいと思うよ」。私の言葉に、その生徒からの応答はありませんでした。

私が行なった「日の丸・君が代」の授業について、学区の自民党議員が3月議会で問題にしました。でも、授業をしたことだけでの処分は不可能。一体、この議員は何を目的に質問したのかと首をかしげました。

校長はこの年度の秋頃から、「校長として職務命令を出さないわけにはいかない」「当日休んでもらえないか」「『君が代』が終わってから入場してもらえないか」と、私にたびたび言っていました。「生徒たちにも『君が代』が終わってからの入場でいい、と校長が言うのなら、私もその選択をします」。そんなやり取りを経て、3月に入ると、「10秒でも（時には「1秒でも」）立ってもらえないか。そうしたら処分しなくてもすむ」と言うようになりました。

3月近くになると、私には昨年4月頃と比べ痩せてしまった福田校長のことが気にかかっていました。3月に入ると、校長は市教委から朝に夕に「根津を指導したか」と訊かれている、とのことでした。

文部省の「是正指導」（＝1998年12月に広島県教委に対して通達「学校における国旗及び国歌の取扱いについて」を発出）によって広島県教委が「君が代」斉唱を実施するよう校長に圧力をかけたことで、99年卒業式の前夜、県立世羅高校の石川校長は自死してしまいました。それまでは広島県教委と県高教組、県教組、部落解放同盟が協議するなか、①「日の丸」は三脚で式場内に掲揚　②「君が代」は強制しない、と合意されてきましたが、文部省はその広島の合意を潰しにかかったのでした。

私は福田校長を石川校長のようにしてはならないと思い、卒業式前日に校長に「『根津を指導した。根津は起立すると言っている』と市教委に報告していいです」と伝えました。自死させない。このことが3月に入った頃から私の頭を占めていました。生徒たちに「起立してしまうかもしれない」と話したのはそのためでした。

そして当日、式の始まる前に、「『さざれ石の』までは立ちます。それまでに現認をしてください」と、現認を担当する教頭に伝えました。「現認」という言葉は、1987年に中曽根康弘首相（当時）が国鉄分割・民営化をした際に、ＪＲに採用せず解雇の対象とした国労・動労組合員の「職務命令違反」を当該組合員に告げる際に当局側が使った言葉です。その同じ言葉を都教委は、「君が代」起立・伴奏を拒否する私たちに向けたのでした。

国鉄分割・民営化は、「国労が崩壊すれば総評も崩壊することを明確に意識してやった」との言葉どおり、中曽根首相による「戦後総決算」でした。国鉄解体、総評（日本労働組合総評議会）解体を追い風に、どの産別の労働組合も闘いから遠のいていきました。総評解体によって、労働組合は連合（日本総連合労働組合）と全労連（全国労働組合総連合）に分かれ、日教組も連合傘下の日教組と全労連傘下の全教、そして少数の独立組合に分裂し弱体化して今日に至ります。私は分裂反対の意思表明として日教組にとどまりましたが、独立組合に加入することも選択肢にはありました。

さて、式では「開式の辞　ただいまから（略）卒業式を開始します」に続けて、「国歌斉唱」「前奏のあと、皆さまご唱和ください」との司会の声に、私は胸がバクバク、卒業生は90度左横にいる私のほうを一斉に振り向きました。私は教頭に告げたとおり、起立を続けました。生徒たちに見られるなか、意に反することをしていたからか、「さざれ石の」までがどれだけ長かったことか。そのとき、なぜか、起立している私の頭には、中国大陸での日本軍初年兵の姿が浮かんできました。初年兵の前には、縛られた便衣姿の中国人捕虜がいます。突刺突訓練の場面です。「人を殺すなんてことは、臆病な私には考えられないことだった。突け、と言われて初めて殺すときには震えた。でも、１人殺したら肝がすわった。人が変わり、

2人目からは殺すことに快感さえ伴った」とは、元初年兵の言葉ですが、お前は刺すのかと、私は縛られた捕虜に問われました。問われるなか、罪悪感に胸が締めつけられ、苦しくて苦しくて、私のほうを振り向いた生徒たちの姿さえ見えなくなり、倒れないよう両足を踏んばったところで「さざれ石の」が来て、崩れるように着席しました。着席して、「引き金を引かなくてよかった」とほっとしました。本当は「銃剣を突き刺さなくてよかった」なのですが、このとき私は混乱した頭の中で「銃の引き金を引かなくてよかった」と言っていました。このときの苦しさと安堵は生涯忘れないと思います。

教頭はすぐに私のところに走り寄り、「根津先生、職務命令が出ていますのでお立ちください」。私と教頭の行為を現認する立川市教委職員の席は私のすぐ後ろに配置されており、教頭は現認せざるを得なく、「さざれ石の」からの短時間に2度、私に言いに来ました。

校長のことを慮《おもんぱか》って途中まで起立した卒業式でしたが、続く入学式では、はじめから不起立と決めて式に臨みました。定年までの残り切符を数えるのもやめました。校長の命を最優先し自身の考えとは異なる行動をした結果の「銃の引き金」体験。それによって、何があっても金輪際起立はしないと思えたのだと思います。

わが子には、次は停職だろうこと、近い将来免職の恐れがあること、もし東京都の教員採用試験や職員採用試験を受けるなら不利益が及ぶかもしれないから、私は不起立をやめるとも伝えました。息子は、「教員ってのは、口ではまことしやかなことを言う。でもいつも口だけ。母ちゃんは口だけじゃなくて、良かったよ」「採用試験と不起立とは別。考えないで」。

労働組合を立ち上げて一時金を勝ちとった娘は、「お母さんのこと本当に尊敬している。自分で闘い始めてそのことがよくわかった。お母さんは言ったことは必ず行動に移す。途中でくじけない。やってることが、いつも自分の利益じゃなくて、全体のことを考えてのことなんだもの。組合で闘い方を選択するとき、お母さんだったらどうするだろうって、いつも思い、そして参考にさせてもらっているよ。お母さんにはがんばりすぎないでいいよ、とも言いたいけど、でも、自分が一番納得する選択をするのがいいよね」と。２人からも力をもらいました。

すでに「根津の異動先は三鷹一中」と都教委から連絡があった05年2月、福田校長は「処分覚悟で『根津先生が必要』と書いて市教委へ出した」と私に告げました。教育施策連絡会議（04年4月）で米長教育委員が絶賛した、1年で追い出すことを可能にした改訂異動要綱を、都教委はまっさきに私に使ったのですが、そのあとに私が在職した学校の5人の校長のうちの2人が抵抗し、1年で追い出すことをやめてくれました。その1人が福田校長でした。

立川二中に異動した年度の04年の秋には、校長は都教委の「指導」そのままに、私を異動させる手続きをとりました。1年での異動は理不尽だと多摩教組は市教委交渉を、私は校長との交渉を何度も行なったのですが、校長は異動要綱が定める年数（7年）を超えるSさんを「必要」とし、「根津は不必要。異動させたい」と書いた異動カードを市教委に提出していました。しかし、それはあまりに理不尽と思ったのでしょう、最終的には異動カードの書きかえを行なったのでした。それによって、私は05年度も立川二中にいることができました。
05年秋に私は校長の心労を慮《おもんぱか》り、福田校長に「2年置いてくれたことに感謝していて、もう十分です。異動カードを出して構わないです」と告げました。遠慮することはなかったのに、と後日思いましたが、あとの祭りでした。私はこういう点でいつも甘いのです。

05年度の2年生の最初の授業で、5クラス中4クラスからは、「『君が代』のとき、どうして先生は座ったの？　教頭先生が注意しても、立たなかったのはなぜ？」と質問があがりました。口々にそういうので、私は「卒業式も入学式も大事な学校の行事なのだから、その疑問には答えなくちゃいけないね。でも、いまは家庭科の授業。全員が聞きたいのならいま話してもいいのだけれど、聞きたくないとか、聞かなくてもいいとかいう人が1人でもいたら放課後話します」。それを確認した上で、起立をしなかった理由を話しました。2年生（04年度は1年生）の授業は前年度、私はT2だったので、「日の丸・君が代」の授業もしていませんでした。

「いい話を聞いた」「皆が同じ考えをするのではないんだね」という声がかなりありましたが、また一方に、「教育委員会の命令に従えないなら、教師を辞めればいい」とまじめに言う生徒もいました。その意見には、「でもね、自分たちに置きかえて考えてみて。このクラスに、わがままではなく、まじめに考えてなお、多くの人の意見とちがう意見をもつ人がいたとする。その人が反対を曲げなかったら、そういう人はこのクラスから排除しようということになると思うのだけど、そういうことしてしまっていいのかな？　そうやって排除を繰り返し、一つの考えしか認めないとなっていったら、恐ろしい集団、社会になってしまうと私は思うのだけれど、どうだろう？」と応えました。

05年卒業式での不起立処分は、停職でなく減給6か月処分だったので、4月の時点で仕事ができていて、こうしたやり取りができました。

途中まで「君が代」起立をしたこの04年度卒業式で、「銃の引き金を引かなくてよかった」とほっとしたことについて、私は土井敏邦監督が制作してくれたドキュメンタリー映画『〝私〟を生きる』（２０１０年）で語っています。この映画は〝教育現場での言論と思想統制〟に抗う東京の３人の教員、佐藤美和子さん（国立市立第二小学校・音楽専科）、土肥信雄さん（三鷹高校校長）、そして根津を映しています。この映画で私の発言を視聴した佐藤さんが、ゲストとして招かれ同席した上映会場で驚く発言をされました。キリスト者である佐藤さんは、「君が代」の伴奏を拒否、２０００年3月には、卒業式で「ピースリボン」を着用したことで「職務専念義務違反」に問われ、国立市教委より文書訓告を受けています。その佐藤さんの、あまりにも正直な発言――これほどまでに正直にご自身のまちがいを告白できることに感動し、涙がこぼれました。映画を通してこのような出会いができたことに、土井監督にはとても感謝しています。

ここに佐藤さんのその発言について書こうと思っている旨を伝えたところ、彼女は次のように記してくれました。

佐藤美和子さんからのメールより

東京・大阪の「君が代」不服従による被処分教員6人が呼びかけ人となって2020年に「公務員の処分量定を問う公開質問状」を提出しました。安倍政権の下で、元検事長の賭けマージャンという刑法違反に問われるべき行為への軽い「訓告」と、「君が代」不起立不伴奏という教員の良心に基づく行為への重い「懲戒」処分とを比較して、公平公正を問う質問状です。

私以外の呼びかけ人5人は卒入学式で「君が代」不起立を繰り返し、戒告、減給、停職の懲戒処分を受けました。中でも根津さんは、不起立を貫き最も重い停職6か月処分を3度科せられ、次は免職も覚悟しなければなりませんでした。

5人と私の何よりの違いは、私が軽い訓告止まりで懲戒処分を受けていないことでした。それは私が石原都政下で「君が代」を弾かない音楽教員を続けることを優先させて、斉唱時に立ってきたからです。

その根津さんと土肥信雄さんと私を、土井敏邦監督がドキュメンタリー映画『〝私〟を生きる』で取り上げてくださり、上映会で根津さんとご一緒しました。免職も覚悟で臨んだ2004年度卒業式について根津さんが語る映像を観ました。

「心臓がバクバクして足を踏んばりやっと立ち、約束していた『さざれ石の』が来て崩れるばかりに座った」「もう少しで生徒たちに銃の引き金を引くところだった。引き金を引かなくて本当によかった」と、根津さんは語りました。

それを観て、根津さんにとって「君が代」起立は本当に生徒に向けて銃の引き金を引くことなのだと、ようやく理解しました。同時に気が付いたことは、闘う列の一番前で不起立を続けて厳しく攻撃される根津さんの後ろで、私は自分の「君が代」不服従を続けられたということです。それまでは「皆で座ろう」と呼びかけた根津さんに共感せず、独りにして苦しませ、闘う仲間のはずの根津さんを犠牲にしていることに気付きもしませんでした。

加害の認識はたいへん辛いものでした。公開質問状作成の会議の場で「静かに座っていた」という文言に痛みを覚えました。私は「静かに立って」きました。記者会見に用意した文章で『君が代』斉唱時に私は立ってきました」と書くのが辛く、「私は」の場所を変えてみたりもしましたが、紛れもなく私は立ってきました。

思えば、戦後の日本の国が再び誤った方向へ向かうのも、人々への加害の認識を避けて無かったものにしているからではないか。他の人を犠牲にしながら大義名分を掲げて起立してきた私も、戦争を推進する1人ではないのか。そう気が付いた時には「ああ」と顔を覆う思いでした。語らずにいられなくなり、いろいろな場でカミングアウトし、書いてきました。自らの加害に気が付いた衝撃を忘れたくありませんでした。

上映会のトークでそれを話したことを覚えていませんが、隣に座る根津さんが驚いたようにこちらを見ていたことは覚えています。「君が代」不服従の闘いの中で、根津さんは自分に対する加害の告白をおそらく初めて聞いたのでしょう。誰からも何も言われずとも、ずっと独りで先頭を走り続けていたと思います。

2004年度卒業式については後日談があります。

「約束していた『さざれ石の』」についてです。日に何度も教育委員会から「根津を指導したか」と問われ、3学期になりやせ細っていく校長を、広島・世羅高校の校長のように自死へ追い込んではならない、と根津さんは考えたのでした。そして卒業式前日に「根津を指導した。根津は立つと言った、と市教委へ報告していいです」と校長に告げ、現認役の教頭には「『さざれ石の』までは立っているので、それまでに起立を現認してほしい」と話したのが、「約束していた『さざれ石の』」でした。

根津さんが語った中で私が覚え間違えていたのは「一度立ったが、心臓がバクバクし座った」と思っていた部分でした。今回、根津さんに拙文の点検をお願いして明らかになったのは、その逆の「心臓がバクバクしてやっと立っていた」でした。

自らの信念に反して立とうとした時に、根津さんの心臓が反応してくれたのでした。前奏を含めて「さざれ石の」までの所要は約35秒です。自分の起立が生徒に向かって銃の引き金を引く加害行為であることを認識していた根津さんにとり、どれほど長く辛い35秒だったことでしょう。崩れるばかりに座るまで、根津さんの精神が保たれたことにただ感謝です。心が崩壊する前に身体が苦しくなり、心が守られたと思います。

意に反することをする心を、身体が悲鳴を上げて守ってくれる。それは私にも経験があります。「君が代」を弾かない音楽教員の私に音楽の授業を持たせない、介護の必要な両親と同居する中での強制異動、等の報復が行なわれました。異動した先の入学式で「君が代」を弾けない理由を初対面の校長にどう説明しようかと心でもがいていた最中、胃の中で8か所出血する事態になりました。その年の入学式で教員多数による「君が代」不起立があったことは病院のベッドの上で知りました。限界を察知して先に傷ついた身体が、心を守ってくれたと思います。2004年度入学式のことでした。根津さんが一度立って苦しんだ卒業式と同じ2004年度です。都教委の2003年10・23通達により、「君が代」不服従への攻撃が一挙に進められていました。

それにしても、この年になぜ根津さんが「一度立った」のか、ずっと疑問でしたが、20年の時を経て真実を知りました。免職を覚悟しなければならない辛い極限の中で不安や憤りが渦巻いていたであろう時に、命令を発した立場の校長を慮《おもんばか》って「一度立つ」ことを決めた根津さんの胸中を思い、独りでどれだけ苦しんだのかを想像して新たな衝撃を受けました。このような辛さの極限の中でも人間は対峙する相手に優しくなれるのだと、驚きました。

根津さんはまた、日中戦争で中国の人々に向けて銃の引き金を引いたかもしれないお父様に思いを馳せていたと思います。「君が代」が流れて約束の35秒を耐えて座った時、「生徒に向けて銃の引き金を引かなくて本当によかった」と思ったのは、それ故でもあるかもしれません。

私の父も学徒動員で神学校隊の先頭に立ち、東条英機に「頭《かしら》、右」の号令を捧げました。インパール作戦に参加し捕虜となったインドの収容所に於いてなお「宮城遥拝」の声を挙げて、天皇に頭《こうべ》を垂れる号令をかけました。捕虜収容所で敗戦を知り打ちのめされた父は、「神ならぬ神・天皇」の聖戦に参加した己の深い罪に泣きました。

戦争ほどの加害行為は無いのでしょう。「あの時は仕方無かった」とよく言われます。「君が代」不服従の闘いの中で、私も同じことを言ってはいないか。朝鮮半島で神社参拝を拒み投獄された朱基徹牧師は、「一緒に捕えられた牧師達が翌朝には日本軍に参拝を約束していなくなる。身体に受ける苦痛よりも最も耐え難かった」と語られたそうです。キリスト者の信仰ゆえに天皇の崇拝を拒んだ人を、同じ立場の人が最も苦しめました。私も同じことをしてこなかったか、と悲しく思います。

2022年夏に斉加尚代監督の『教育と愛国』上映会で会った時、根津さんは「いまとても幸せ」と話しました。「私もそう」とすぐに応えた自分が不思議でした。それは私たちが教育の現場から既に退職して、強制の場面に遭遇しなくなったからではないと思います。

生徒たちの前で一度だけ起立した根津さん。根津さんを一人にしてきた私。自身の加害を直視しながら自分を取り戻してきたと思います。いまも「〝私〟を生きて」いること。権力を持つ者に手出しさせず、私が私として迷い無く生きている幸せを感じるのだと思います。

顔見知り程度だった根津さんとは、土井監督の映像を通して二度目の嬉しい出逢いがありました。土井敏邦監督と根津公子さんに深く感謝しています。

2005年停職1か月処分にされて——停職「出勤」

05年5月27日、入学式での「君が代」不起立処分の発令書を都教委に受け取りに行った帰りの車中で、明日からの停職期間は校門前に立とうと決めました。私には働く意思がある、しかし、停職にされ、学校の敷地に入ることを禁止された。この事実を知らせたい。これまでも右翼から嫌がらせを受けたことがあるので、校門前にもやってくるかもしれない。でも、校門前には防犯カメラが設置されているから下手なことはできないだろう、などとつらつら考えました。

生まれた地では1度も見ることがなかったことでしたが、東京に出てきた1969年以降、労働組合が赤旗を立て会社前で訴えているのを見て、感激しました。八王子に転居して数年後には、沖電気工業㈱を解雇され、毎朝、そして解雇された29日は全日、会社の門前に立って抗議の意思を示す田中哲朗さんを知り、私も長期休業中の29日には、田中さんの門前に行きました。八教組が夏冬のボーナス時期に、闘う労働組合や個人名を紹介したチラシを添えて支援カンパ活動をしていたことで、田中さんを知ったのです。

当時は、闘う人たちを支援することは、労働者にとってかなり当たり前のことでした。田中さんを知ったことで、もしもこの先、公務員にも攻撃・弾圧が来たらこのように闘おうと、漠然とでしたが思いました。こうした前例を知っていたから、私は校門前に立つ選択ができたのです。都教委は、脅えさせ黙らせるために処分に出たのだから、私は黙っていない、反撃しよう、とも思いました。

停職2日目の5月31日（30日は裁判のため、「出勤」せず）は、職員打ちあわせの前に、私の思いを書いた文書を同僚たちの机上に置き、職員打ちあわせでは発言をしました。停職中に職員打ちあわせで発言できるなど、ありえないことですが、校長は制止しませんでした。市教委は「根津を敷地に入れるな」だけでなく、「トイレも貸すな」と校長に「指導・助言」したそうですが、福田校長は「体のことだから」と、市教委のそれをはねのけてくれました。

以下は、職員に配った文書です。

二中職員の皆様

新聞報道等でご存じかと思いますが、27日、都教委は入学式での「君が代」斉唱で不起立したことに対し、懲戒処分を発令しました。卒業式での不起立ですでに「減給6か月」に処せられていた私は、この日、「停職1か月」を発令されました。4月末に福岡地裁が「君が代着席で減給処分はやり過ぎ。処分を取り消す」とした判決を出しましたが、都教委はそこからは学ばずに突っ走りました。不当な処分を私は許しません。

かねてから都教委は「3回不起立で免職」などと言っていましたから、入学式で私は停職処分を覚悟した上で不起立＝不服従をしました。職員会議の席上、私はなぜ「君が代」に服従できないかを発言しましたが、以下、私の不服従の気持ちを述べます。お読みいただけたらうれしいです。

侵略戦争の歴史認識からは「日の丸・君が代」を肯定すべきでない、天皇制を賛美する歌「君が代」は民主主義と反する、と私は考えています。でも、だから卒・入学式の「君が代」斉唱時に起立をしないのではありません。それ以前の問題です。私が起立＝服従しないのは、これが、教育に名を借りた、教育を否定する行為だと思うからです。教育行政が「日の丸・君が代」を学習指導要領に位置づけ、教育活動として行なえというならば（そこまでは１００歩譲っても）、学校には教育行為を保証すべきです。そしてそこで学校・教員がすべきことは、「日の丸・君が代」について子どもたちが考え判断できるよう多角度から資料を提供すること、その上で子どもたちが自らの意思で自らの行為を選択できる枠組みをつくることだと思うのです。それが教育行為だと思います。

しかるに、一つの価値観を植えつけ、従わせるという「君が代」斉唱行為は、教育を否定する行為です。そうしたことには、職務命令が発せられても私は従うことはできないのです。教育基本法も一つの価値観の押しつけを禁じています。一つの価値観を植えつけ、従わせるというやり方は、戦前・戦中の軍国主義教育であったことは指摘するまでもないかと思います。

いま日本社会が国家主義・戦争体制に向かっていることを私はひしひしと感じています。「日の丸・君が代」の強制もその一つです。服従しない者には徹底した弾圧を加え、学校現場から排除していく、そして周りへの見せしめとする。まるで治安維持法下を思わせます。ねらいは民主主義を嫌い上命下服を好む子どもたちをつくることにあるのは明らかです。この社会状況を考えると、ますます私は、「君が代」の職務命令に服従することはできない、と思うのです。

（後略）

2005年5月31日　根津公子

職員打ちあわせのあと、私はカレンダーの裏紙に「『君が代』斉唱で起立しないからと、1か月停職処分！／・私が起立しなかったことで迷惑を受けた人はいますか？／・私はまちがっていると思うことには、命令でもしたがえないのです」と書いたプラカードを立てて校門前に佇みました。

その日の日記は次のように記しています。

下校時、生徒はなぜ、私が校門外にいるのかにわかには理解できず、訊いてくる。ひとしきり話をして1グループが引き上げると、次のグループがやってくる。5時過ぎまで途切れることなく、にわか仕立ての意見交流会となった。「石原知事からひどいことをされても、正しいことをする先生を尊敬します。私もそう生きたい」なんて言ってくれる生徒までいて、とってもエネルギーをもらった。私

停職1か月処分をうけて〝停職「出勤」〟
（写真は2005年6月14日撮影）

けれど、十分受けとめてもらえて、よかった!! とっても充実した1日でした。
の受けた停職処分が、生徒たちが考えるきっかけになってくれればいいなと漠然と思っていた

4日目（6月3日）の日記から。

道行く人がいろいろに声をかけてくれる。ご近所にお住まいというお年寄りの女性2人と男性1人とは親しくなった。この3人の方たちどなたもが、「戦争中のものの言えない時代に戻るようで本当に恐ろしい」とおっしゃる。お1人は、全身から水分が蒸散していくほど日差しの強かった1日にジュースを差し入れてくださった。

はじめは生徒たちのかなりが下校時に、「なぜ立たないと処分なの？」「誰が処分をしたの？」「生活どうするの？」「君が代って天皇の歌なんでしょ？」等々、質問してきた。そして昨日今日辺りは、「体大丈夫？」と気にしてくれる。「先生がんばって！」と毎日言ってくれる生徒がたくさんいる。新聞をよく読むというある生徒は、「大勢の先生たちが君が代に反対の考えをもっているのに、実際に行動に移す先生はなかなかいない。だから先生は偉い」と言ってくれた。とっても勇気づけられている。生徒から与えられる力は百人力。

一方、「なぜそんなに抵抗するんだろう？」「何で立てないの？」と不思議いっぱいの生徒もいるだろう。なぜ？ を大きく膨らませ、いまの社会を、人の生き方を考える一つの材料にしていってくれたら、と願う。

よく日本人は、「指示待ち人間」「自分の意見を言わない」などと評されるが、子どものときに情報から遠ざけられ、考える機会を奪われていて、大人になって意見を求められても、できるものではない。個人の意思決定を大事にする国では、家庭教育、学校教育段階で子どもたちに、政治的・社会的問題を当たり前に投げかけている点、大いに学びたい。

お1人から、「子どもを刺激するな」という苦情があった。処罰された一教員が校門前に立っていることで、生徒たちは動揺などしないと思う。私は、泣き寝入りせずに、私に起きた社会問題を明らかにしただけのこと。それは憲法で保障された行為と思う。でも、苦情をおもちの方ともぜひ意見交換をしたい。

副校長〔注：この年度から教頭が副校長に名称変更〕は、「ボーナス、本当に0なんですか？」「ひどいですね」。校長は、出張からの帰り、下を向いて仕事をしていて気づかなかった私に声をかけ、「(校舎の)中に入れてあげたいよ」と。

停職にされて数日後、3年生のEさんが「石原都知事に言いたいたった一つのこと」と題して、半分は諸外国の卒業式での国旗・国歌の扱いを調べたことを、もう半分は自身の意見を書いたプラカードをつくり、私のプラカードの横に立てかけてくれました。校長室に行き、処分について抗議までしてくれたといいます。彼女は卒業間ぢかには「先生を見ていて、まちがいと思うことには従わなくていいのだと知った。私はこれからそう生きていきます」と告げてくれました。「ひどい」と思うだけでなく、中学生で自身の生き方に重ねて考えたE

さんに私は学ばされました。

3週間が経過したときの日記から（6月17日付）。

悪いことなどまったくしていないのだから、私は仕事をしたい、授業をしたいと、1人停職「出勤」している、ただそれだけのことに対し、今週はネットにあげた停職「出勤」報告を読まれて遠くから何人もの方が校門前に私を訪ねてくださった。クラクションで軽く合図をして下さる方、毎日挨拶を交わす方、いろいろな出会いを楽しませていただいている。今週も2日間は雨だった。でも、田中哲朗さんからゴアテックスという素材の合羽とズボンを校門前でプレゼントされて、さっそく着たところ、雨はしっかりはじいてしかも通気性が抜群。すっかり気に入った。

何と言ってもうれしいのは、生徒からの有形、無形のプレゼント。修学旅行のお土産、処分に対する抗議と励ましのアピールを書いた色紙、優しい言葉などなど。本当に幸せ。週末の今日一番多くもらった言葉は、「先生、あと何日？」「早く戻って来てよ（来いよ）」。毎日毎日うれしいことや新しい出会いなどがあって、処分にははらわたが煮えくり返るが、意味ある非日常を送っている。

17日の訪問者のお1人は、小学校の教員をされている韓国の女性で、今年の4月から1年間日本に留学中のTさん。メールで私のことを知られ、ご自分のことと重なって駆けつけてくださったとのこと。彼女は、1980年に教員になり、子どもにとってのよい教育と労働環境の改善のために主張し行動してこられた。韓国ではこの頃、労働組合活動は非合法。そのなかで闘い、1989年に解雇される。1人、また1人とぜんぶで一千何百人の教員が解雇され、学校からは締め出されてもあきらめることなく闘い続け、学校の中の人たちに働きかけ、中と外とで結びつき、全国にまたがって活動をしてこられた。10年後、金大中政権になって復職への道が拓かれたことを私もニュースで聞いたことはあったが、彼女がその1人。職場復帰をし、現在に至る。韓国の教職員組合がいま原則的な闘いをしていることは耳にしていたが、解雇されても希望を見失うことなく、当たり前のことを当たり前に主張し、行動し続けたことによるのだと、Tさんを前に再確認。

彼女（たち）に対する教育省の攻撃の仕方は、私が受けた攻撃とまったく同じ。解雇のために保護者が使われる。利用された保護者たちが校門前で「Tを辞めさせろ」とデモを繰り広げたという。転任して直後、まだ授業をしていないうちから教育省に「教え方がおかしい」と保護者からの「苦情」が届く。同僚たちが、自分の身を守るために黙り、変容していったという話。また、いまでも転任後、同僚からはしばらく一緒に仕事をしてから、「聞かされていたTさんとはぜんぜんちがった」と言われることもしばしばだそう。私には、多摩中で、嘘八百を言う校長が開催した根津糾弾のための緊急保護者会とそのなかで利用された保護者たちの姿がぴったり重なった。着任と同時に「教育委員会に楯突く困った先生」と保護者たちに流されていたことも同じだった。どの学校の同僚からも、「とんでもないやつが来る、と聞いていたのよ」と明かされたこともまた同じ。権力側もさらにひどい支配管理をたくらんで、時代を超え、国を超えて学んでいることがわかる。

学び方は、権力側とは逆だが、私たちも同じ。非合法時代、彼女や韓国の教員たちは、攻撃のなかで、石川達三の『人間の壁』に教育労働者としてのあるべき姿を見、灰谷健次郎の『兎の目』に教育観・子どもに対する見方を学び、闘ってこられたとのことだった。

ひとは何歳になっても変わり得るという実例もお聞きした。彼女が解雇される前のこと。その職場には彼女ともう1人、ものを言う若い人がいて、校長・教育省は彼女たち2人の監視・指導を年配の教員にさせたという。しかし、教育省の思惑に反し、その老教員は彼女たちの教育に対する思いに共感していき、とうとう彼女たちと一緒に行動するに至り、解雇も一緒にされてしまう。だが、老教員は、「それまで気づかずに来たものが見えるようになり幸せだ」と言い、現在も一緒に活動されているとのことだった。ここまでではないけれど、私もこれに近い体験は何度かある。だから、人はすてき。損得勘定なしの人と人との繋がりは宝だ。Tさんの訪問はとても有意義だった。たくさんのエネルギーをいただいた。お昼ご飯はTさんがつくって来てくださった韓国海苔巻きをお腹いっぱいいただき、食欲がいつも120%の私は、とても幸せだった。ありがとうTさん!!

校門前には立川二中を昨年卒業した生徒たちも帰宅途中によく立ち寄ってくれました。また、石川中時代の生徒や地域の人たちも訪ねてくれました。停職「出勤」を始めようとしたときには考えてもいなかったことで、うれしい誤算。毎日毎日、沢山のエネルギーをいただきました。停職にされた事実を子どもたちに示そう、と思って始めた停職「出勤」でしたが、これは停職にされた私の「停職中の授業」と思うに至りました。

不登校気味な生徒が私を訪ねてきたり、遅刻常習の生徒が登校時に私としばらく語りあって、「先生ががんばっているから、私もがんばってくる」と校舎に入っていくことがよくありました。福田校長が不登校気味の生徒のことで、「(その生徒は) 担任とは断絶してしまっているから、状況を教えてほしい」と聞きに来たこともありました。不登校になっているお子さんの保護者からは「先生がこうして行動することの意味が娘にはまだわからないですが、いつかわかるときが来ると思う。ありがたいです」と告げられもしました。停職「出勤」をしたことでさまざまな出会いがつくれて本当に良かったです。

04年に高遠菜穂子さんら3人がイラクで拘束された事件を契機に、「自己責任」という言葉が飛び交うようになったのはちょうどこの頃でした。「格差社会」の中での「勝ち組」「負け組」も言われ始めていました。これから先、職に就けなかったり解雇されたり非正規雇用しか選択肢がなかったりという人が増えるだろう。それが「自己責任」に帰されかねない。生徒たちが将来そうされたときに、「私は悪くない」と思い、自死を選ばなくてすむように、その際に中学生のときに不当な扱いを受けた根津が校門前に立っていたな、と思い出してくれたらと願いました。あれから15年余が過ぎ、心配したとおりに、非正規雇用の率はますます高くなってしまいました。学校教育が、教員がなすべきことがますます問われています。

05年卒業式で減給6か月処分に、続く入学式で停職1か月に私はされましたが、このときの不起立・不伴奏等の被処分者は全都で延べ63名でした（内訳は、戒告が45名、減給1か月が13名、減給6か月が4名、停職1か月が1名。減給6か月と停職1か月の「1名」は私）。10・23通達1年目の04年は延べ243名（うち、減給1か月が4名）でしたから、05年はぐっと減りましたが、新たに拒否した人が45名もいたことにはほっとしました。

停職が明けて

停職が明け、出勤1日目（6月28日）の日記から。

子どもの頃、長い夏休みのあと友達に会えることでのわくわくした気持ちと、さあがんばるぞという気持ちに似た気持ちでの出勤。廊下で会う生徒の多くがただの挨拶だけでなく、「先生がんばって！」「お帰りなさい」「おめでとう」「今日から授業してくれるよね？」と一緒に喜んでくれ、迎えてくれた。

午前中は選択調理の授業だったので、楽しく気楽に、午後は35℃を超えるだろう被服室で合成洗剤の毒性の授業。ここに入ったところで1か月間中断しての再開でしたが、ブランクがあったとは思えないスムーズな始まり。暑さにめげず、みんな集中している。いや、私に協力してあげようと思ったのかも。

私がＴ１で担当していた２年生のこの１か月間の家庭科の授業は、もう１人のＴ２である家庭科の教員（主幹教諭）が担当したのですが、生徒たちのノートには一文字も書かれていませんでした。停職中に生徒から聞かされていましたし、校門から20〜30メートルしか離れていない被服室からは、主幹教諭に対する生徒たちの荒々しい声が校門前の私に、毎時間聞こえてきていました。私への処分に異を唱えた生徒たちに対し、その主幹は「処分されて当然」と言ったのだそうです。それで、１か月間、生徒たちは授業をボイコットしたのでした。授業ボイコットに対して管理職や同僚たちが気づかないはずはないのに、動いた形跡はありません。それも不思議でした。

06年３月に卒業する３年生の授業は、私はＴ２での補助でしたので、卒業文集に次の一文を寄せました。


ご卒業おめでとうございます。

皆さんとの２年間のお付きあい、私は楽しくさせていただきました。ありがとう。

さて、これを書いている今日から１週間後が卒業式、私は今回も「君が代」のときは起立をしません。私のその思いを皆さんにきちんと伝えたかったのですが、機会がないので、ここで述べておきたいと思います。

私が「君が代」斉唱の強制に反対する第一の理由は、それが、教育と民主主義を否定する行為だと思うからです。「君が代」でなく私の好きなものだとしても、私は強制する・されることには反対します。強制や力で人間を動かすのは、まちがいだ、人はいいことなら強制されなくても進んで行動するものだとの人間観が前提にあります。

ところで、本来卒業式をどうするかは、式の主人公である生徒の意見が採り入れられていいはずなのに、それはされず、「君が代」について皆さんはただ、「起立・斉唱しなさい」と指示されるのみ。なぜかは説明されず、意見を述べることも保障されない。こうしたやり方を教育とは呼びません。民主主義にも反します。学校がしてはいけないことだと思います。普段は「考えて行動しよう」と言うのに、なぜ、「君が代」についてはそれを言わないのでしょう。不思議です。児童・生徒には難しい問題ならば調べ学習等で学習を深め、話しあって決定するのが、民主主義を学ぶ場である学校がすべきことだと思うのです。

私は、皆さんが指示・命令に従順な人間にではなく、自分で考え行動する人になってほしいと願っています。だから、都教育委員会の命令のままに、あなた方を考えさせずにまるでロボットのように指示に従わせることは、私にはできません。だから、せめてもの意思表示として不起立・不服従をします。

民主主義も平和も憲法に書いてあるから護られるのではなく、憲法の前文に書いてあるように、人々の「不断の努力」によって護るものだと思います。不起立は、私にできる「不断の努力」でもあります。

最後に皆さん、長いものに巻かれるのではなく、希望をもち理想の実現を目指して歩んでいってください。お元気で。
2006年3月5日

根津公子

2006年停職3か月処分に、そして町田市立鶴川二中へ異動

立川二中での06年（05年度）卒業式での不起立で4月1日から停職3か月処分とされ、同時に町田市立鶴川第二中学校に異動とされました。この卒業式と続く入学式での不起立被処分者は全都で38名（うち23名が初めての不起立で戒告処分）でした。この停職期間中、私は鶴川二中だけでなく立川二中にも停職「出勤」を行ないました。立川二中への停職「出勤」の様子を日記から。

4月6日／進級おめでとう！　心新たにスタートを切って下さいね。／私は「君が代」不起立で停職3か月に。「君が代」ってどういう歌？　なぜ歌うの？／生徒に知らせないままに、「起立し斉唱しなさい」とは、私には言えない。だから着席しました。／こんな処分は東京都だけ。／戦前・戦中のよう」と書いたプラカードを持って、立川二中校門前に佇んだ。（略）生徒たちは、朝は大勢の大人たちの中をどういう表情をして通っていいものやらと、戸惑っていた節もあったが、下校時は校門には私1人。1人で、あるいは集団であれこれ話しかけてきた。話しこんでいく生徒たちもかなりいた。

卒業式で私が不起立をしたことは、生徒はその時点で皆知っていた。さらにひどい処分になるだろうことも知っていた。ところが今日の始業式で「根津は転勤」との話があったことから、処分と転勤の関係が理解できなかったようだ。

今日の生徒たちからの声は、「がんばって」「先生って、筋が通っているよな。すげえ」「（処分が加重されることから）仕方ないから、立って歌わなければいいじゃん」「（転勤について）飛ばされたよね」などなど。「明日も来る？」と聞いてくる生徒も多かった。

昨年度、私が停職1か月にされて1週間後から学区の町内会有志・高齢者数人が、生徒の登校時に校門前で私を監視し、卒業式の朝は「強制反対」のチラシの回収までしたのですが、この日も来ていました。根津が来るかもしれないと思ったのでしょうか。日記に「朝は大勢の大人たち」と書いた人たちです。

4月28日の日記から。

「離任式に来るでしょ？」。登校時何人もの生徒が訊いてきた。今日は離任式。校長は停職中の私も呼んでくれた。これを都・市教委が黙っているはずはないと思う。呼んでくれたことに感謝。

招待されて入る校舎は、まぶしく感じた。11人もの転任者だったので、生徒に話す時間は1分。私は、「私が生きる上で大事にしていることで、皆さんにもしてほしいと思うことを話します。皆がするから、言われたからするのではなく、正しいことか、まちがってはいないか、皆の幸せ、平等に繋がることか、自分の頭でよく考えて行動していってください。大勢がやるから正しいとは限りません。そうすることで、ときにはつらいこともあるかもしれませんが、ほんの少しの勇気をもって、たとえ1人になっても正しいと思うことをしていってくださいね」と話した。

離任式とは別に、用意してきた手紙を手渡してくれた生徒が3人。「とっても優しくて、自分の意思は曲げない。私はそんな先生に憧れみたいな気持ちを抱いていました。私はそんなふうにはなれなくて、周りに左右されながら生きているんで〜」「たぶん先生は教育委員会からいろいろ言われてると思うけど、Aは先生の考え方いいと思うよ！〜応援しているんだから」「家庭科、大好きになりました」と。

「先生、サインしてぇー！」と駆け寄ってくる男子たちに応えたり、卒業生ともおしゃべりしたり、楽しいひとときを過ごした。

今日は晴天、日差しが強かった。離任式が始まる2時過ぎまで校門前にいたときに、卒業生が冷たいお茶を差し入れてくれた。優しい気持ちがプラスされて、本当においしかった。しみじみと味わった。

5月9日の日記から。

今日は通行人5人に声をかけられ、何人かとはじっくり話しこんだ。また今日は保護者の出入りが多く、その中には挨拶を交わすだけではなく、この件で今日新たに声をかけてきてくださった方が3人。お1人は、「影ながら応援してきました。それを伝えたかったのですが、学校の中では気を遣ってしまい……。子どもには、先生がこうしていられることの意味がわかるときがきっと来ると思います。こう言ってはなんですが、その機会に恵まれて、感謝をしていますと」と。私の視点と同じだ。一般的な「応援」とはちがう、保護者の視点から捉えてくださったことに感激した。

そういえば、離任式の日にも保護者何人かから温かい言葉をかけていただいた。こうして見ると、「7割の都民が『君が代』処分に反対」という昨年の新聞社調査と同じなんだ、と合点する。

下校時間帯は、5時まで途切れることなく次々に立ち寄っていく生徒たちと会話を楽しんだ。Yさんは、朝渡したメッセージ（返信）がすごくうれしかった、と言っていた。Nさん、Mさんはまた長いこと話しこんでいった。「君が代のことも他のことでも学校は、隠さずに事実を教えてほしい。異なった意見があるときはそれらを教えてほしい。片方の意見だけじゃ、私たち、考えたくても考えられない」「根津先生が行動し、自分の意見を言ってくれるから、社会にはちがう意見があることを私たちは知れたけど、先生がいなかったら、知れなかったよ」「いい学校に行くためだけの勉強はしたくはない。本当のことを知り、それを社会のために生かしたい」という2人と、政治のあり方、生き方についていろいろ語りあった。次回「出勤」するときに「社会のことを知れる本を持ってきて」と頼まれた。

停職「出勤」最後の6月30日の日記から。

プラカードには、「今日で停職が終わります／励ましをありがとうございました／大勢の人が言うから正しいとは限りません／鵜呑みにせず、異なった意見に耳を傾け、自分の頭で考え、判断していきましょう／お元気で」と書いた。不当な停職処分に抗議し闘い続けることができるのも、授業で関わった生徒たちの励ましがあったからこそ。一人ひとりにお礼を言いたいとの思いで朝も帰りも挨拶を交わした。

「ぼくたちの卒業までいてほしかった」「応援しているよ」「がんばって」「停職が終わって、おめでとうございます。町田の学校でもがんばって」「いままでお世話になりました。ありがとうございました」などなど言ってくれた。

こんな会話もあった。

生徒：「また、二中に来るでしょ」

根津：「卒業のお祝いのメッセージは送るよ。でも、来るのは今日が最後よ。まさか、来年の停職中にここに来るわけにはいかないでしょう」

生徒：「来年も停職か！　でも、そのとき来て」

根津：「あなたたち、卒業しちゃうじゃない」

生徒：「そうしたら、ぼくたちが門の前に来るから。A高校に行けば、すぐ来れるもん」

二中の生徒たちからすごい元気と励ましをもらった。もう、これだけでも十分うれしいのに、まだまだうれしい、力の与えられることがあった。

一つは、3か月前に卒業したOさんが来てくれたこと。3年生のIさんが帰り際、「O先輩が一昨日も根津先生に会いたいって、ここに来たよ」と告げてくれたが、いかんともし難い。そうこうしているところに「間にあった」と駆けつけてくれたこと。もう一つは、石川中時代の教え子Hさんが来てくれたこと。国際関係学を学ぶ学生で、昨年の10月、ホームページを見て励ましのメールをくれたのが始まりだった。私と直接接した生徒・かつての生徒からの励ましは、何にも勝るエネルギーになる。どんなにひどい攻撃にも耐えられる力を発揮することは、体験ずみだ。

帰宅すると、Oさんからメールが届いていた。またまた、力を与えられた。Hさんに、お礼のメールを入れた。そしたら、Oさん同様、またまた力をもらった。

本当にありがとう！　これで、来週から鶴川二中に行くためのエネルギーは十分蓄えられた。お2人のメールを、本人の承諾を得て、掲載します（※当時、承諾を得てHPに掲載）。

Oさんのメール：「今日、根津先生に会えてとてもうれしかったです。いつもなら、部活終わりが17時を超えてしまい、二中正門に行っても会う機会がなかなかありませんでした。今週は、試験1週間前の部活停止期間。今週中には会えるだろう。そして、先生の出勤も最終週だと思っていました。やっとのことで会えたわけです。先生自身はこの3か月は長かったのか、短かったのか、どう思っていますか。3か月間も門に立ち、看板を立てて、抗議。自分なら3か月もやれないと思う。（略）根津先生は、二中のみんなが応援してくれていたし、わかっていたはず。今日だって『がんばって』と励ましてくれていたし。中学校は先生主導だけど、先生を判断するのは生徒自身。生徒の意見が尊重されるべきだと思う。／長々と書いてしまいましたが……。すいません。では、3日から鶴川二中で教員として頑張ってください。そして、鶴川二中の生徒に根津先生の授業が出来ることを」

Hさんのメール：「私こそ昨日はありがとうございました!! 先生と直に話せたし、先生の周りにはいろんな方のサポートがあるということが生でわかって、すごく嬉しかったです。様々なことを勉強させてもいただきました。大学で平和学を少しかじって、先生のやっていることは本当に『平和学習』なんだなって実感しました。先生の生徒さんとの触れあいや、昨日お会いした社会人の方々をみて、平和的方法の過程で得られるものってこれなんだ、って。ガンディーも個々では小さくても、でもたくさんのサポートに囲まれてました。／あと、『成長』と言ってくださって、ありがとうございます。私がいままでやってきたことに先生のその一言で自信が付きました。その成長の足場を作れたのも、もっと成長したいと思うのも先生のおかげです。ありがとうございます」

次は、初めてHさんからメールをもらった前年の、私の返信です。困難を乗り越えさせてくれたのは、(元)生徒たちの励ましだったことを書いています。

「メールをありがとう！　天にも昇るようなうれしい気持ちで穴の開くほど何度も読ませていただきました。3年間ともに過ごしたのですから、忘れるわけがないではありませんか。あなたが沈着冷静だったことも、表情もよく覚えていますよ。

でも当時気づかなかったことがありました。まさか、Hさんが平和学習、修学旅行でこのように感じてくれていたとは！　だから、余計にうれしいです。当時じっくりと考えていて、頭や心の中でころがしながら、ゆっくりじっくりと自分のものにされていったのですね。想像するだけで、胸が熱くなります。そして、何よりも私への最大のプレゼント・励ましになりました。本当にありがとう！　あなたからのメールで、また、元気になれます。このような身に余る言葉をいただいて、私は幸せ者です。教員にとって、教え子が認めてくれることは、何にも勝ることなのです。(略)

さて、『君が代』問題でいま停職1か月の処分まで来てしまいました。あとどれだけ、教員でいられるかわかりません。でも、よく考えてなお、おかしいと思うことに、職務命令だからと言って服従することはできません。教育の場で、生徒たちの前だからなおのこと、理不尽なことには服従せず、闘う道を選びます。

Hさん、いまあなたがしている学問と、生きる上での本当の勉強を、十分にしてくださいね。

Hさんのさらなる成長を楽しみにさせてください。励ましの言葉を、本当にありがとう！　お体を大切にしてくださいね。

根津公子」

「『君が代』解雇をさせない会」の発足

06年卒業式で、最も重い処分が停職3か月の私、次に重い処分が停職1か月の河原井純子さん。私が56歳、河原井さんが57歳でした。このまま行けば、いつクビにされてもおかしくはありません。私たちは同じ八王子在住、互いに多少は顔見知りだったということもあり、連絡を取りあうなかで、「河原井さん・根津さんらの『君が代』解雇をさせない会」（以下、「させない会」と略）という支援組織を立ち上げました。私の八教組時代の仲間を中心に事務局をつくり、裁判が終了するまで活動を続けてきました。1人闘うのではなく、一緒に闘ってくれる組織ができたのは大きな支えとなりました。08年卒業式の不起立で免職まちがいなしと踏み、署名活動や都庁前行動を行なえたのは、「させない会」があったからでした。

服務事故再発防止研修という懲罰「研修」

卒業式での「君が代」不起立処分を3月末日に、入学式での「君が代」不起立処分を5月末に発令すると、都教委は夏休みに入った7月21日頃から（停職中は停職明けから）「服務事故再発防止研修」なる懲罰研修を強行してきました。「服務事故再発防止研修」は「反省」と「再発防止」を目的とするといいますが、同研修受講は「君が代」不起立・不伴奏処分に限ったことで、体罰やセクハラでの処分では課していません。体罰やセクハラをはたらき処分されてもまた繰り返すことが現実にはいくらでもあり、それを都教委は十分知っているにもかかわらず。加えて、前述したように、「君が代」不起立・不伴奏職務命令違反の処分では、不起立回数を重ねる毎に処分量定を加重しますが、体罰・セクハラ等の刑事事件になりかねない事案ではそれもありません。この2点から、都教委がいかに「君が代」不起立・不伴奏をした教員を嫌悪し、できうる限りの弾圧・嫌がらせを加えようとしたかがわかります。

「服務事故再発防止研修実施要綱」第6は次のように記しています。

「（研修の成果等）

第6　被処分者が行った非行に対する反省を促すとともに、今後の再発防止を図るための研修成果を確認する。

（1）被処分者に、自ら行った非行に関する報告書を作成させる。

（2）研修後の勤務状況について、学校長に報告を求める。

（3）研修の結果に基づき、必要な措置を講ずる」

私について都教委が校長に「毎日の報告」を求めたのは（2）によったのでしょうし、単年度での異動は（3）によったのでしょう。

「君が代」不起立・不伴奏「服務事故再発防止研修」は、戒告被処分者については7月に行なう「基本研修」1回ですが、減給以上の被処分者はこれに加えて「専門研修」を受けさせられます。「基本研修」は対象者を当該校の校長同席のもと、一堂に集めて行ない、「専門研修」は受講者1人ずつを各部屋に入れ、都教委担当者数人が取り囲み、校長を同席させて行ないます。私は05年から09年まで毎年、「基本研修」「専門研修」ともに各1回ずつ、計10回の「服務事故再発防止研修」を受けさせられました。

とりわけてひどかったのが、04年度卒業式および05年度入学式での不起立処分（減給6か月および停職1か月）に対し、05年9月7日に行なわれた「専門研修」でした。非常に屈辱的なもので、根津には人権なんてない、と言われているような印象を受けました。都教職員研修センターの地下2階にあるかび臭い部屋でのこの「研修」は、16年経ったいまなお、昨日のことのように思い起こします。この部屋に入った途端、なぜこんな場所で？　これも嫌がらせ？　いくらでも部屋はあるだろうに、と思いました。日記から転載します。

種村統括指導主事（＝基本研修時の進行役）の進行で、「説諭・服務指導」を鈴木センター企画担当課長、記録をたての指導主事が行なう。福田校長同席。

鈴木氏は、例に倣って「お名前は？」と訊いてきた。私を特定して呼びつけておいて、「お名前は？」はないでしょう。やんわり、そういう意味のことを言ったら鈴木氏は切れてしまったのか、生来の性格と権力を笠に着た物言いが身についているのか、終始、圧力を加えるための場という対応をした。「言葉で圧力を加えないでください」と言うと、「何年教員をやっているんですか」。教員のくせにその品性は何だ！と言わんばかりの物言いをした。答えないでいると、「今度は聞こえないんですか」とくる。「今日の研修の趣旨とはちがうのではないでしょうか」と言うと、「答えないから仕方なく先に進む」と言って、「校務分掌は？」「一切応答しないのですか」と鈴木氏。

次に「なぜ、ここに研修を命じられたのですか」と来た。根津、「なぜ命じられたのかわかりません」。鈴木氏、「上司の命令に従わなかったことで処分。それで研修を命じられた。よろしいですか？」と何度も繰り返す。私が、「何度も、わからないと答えています。わかったと言わなければいけないのですか」「それでは、内心に踏みこむから答えられません」と言うと、今度は鈴木氏、「内心、内心ってなんですか。あなたは地方公務員でしょ。民間人ですか。もう一度聞きますよ。地方公務員ですか、民間人ですか」「研修を拒否するのですか、そうやって」。「研修を受けています」とだけ答えて、私が記録をしていると、「手を休めなさい」を繰り返す。「私は話を認識するために書いています」と言うと、鈴木氏「このようなことが書かなければ認識できないんですか」。「はい」と私。「7月21日に基本研修を受けましたか」――「出席に〇がついていますね。わかりきったことはお聞きにならないでください」「話はしっかり聞いておりました」。聞いたことに答えろと恫喝する。「では、講義の内容をどこまで、どのように認識されましたか」「それも筆記しないとわかりませんか」「黙秘ですか」「研修を受ける気はあるんですか」「じゃ、もっと書いてください。研修を拒否する気ですか」と畳みかけてきた。私は、「研修は受けています。それとも、これは警察の取り調べですか」と言い、続けて、「認識については、価値観を問うています。内心に踏みこんでいます。裁判所の決定をご存じですか」と。内心に踏みこみ、著しい精神的苦痛を与えるときには、それは「処分」に当たるもの、とした7月5日に出た執行停止申し立ての決定（＝棄却ではありましたが）を指して言うと、鈴木氏、「内心とか裁判とか関係ありません。職務命令違反で処分を受けて、ここにきているんです。ご理解できますか」。「3回答えました。わかると答えるまで、その回答を強要するのですか。認識については答えられません」と、私。（略）

鈴木氏は、またも、「上司の職務命令があったにもかかわらず、（略）その結果処分となった、そのことです。職務命令に違反した再発防止研修です」「地方公務員でしょ」と言った。私は、「だから、憲法99条を遵守します」と答え、「何度も同じことを言うのですか」と言ったところ、またもその答えが鈴木氏の気に召さなかったようで、「確認を重ねていくのが研修の仕方です」とのたまった。「要求した答えをするまで追及するぞ」と同じ響きをもって聞こえた。これは、鈴木氏、言ってはならない言葉だった。認識を問うたり、望む答えをしないといつまでも同じ質問を続けたり、大声で威嚇し続けたり、「ほう、あなたたちは、あれできちんと聞いていたというのですか」とばかにしたり。こういう「確認」は、刑事事件の取調べと自白の強要を連想してしまう。それが実感だった。

このとき、鈴木氏の発言をメモしていると、氏は、校長に私を注意するよう促した。

そして続けてまた、同じことを繰り返した。「あなたは職務命令を拒否、無視した。それでここに来た。なぜ職務命令に従えないのですか」（根津：「申し上げました」）。「従うのが義務ではないですか」（根津：「職務命令自体がまちがっていたらどうなるんでしょう。その点、法令に何と書いてありますか」）。「それを論ずるところではありません。従う義務がある。今日はその研修です」（根津：「質問には答えてください。そうしないと研修にはなりません。99条との関係についても答えてください」）。鈴木氏は私の質問には答えずに、ここで退室した。（略）

都教委の望む答えをするまで重ねて聞くというこの「研修」は懲罰研修であり、転向を迫る以外の何物でもない。「研修」に出席させられての実感だった。

当時、この日記を私はネット上に流しました。都教委は私が流したものはすべて読んでいることがわかっていたからです。ネットに詳しい友人によると、私のHPを都教委関係者が日に100～200回も閲覧しているとのことでした。だからか、これ以降の「再発防止研修」「専門研修」では、都教委担当者はこうした酷い対応はしなくなりました。「再発防止研修」が屈辱的であることに変わりはありませんでしたが。

Ⅲ 2006年度 町田市立鶴川第二中学校で

停職「出勤」 監視も支援も

異動先の町田市立鶴川第二中学校では、生徒たちの登校中、私を監視するためにPTA役員数人が腕章をつけて立っていました。立川二中では、地域の町会有志（高齢者）が生徒の登校時に複数人立ってはいましたが、PTAがそれを行なうことはありませんでした。5月に入った頃、校門前に支援に来てくださった地域の方が教えてくれたのですが、地域の自民党市議を中心に根津を都教委に返す運動が行なわれているとのことでした。停職3か月が明ける7月1日に鶴川二中に出勤させずに、都教委預かりにさせると。この運動は6月半ば過ぎに、地域の会合に参加した1人の初老の女性から「こんなことをしてはいけないのではないか」と異論が出され、そこでこの運動は閉じられたということです。

しかし、「学校はルールを教えるところ。ルールを守らない教員は教員を辞めろ」をキャッチフレーズに行なわれたこの運動に、生徒たちは巻きこまれていきました。学校は日常的に生徒にルールの順守を求めているのですから、このキャッチフレーズは生徒にすっと入ったのでしょう。このことが日増しに生徒たちに伝わっていくのが、生徒たちの表情から読みとれました。

「日の丸・君が代」について06年度の鶴川二中の生徒たちは、その前年度までの、「日の丸・君が代」の強制はおかしいとか都教委の処分はまちがっているとかと捉える生徒も少なくなかった立川二中の生徒たちの認識とはちがいました。そのちがいはどこから来たのか。一つには、立川二中で停職1か月処分にされた際には、その前年の04年度から私は同校に在籍していたので、生徒たちが私を直接知っていたことにあると思います。しかし、それだけではないと思います。10・23通達以前に小学校の卒業式を体験した04、05年度の生徒たちは、「国歌斉唱」は実施されてはいましたが、それについての否定的意見を何人かの教員からは聞いていたり、報道で耳にもしていたので、異なる考えがあることを多少は知っていました。しかし、10・23通達下で小学校の卒業式を体験した06年度の生徒たちは、「国歌斉唱」について教員から否定的意見を聞かなかったのでしょう。ですから、「君が代」起立という当たり前のことをしない根津は叩いていい対象＝「非国民」と捉えたのだと思います。

鶴川二中での、ＰＴＡや地域組織の根津監視はすさまじいものでした。しかし他方、私を支援し、校門前に訪ねてくれたり、友人・知人に呼びかけて私のことを広める小集会を開催してくれる方々もいました。当時の日記から語ります。まずは、停職「出勤」初日の4月7

日・入学式の日の日記から。

8時ぴったりに着くと、ご丁寧な「お出迎え」。副校長、「防犯」と書かれた腕章をしたPTA女性3人の他に市教委らしき人が2人いる。訊いたら案の定、市教委の澤井統括指導主事と持田指導主事だという。「校長の要請でいらしたのですか」と訊くと、「ちがう。市教委の判断で来た」とのこと。理由は、「何かあるといけないから」だと。昨日の、立川市教委と同じだ。しばらくすると、市教委の2人は、「〇〇が来たから」とか言って帰っていった。気づくと、公安警察かと思われる男性が4人いる。私を監視しているようだ。彼らは、「品川」「多摩」ナンバーの2台の車で来ていた。品川ナンバーの車は入学式が終わり、生徒も保護者もすべて帰った1時頃に引き上げたが、多摩ナンバーの車は5時まで居残った。

さて私は、プラカードを持って、ここにいる人たちに混ざって、「おはようございます。おめでとうございます」と生徒や新入生の保護者に声をかけた。「警備員」と書かれた名札を首にかけた人は私の前に立ちはだかろうとした。私とプラカードの文字が見えないようにしていることは明白だった。プラカードには「ご入学おめでとうございます。希望に燃えた今の気持ちを大切にしてください。私は4月1日付で二中に着任しました。でも今、停職3か月の処分に。卒業式の「君が代」斉唱の際起立しなかったことが処分の理由です。私は間違っていると思うことには、従えないのです。」と書いた。

登校してくる生徒の数が少ないと思ったら、2、3年生は係や合唱の生徒だけの登校だという。その生徒たちの下校時にも、副校長および入学式の外警備に当たった教員とともに私も生徒たちに「さよなら」と声かけをした。面識のない私にきょとんとし、プラカードを見るので、「停職3か月」の文字を指して、「これが私です。校長先生からお話があったでしょ」と言うと、さすが中学生の記憶力！「ああ、根津先生ですか」。校長には前もって、「私をいない者にしないで。停職3か月であることを理由とともに生徒たちに紹介してほしい」と頼んでいたところ、昨日の着任式で「7月から出てくる根津先生」と紹介したのだそうだ。

「停職って何？」「なぜ停職なの？」「なんで起立しないと停職なの？　そんなの自由じゃん！」「君が代って、どういう意味か知らないよ」と生徒たち。しばしのあいだ、交流をした。

3時、「プラカードを写していいですか」とデジカメを持ってきた副校長が私に訊いた。「さんざん皆が見ているものだから写してもかまわないけれど、それは市教委へ報告書を出すということ？」と答えると、副校長は、「いやいや。先生方が見ていないから」と、あまりに陳腐な答えをした。報告書の送付以外に写す目的はないだろうに。

4時5分、初めて佐藤校長が姿を見せた。校門を出て「多摩」ナンバーの車に接近し、通りすぎ、5分ほどして戻ってきた。不可解な行動だ。4時13分、門を入りながら校長は、「学校の前でやめてくださいよ」と引きつった表情でひとこと言った。「やめてくださいよって、どういうこと？」と訊くが、返事はない。そのまま中に入ってしまった。5時近くになり、帰り支度をしていると副校長が「入学式に関係のない方の入場を断ります」の看板の撤去にきて、「お疲れ様でした。今度はいつですか？」と言う。今日は、10人の方が門前に訪ねてくださった。

初めはこのように私に対応した生徒たちですが、5月頃には敵対視するようになっていきました。地域の動きが生徒たちに影響したのは後日知ることになるのですが、4月11日の日記には、地域が動いていることを記しています。

私が校門前に立って10分もすると、校長と副校長がやってきた。「保護者や近所の方から『立つのをやめさせろ』と苦情が来ている。学校の前はやめてくれないか」「弁当を地べたで食べさせるな。生徒がコンビニの前で食べるのもやめさせているのだから、と言われた」と私に言う。「すべては都教委の処分がさせること。都教委に処分をやめるように言えばいいことです」と答えて、話は終わった。2人はそのことを告げに来たのかと思っていたら、そうではなかった。校門前で登校する生徒たちに挨拶の声かけを始めた。ここではPTAに加えて校長と副校長までもが私の監視を行なう。職員の朝の打ちあわせの時刻になっても、中に入って行かない。こんなことをしていて、学校の「運営」に支障は出ないのだろうか？　私が何かをするわけでもなく、ただ、出勤途上の校門前でシャットアウトされているだけのことなのに。そう伝えたが、2人は生徒たちの登校時刻を過ぎるまで立ち去らなかった。

10時50分、町田警察の若い警察官がバイクでやってきて、「110番が入ったから来た。名前は何と言うか」と高圧的に訊いてきた。「ここにいることが道交法違反などの法令違反になりますか？　なるのなら、名前を言いますが」と答えると、「道交法違反でも、他の法令違反でもない」と言う。「それなら答えませんよ」と私。

次に警察官が言ってきたことは、「だいたい何で停職3か月なんだ！」と、あざけるような、かつ威圧的な物言いをした。「その質問は職務を越権する行為ではないですか」と2回言うと、ようやく謝り、撤回した。私を心配して来ていた友人にも「あなたもここの職員か」と訊く。権力の末端で、権力を笠に着てものを言うから、質問することに慎重さがない。だから私たちに論破されて終わる。

警察官は、無線で上司と思しき人に報告を始めた。プラカードの文字を読み伝え、「チャリンコに貼っている。隅っこに座っているだけ」と言った。上司の指示があったようで、交信を切ると警察官は、「妨害していないし、隅っこに座っているだけですから、帰ります。また110番があったら、そちらも気分が悪いだろうが、来なければならない」と言って、帰っていった。上司の指示でしか動かない日本社会をここでも見せつけられた。

下校時間になるとまた、副校長が出てきた。仕事があるだろうに……と同情したくなる。

立ちどまってじっくり読み、「がんばってください」と声をかけてくれた生徒が3人、この生徒たちはどういう問題かを知っているようだった。見えない苦情には脅えない。直接言ってきてくれる、見える励ましに私は希望を重ねる。そう、思った。


4月20日の日記から。

今朝は副校長も校長もパトカーも来なかった。私はただ立って、登校する生徒たちに挨拶の声かけをしているだけなのだから、これでいいはずだ。職員打ちあわせが終わっただろう頃、「出勤」していることを告げに行くべきかと思っているところに出張に出かけようとする副校長が私を見てびっくりしていた。下校時間帯には、副校長だけが出てきた。「私が来るときだけ、副校長たちが出てくるのは変でしょう」と言うと、「変ですよ。でも監視しないと」と言う。私が生徒に何を言うかわからないから、と言う。正直だ。「私は、あなたたちが生徒に考えさせずに『君が代』を強制することに反対しているのだから、その裏返しの、反対しろ、というような扇動はしませんよ。立川二中の校長たちに聞いてみたらいいですよ。私がそんなことはしないとわかるから」と言っておいた。

5月23、24日の日記から。

23日1件目。「あんた、日本人か」。顔を上げると60代後半位の男性。答える間もなく続けて、「ふん、君が代……国歌だ！」と吐き捨てるように言いながら去ってしまった。

2件目。近くにお住まいの方が私を訪ねてくださっておしゃべりをしているところに突然大きな声で感情を荒げ、「Tさん、ここで何してんのよっ。こんなことに関わるのやめなさいよ」「ホームページを見ると右翼がやってきたというからここにも右翼がやってくるかもしれないでしょ」と。どうも私のことを非難し、その非難の矛先を顔見知りのTさんにぶつけているようなので、自己紹介をし、話を引き継いだ。右翼が直接学校を訪ねたり、私と会ったりはしていないことを言い、私がここに立っているのが迷惑なのは、右翼が来るかもしれないからなのか、立っていること自体がなのか、と聞いた。その人は「立っていることが」と言う。さらに、「静かな住宅地に似合わない」「保護者としては、怖い。気分が悪い」と言う。「保護者、ではなくて、保護者の1人であるあなたは、ですね？　昨年の新聞調査では、都民の70％は処分付き強制に反対でしたから」「気分が悪い、似合わない、ではなく、きちんとお話をしましょう」と伝えた。

24日には、近所の老人や訪ねてくれた友人たちとおしゃべりしているところに、気づくと3人の女性（＝保護者OB2人と保護者1人だとのこと）が険しい表情で私のプラカードを見ている。近寄って自己紹介をし、「何かおっしゃりたいことがあるのですか」と尋ねると、「ここに立たないでほしい」と続けざまに言う。訳を尋ねると、「教員なのだから子どものことを考えなさい」「国歌なのだから起立すべきだ。歌うまではしなくてもいいが」と。「私は教員だからこそ、こうしているんです。社会で起きている事実を子どもたちが知ることはいけないことでしょうか」「国歌だから起立と、なぜ自明の理のように結論づけるんでしょう」とひとこと聞き返したところで、少し前から暗くなっていた空から雨が降り始め、3人は去っていった。私は背後から、「またいらしてください」と声をかけた。この人たちが「子どものために」と言うことと、私の言うそれとはどこがなぜちがうのか。子どもたちがどういう人に育ってほしいと望んでいるのか。両者の意見を出しあい、語りあいたい。意見や行動の押しつけ以前に、相手の意見を聞き考えあう作業が必要、と思うから。

人通りの少ない鶴川二中の前ではあるが、今日も初めて声をかけてくださった方が2人。お1人とはじっくり立ち話をした。もうお1人は立ちどまって、「ご苦労様です」と丁寧に頭を下げられた。

5月31日の日記は、1週間前に文句を言ってきた保護者の激的変化を記しています。

今日はとってもうれしいことがあった。下を向いて書きものをしていたら声をかけられた。見上げてとっさにどなたかわからない私に、「このあいだの」と名乗ってくださった。先週「ここに立つのは迷惑」と怒りをぶつけた1人の保護者だった。あのときとは180度ちがう表情に、わかろうはずがない。「今日はお1人ですね」とおっしゃるので、「私を訪ねる人がときどきいますが、これは私の思いからの、私1人の行動です」と言い、私が起立できない、教員としての理由を話した。きちんと聴いてくださった。きっと真面目な方なんだろうと思った。ぜひお互いに意見を交わしたいと思い、「時間のあるときにぜひお立ち寄りください」とお願いした。人の考えは千差万別ではあるが、人の誠意は考えのちがいを超えて通じるもの。ちがいを擦りあわせ、互いの固定観念を緩め、そうしたらきっと何かが生まれる、と思う。すがすがしい気分で後ろ姿を眺めた。

昼下がり、お子さんの下校を出迎えたかと思われる若いお母さんが私のプラカードを見ていることに気づき、私は走り寄って自己紹介をし、プラカードに書いた「学校は一つの考え（＝国家の考え）を押しつけるところではありません。知り考え、意見を形成するところです」を指して、起立しない理由を話した。「君が代は歴史的に見ても憲法との関係からも問題だと私は思います、でも、嫌いだから着席したのではありません。強制する、一つの価値観を押しつけることに反対だから着席したんです。私は自分が好きなことでも全員がそれを強制されるなら、拒否します。一般には「個性の尊重」と言いながら、「君が代」では個性や個人の意思を認めないのはおかしいと思います」と言うと、彼女は「まったくおかしいですよね。これ（処分）はいじめですね」と怒っていた。そして私のささやかな行動に「ありがとう」と言ってくださった。小学2年生というお子さんが、話に興味を示し、「自分がやられていやなことは人にしちゃあいけない」とずばり。今日も、近所のおじいさんや日課で散歩される方と、長いこと話をした。

停職「出勤」の最後の日、また、貴重な出会いがあった。

昼過ぎ、毎日のようにここを通られる女性が、いつもはいぶかしそうにプラカードを見ていくのに、今日は、「聞きたいことがある」と言ってこられた。4月の初めには、プラカードを見ておられたので、話しかけたら、「ふん！」と言って立ち去った方だった。

「君が代は天皇をたたえる歌ではあるけれど、国歌なのだから、また、先生なのだから、反対でも起立すべき。起立して、歌わなければいいではないか」「北朝鮮のような国になるのはいやだ」とおっしゃる。しかし、話を進めるなかで、「私は君が代を歌うべきではない、歌うな、と言っているのではないですよ」と告げると、まず、非常に驚かれた。「強制することに反対しているんです。自由を奪われ、民主主義が破壊された社会は恐ろしい。自由も民主主義もない、あなたが言われる『北朝鮮のような国』にしたくないから、反対しているんです」「君が代について生徒には歌詞の意味も何も教えずに、起立斉唱をさせるのもまちがっていると思います。親が子どもに、「いただきます」をしつけるときだって、なぜかを話して子どもを納得させるでしょう。それをしないのは、教育ではないですよ」と私が答えたことに、彼女は共感された。「君が代」で免職もありうることを告げるとすごく驚かれ、「ひどい。がんばってくださいね」と最後は、私を激励してくださった。とってもうれしい出来事だった。

この女性はご自分から聞いてくださったので、誤解が解けたのだが、ステレオタイプ式に決めつけ、対話を拒絶する人がいかに多いことか。人が100人いれば、100通りの意見があることを前提にして、意見を交流し、深めあいたいものだとつくづく思う。

停職「出勤」をしたことで「日の丸・君が代」の強制について、道行く人に多少とも問題提起をできたと思います。

仕事に復帰後もやまない「非国民」叩き

授業が始まれば落ち着いていくかと思いましたが、生徒たちの根津叩きはますますエスカレートしていきました。11月には掃除の時間帯に廊下を歩いていたら数人の3年男子が共謀して、教室の下窓から自在ほうきの柄を私の足にかけて来て、私は転倒しました。まったく悪びれた様子はなく、「おめえの味方なんてだあれもいねえよ」。〝普通じゃない〟人には何をしても構わない、ホームレス襲撃事件と同じようなものの考え方や〝非国民〟叩きが、そこにはありました。

3月初めには3年生の授業で縫い回収した雑巾と廊下に投げられていた清掃用モップを抱えて階段を数段降りたところで、モップを投げたらしい生徒数人がモップを奪いに来て、私は階段から突き飛ばされました。そこを2人の教員が通りかかったのですが、1人は見えなかったかのようにすぎていきました。もう1人には訊かれて事情を話しましたが、さほど気に留めた様子はなく、私の話の途中で通りすぎていきました。この2人の行動を〝異常〟と言えるでしょうか。同僚たちは職員室内では私と普通に会話をしたし、「日の丸・君が代」問題を共有できる人もいました。しかし、職員室を一歩出れば私とはほとんど会話をしませんでした。通勤途上でも、バスを降りれば会話をやめました。なぜか。〝第2の根津〟と生徒から、生徒を通して地域から見られることを警戒し恐れたのだと思います。私を突き飛ばした生徒やそれを目撃した生徒たちを前に、黙って立ち去る教員の行為は、生徒たちに〝「非国民」根津〟の感情をさらに醸成させます。このようにして、たちまちのうちに〝「非国民」叩きをする「少国民」〟はつくられると私は実感しました。

3年生だけではなく、1年生も3年生から話を聞かされたのでしょう。11月になると、1年生の授業でも明らかに私を無視し、敵意を露わにする表情をしたり、「君が代」を歌う、「ルールを守らないくせに」と言葉にするなどの行為が日ごとに増えていきました。そこで、このことについて授業で話をしました。それを当時の日記から見てみます。

11月17日（金）／1年生への対応をずっと考えながらの出勤。（略）実際に生徒たちに話した内容は後述するとおりだが、授業に先立ち私が話したいと校長に告げた内容は1点、異なる。最後のところの、「いま正しいと言われていることが真実ではない、まちがったことかもしれない」、ということについてだ。「私はその具体的例を挙げたい。いま、『戦争反対』と言ったら、誰もが『そうだ』と言うでしょう。でもたった60年前、『戦争反対』と言った人は、犯罪人とされ、獄に入れられました。このような、皆が認め、知っている例を挙げて話をしたい」と申し出たところ、佐藤校長は「例をあげると物議を醸し出すかもしれない。認めるわけにはいかない」と言う。私は、「これは国民的な合意のある事実。例示して何の問題がありますか！」「でも、1時間目は始まろうとしている。いまここでの論議は避けて、このことは例示せずに生徒に話をします」と切り上げた。校長には、「是非、私の話すことを聞きに授業に来てほしい」と申し出たが、校長は「聞きたいけど、9時15分に出張しなければならない」ということだった。

席上、校長はこんなことも言っていた。「根津さんは信用しないかもしれないけど、私は7月からは訊いてくる保護者に、根津先生の授業は心配ないよ。よくやっている、と言っている」と。

授業の冒頭、私は生徒たちに次のように話をした。

「授業に入る前に皆さんに話しておきたいことがあります。私は皆さんに家庭科を一生懸命教えよう、皆が家庭科の授業を楽しいと思ってくれるように、授業で知ったことでさらに知りたい、やってみたい、と思えるように、一生懸命授業をしているつもりです。お互いに気持ちよく授業をしたいので、話をします。

私がこの学校に入ってきた7月初めからあったことですが、明らかに私に対して、「うぜえ」「きもい」「ルールを破る」と言い、あるいは、聞こえよがしに「君が代」を歌ったりということが、1年生にもかなりありました。「君が代」が好きな人は歌っていい。歌うなと言っているのではありません。嫌がらせで歌っていることについて言っているのです。いままで私は、そのことを言わずにいました。皆さんと付きあっていくうちにそういう言葉はなくなっていくだろうと思っていたからです。しかし、なくならないどころか、ここのところひどくなっていきます。それで、今日はそのことについて話しておきます。

こうされることについて、根津が喜ぶ、と思う人はいないでしょう。大人の私だって、とってもいやな気分です。私は大人で、年齢的なちがいはありますが、いま問題になっている学校でのいじめと同じことだと思います。多くの人とちがうからいじめてもいい、ということで。

ところで、1年生が学活の時間に書いたいじめに関する意見文、読ませてもらいました。「おお、ここまで考えているのか。すごい」と私は感激しました。学年便りに載っていたのは10数人の意見でしたが、それを読んで「私と同じ」という人はたくさんいたでしょう。友だちのを読んで、「そうか」と気づかされた人もいたでしょう。あの意見文は、1年生みんなの意見だと思います。

そういう1年生ですから、私がされたことについてここまで言えば、もう、何を言いたいのか、考えてほしいと思っているのか、皆さんにはわかると思います。考えてみてください。

7月1日の朝礼で私が挨拶で言った言葉を覚えていますか。私はこう言いました。「私のこと、変なやつ、と思っている人多いでしょうね。でも、変なやつ、でおしまいにせず、なぜ、って聞いてきてくださいね。人は、100人いれば100通りの考え方、感じ方があるものです」と。人には考える力があります。他の人の意見に耳を傾け、そして対話をしましょう。そうやって考えあうことで、気づくことがあったり、理解が深まったり、自分の考えがもてるようになります。成長につながります。これからでも、「根津はおかしい」と思ったら、聞いたり、意見を言ったりしてくださいね。

もう一点、「ルールを守らない」ということに関してです。皆さんは社会のことを知り始めてから年数が経っていないので、いま「正しい」とか「常識」と言われていることがそのまま「正しい」「常識」と思うでしょう。でも、歴史を見れば、後の世になって、「まちがっていた」

と言われたことはいくつもあります。正しいか正しくないかは、時代や集団によって変わってくるんです。ですから、いま「正しい」と言われていることを鵜呑みにせず、常に、自分の頭で考えていってほしいと思います。それが、自分の成長にも、住みよい社会を創ることにもつながると思います。

その後、07年4月の離任式では、生徒たちが私に対し疑問に思ってきた、なぜ起立しないのか、ルールを守らないのかについて、話をしました。「人とちがうことを言うのは、60歳に近い私にとっても、勇気のいることです。だからいま、どきどきしています」と前置きして。

私は「君が代」が嫌いだから立たないのではありません。「日の丸・君が代」について知り考えることをさせずに、ただ立ちなさい、歌いなさいというのは、学校がしてはいけないと思うから、立てない・立たないのです。皆さんは、「君が代」の歌詞の意味や歴史を知っていますか？　教育委員会がなぜ皆に歌ってもらいたいと思っているのか、知っていますか？　考えたことありますか？「斉唱」の前に、「君が代」について学び、考えあう。それが学校のすべきことだと、私は思うのです。行動する前に考えるのは、「君が代」に限りません。

私は30数年間教員として生徒たちに、「考えて行動しよう。みんながやるから、誰かから言われたからやるのではなく、自分で考えて行動しよう」と言ってきました。私自身もそう生きようとしてきました。人間は考える葦である、と言うでしょう。人間は考えるから人間なのです。皆さんには何事も、自分の頭でよく考えて行動していってほしいと願います。

常識、と言われることについても、です。「それは常識」ですませるのではなく、疑問をもち、考えていってほしいと思います。時代や社会によって、常識も変わります。一例を挙げます。いま「戦争反対」と言うと、誰もがそうだ、と思うでしょう。でも、60数年前は、それを言って牢につながれたという歴史があります。

どんなことについても流されずに、自分の頭で考え、行動していってください。そして、思いっきり自分を生きてください。1年間ありがとうございました。お元気で。

11月に校長が禁じた「戦争反対の具体例」については、ここで触れました。

前後しますが、1年生所属の教員で、生徒たちから信頼されている教員から聞かされた話。この教員は、私と最も話が通じる人でした。1人の女子生徒が、「先生へのいじめがある。一番ひどいのが、根津先生へのいじめ。何とかしてほしい、と言ってきた」といいます。「非国民」叩きに乗ることなく、心を痛めた生徒もいたのでした。私が11月17日辺りの授業で話をした、直後のことでした。

鶴川二中を去って1年後の08年3月31日、南大沢学園養護学校卒業式での「君が代」不起立処分は、覚悟を決めていた免職ではなく、2度目の停職6か月処分でした。このことを一般紙やテレビが「根津勝利」と報道してくれ、その報道に鶴川二中の生徒たちも接したことで、これまで私について地域の大人たちから聞かされてきたこととは異なる考えがあることを生徒たちは初めて知りました。「YouTube で見た！」という生徒も大勢いました。

4月初めに鶴川二中に停職「出勤」した際に、以前は悪態をついていた生徒たちが私に寄ってきて、大にぎわいとなりました。「君が代についてはよくわかんないけれど、大勢に嫌がられても、自分を貫き通すのはできることじゃない。何でそこまでできるのか、それを知りたい」と生徒。「何でそこまでするのかって?――私を観察したり、『君が代』について調べ考えたりしたらいいと思うよ。急ぐことはないよ」と言い、「私はまちがっていると思えば、やらない。正しいと思えば、1人でも行動する。みんながやるからやる、ということはしないの」と答えると、別の1人が「先生、KYって知っている?　空気読めないの?」。私は、「読めないではなくて、私は読まないの」と答えました。生徒たちは「根津先生、屈するな！　根津先生、屈するな！」とシュプレヒコールのように小さくこぶしをあげて叫んだりしました。生徒たちは異なる考えがあることを知って、私にこう言ったのですが、それは世論操作と紙一重。簡単に動かされるのも怖いことです。自分の頭で考えることをせずに、報道を即、正しいと信じてしまうということですから。

4月1日の東京新聞朝刊「こちら特報部」は、「大勢動けば変えられる」「君が代不起立処分の根津さん　免職見送りに笑顔」と題し写真入りで、同日の毎日新聞朝刊は「君が代処分『私たちの勝利』免職回避、安どの顔」とこちらも写真入りで大きく報じてくれました。卒業式直後には東京新聞「こちら特報部」が「日の丸・君が代強制反対の根津教諭　卒業式で

起立拒否　教え子ら『辞めさせないで』『もの言えぬ学校になる』」（3月25日）との見出しで本文には石川中の卒業生数人の言葉を入れて、毎日新聞が「記者の目」で「君が代不起立で処分される教師　個の良心認めぬ社会異様」「『お国も間違う』学んだのに」（3月26日）との見出しをつけて、都教委の異常さと私の思いや行動を報じてくれました。信濃毎日新聞や新潟日報、徳島新聞等の地方紙や都庁の管理職らが読む「都政新報」までもが同じ視点で報じてくれました。

停職「出勤」してよかった

鶴川二中では年度末に、生徒による授業に対する言葉での教員評価が行なわれました。数十字書けばいっぱいになるほどの用紙（18㎝×4㎝）が授業を受けた教員数分配られ、そこに書くというものです。私については授業のことではなく、「日の丸・君が代」に関しての記述が相当数ありました。批判を書いた生徒だけでなく、「先生を見ていて、いやなことにはいやと言っていいことがわかりました」などと書いた生徒が何人かいました。たぶん、これまでの学校生活で、例えば「外で遊びなさい」などと皆と同じことをするよう注意され、自己を否定され続けてきた生徒たちが、私を見ることによって自己肯定できるようになったのだと思いました。そうした言葉に、私はこの学校に在職した意味を感じることができました。

鶴川二中在職から9年後には、うれしい出会いがありました。在職時に同中1年生だった福田和香子さんです。彼女について、15年7月27日の朝日新聞一面「折々のことば」で鷲田清一氏が紹介していました。

「この国では意見を持つ行為そのものが、空気が読めないってことになってしまうらしいんです。　福田和香子／式で君が代を歌わない教諭を笑う友だち、気づかないふりした自分、目を塞いだ管理職。そんな苦い記憶から抜け出るためにデモに参加したと、この学生は言う。周りのコンテクスト（脈絡）に自分をはめ込むのでなく、自らコンテクストを紡ぎだしてゆく。個人が一人の『市民』となるのはそこからだ。本紙7月11日の記事から」

私の購読紙は朝日ではなく友人からこの記事を見せてもらって、福田和香子さんの顔が頭に浮かび、「式で君が代を歌わない教諭」は私のことと合点がいきました。すぐに11日の記事にも当たりました。私は当時、ネット上の記事をよく見ていなかったので、SEALDsという学生の組織名は知っていても、そこで福田さんが行動していることまでは知りませんでした。「見ぬふりをする学校側」――中学1年生でここまで見ぬくのかと感心してしまいました。

この記事に出会い、私は国会前で彼女と再会しました。私の行動が、彼女にこのように受けとめてもらえて、とてもうれしくありがたく思いました。生徒たちは、そのときには言葉にしなくても、教員の動きやその姿勢を観察し良くも悪くも学んでいるのです。教員の生きる姿勢が問われます。

07年（06年度）卒業式の夜には、この日に立川二中を卒業した生徒2人からメールが届きました。ネット上で私のアドレスを見つけたのでしょう。

こんにちは。お久しぶりです。立川市立立川第二中学校3年のAKです。今日が卒業式でした。朝、校門にピンクの紙を持った方々がいて、その紙を受け取ると、君が代について書かれたものだったので、すぐに根津先生関係の人だったのだとわかりました。しかし、学校に入ると、学校の先生たちが大きな水色のゴミ箱を傍に置き、立っていました。そして、「その紙、いらないでしょ？」と声をかけてきました。わたしは「大丈夫です」というあまり返答になっていないことを言い、紙を持ったままその場を通りすぎました。この学校側の対応を、私はあまりよく思っていません。捨てるのもとっておくのも生徒・保護者の自由なのに、と思うからです。

その後、卒業式が始まり、祝電披露になると、他校へ行かれた先生方からの祝電をたくさんいただいていたことがわかりました。ですが、主幹の先生が、「時間の都合上、ここからはお名前だけをのべさせていただきます」と言い、その名前の中に、根津先生の名前がありました。他校へ行かれた先生方の祝電は、普通読むはずなのに、根津先生のだけ読まれなかったのです。わたしは、これは「時間の都合」ではなく、「都教育委員会の都合」だと考えます。この対応も、ひどいと思います。

私は、別に君が代に特別な思いもないし、歌うことに抵抗はありませんが、不起立や歌わないなどを理由に処分することにはものすごく憤りを感じます。でも、このような考えが持てたのは、立川二中に根津先生がいたからです。先生がいなければ、不起立問題も知らなかっただろうし、考えもしなかったと思います。先生、2年間でしたが、私に家庭科（↑蒸しパンおいしかった（笑））と、時事問題（？）を教えていただき、ありがとうございました。お身体にお気をつけて、戦い続けて下さい。応援しています。（ピンクの紙は保管しておきたいと思います）

もしよければ、先生が私達卒業生にどんな祝電を送ってくださったか知りたいので、祝電の内容を返信していただければ幸いです。

ＡＫさんに祝電を送りました。

「都教育委員会の都合」と言ったＡＫさんの指摘はずばり。どこの校長も、私のような者からの祝電は教育委員会の手前、紹介してはまずいと思うようです。２００１年度の石川中の卒業式に当たり、私はお祝いのメッセージを学校に送ったのですが、そのメッセージは読み上げられることも掲示されることもなかったそうです。卒業生たちは、１年時に担任だった根津からのメッセージが紹介されないことについて、校長が故意に隠したとピンと来て、卒業式終了後に校長を追及したのだそうです。緊急職員会議を開き元同僚たちも校長を追及し、校長は後日、お詫びの手紙とともにこの卒業学年を担当してその後退職・転出した、私を含む教員３名のメッセージを、卒業生全員に郵送したとのことです。私にも郵送してきました。ブラックジョークそのものです。校長職にある者は、これほどまでに教育委員会を意識するものかとぞっとしました。当時、石川中では議員や地域の有力者を来賓として招くことをしていなかったので、来賓は祝辞を述べる市教委の役職にある1人だけでした。なのに、この過剰な配慮。郵送費用は、校長の負担だったのでしょうね。

いただいたもう1通のメール。

はじめてメール差し上げます。僕は、中学2年生のときに根津先生に家庭科を教えてもらった生徒の一人です。僕も根津先生と同じく「君が代」の強制には、反対します。父の仕事がら今は、あまり強く言えませんが、独立したら反対活動は、積極的にしていきたいと思っています。これからも頑張ってください。心から応援しています。短い文章ですいません。

ＰＳ　先日無事立川二中を卒業しました。ありがとうございます。

「君が代」不起立・停職「出勤」を含む、「日の丸・君が代」の教育実践によって、私にはいろいろな出会いが与えられ、大きな学びができました。

中学生から根津を切り離す？

通常異動先は2月初めに言い渡されますが、私の場合は3月末。「明日が処分発令」と校長から告げられた3月29日（木）に、「次の転任先は南大沢学園養護学校」と告げられました。自身が希望しない養護学校への異動は、これまで聞いたことがありません。

佐藤校長は私を前に、メモを読み上げました。そのメモをほしいと言ったところ、「市教委梅原教職員課長から渡さないよう言われた」とのことでした。こんなことにまで都・市教委の「指導」が入るのです。町田市教委も独自の判断ではなく、都教委から言われたのだと思います。佐藤校長に確認しながら書き留めたメモの文言は、「都教委が照会した全ての教育委員会から根津の受け入れを拒否されたので、都教委は任命権者として、根津の能力を特別支援教育の場において活用するため、都立南大沢学園養護学校への異動を決定したとのことです」というもの。根津を中学生から離すための、また、市教委を介さずに直接都教委が免職にするための、都立学校への異動なのだと思いました。

翌30日（金）は06年度最後の就業日で、私には停職6か月処分が発令されました。この卒業式での不起立被処分者は中学校2、養護学校5、高校28の計35名。うち、今回初めて処分を受けた人が20名。停職は私の他に、河原井さんが停職3か月、渡辺厚子さんが停職1か月。10・23通達以降の被処分者数は延べ381名にのぼりました。続く入学式での処分はありませんでした。年を追うごとに不起立・不伴奏教員は少なくなっていきました。

30日の日記には次のうれしい記述があります。京王八王子駅でのことで、いまも鮮明に記憶しています。

八王子に戻り、友人と呑み、バス停に向かう道で「根津先生！」と声をかけられた。美しい若い女性。11年ぶりの対面、石川中の卒業生、Aさんだった。処分のことを告げると、彼女は都教委への憤りをあらわにし、中学校時代のことを次のように言ってくれた。「中学校の先生たちは本当に私たちのことを考えてくれた。先生たちみんなとっても仲がよかったよね。押しつけでなく、どう思う？　こんな考え方もあるんじゃない？　というふうに、いつも私たちに考えるきっかけをつくってくれた。731部隊のことでも、事実をしっかり知り、考えた。だからいまも、社会のこと政治のこと選挙のこと、考えようとできるんだと思う。とっても感謝している。中学時代の友達と会うと、みんなそう言っているよ」と。処分発令の嫌な日に、とってもうれしい、最高のプレゼントだった。都・市教委からどんなにひどい攻撃・弾圧を受けても、おかしいことはおかしいと言い続けようと思える、私の活力の源は、私と出会った生徒たちのこうした言葉。ありがとう。今日の疲れがいっぺんに吹き飛び、さわやかな風が私の体を包んだ。

日教組は「日の丸・君が代」の闘いを支援しなかったと前述しましたが、日教組所属であっても、私が所属した多摩教組と町田教組、東京都障害児学校労働組合（都障労組）はそうではありませんでした。多摩教組はすでに述べたように、多摩市多摩中から立川市立川二中までの闘いで支援してくれました（多摩市、調布市、立川市ともに多摩教組に所属）。町田市鶴川二中に異動となって私の所属組合は町田教組となりました。町田教組（菊岡伸一委員長）

は、町田市在住のピアニスト・崔善愛《チェソンエ》さんのコンサートを、大会場を借りて開催し、また、私の家庭科の模擬授業・集会を開き、市民に「日の丸・君が代」問題と私のことを広めてくれました。1年で私が町田から転出して以降も、私の定年退職まで支援行動を続けてくれました。定年退職となってからは、私は月2回の都教委定例会を傍聴し、同日朝は「させない会」として、出勤する都庁職員にチラシを配りマイクで訴えたのですが、そこにも菊岡さんは毎回参加してくれました。彼と私は同年齢、したがって定年退職も同時ですが、こんなふうに自分ごととして行動した菊岡さんに私は心から感謝し、信頼を寄せています。

その後都立学校に異動になってからは、私の所属は、河原井さんと同じ都障労組。09年に停職6か月処分を受けた際に、組合員への情宣や都教委への抗議だけでなく、1か月分の賃金を支給してもくれました。この3つの組合はどれも組合員数は少なく、支援することは財政的に苦しかったはずです。

Ⅳ　2007年度　都立南大沢学園養護学校で

停職6か月処分にされた07年4月からの6か月間、私は南大沢学園養護学校、鶴川第二中学校、立川第二中学校と都庁に停職「出勤」しました。都庁前でのチラシ撒きには少なくても20人、多いときには30人以上の人が参加してくれました。

4月2日（月）の日記から。

朝、真っさきに外に出てみた。夜中の雨はほとんど上がり、ときおり霧雨が降る程度。まずはほっとした。今日は、南大沢学園養護学校に初の停職「出勤」。

30日に校長面接に行った折、「2日に行なわれる職員紹介で私を紹介してほしい。自己紹介もさせてほしい」と校長にお願いしたが、「都教委に訊かなければわからない」とのこと。この日帰宅すると、「参加はできないことを都教委と確認した」とファックスが入っていた。このままでは6か月間、私は〝ユウレイ〟にされてしまう。いやだ。出勤する職員に手紙を手渡そう、と決めた。こんなことにまで都教委にお伺いを立てる尾崎校長。この先が思いやられる。

7時40分、校門前着。友人2人が同行してくれた。「おはようございます。今日からここの職員になりました根津と申します。『君が代』で停職6か月の……」と自己紹介し、一人ひとりに手紙を手渡した。「新聞で見ました。がんばってください」「私たちの代表でやってくださっていて、と思っています。ありがとうございます」「来られたこと、友人から聞いています」などと言ってくださる方もいて、1人じゃない、とうれしかった。でもやっぱり一方に、手を出してくれない人や、「中に入るようになってからいただきます」という人も。まあ、これが社会だけれど。

手渡し始めてまもなく、2人の副校長が私に、「やめてほしい」と言いに来た。学校管理者側の「職務」を意識して来たのだろうか。その割には、2人は、すぐに中に入ってしまった。

今日は、短時間で停職「出勤」を終えた。

以下の手紙を手渡した。

南大沢学園養護学校教職員の皆さま

4月1日付でこの学校に異動になった根津公子と申します。31日付新聞報道でご存じかと思いますが、今年もこの3月の卒業式の際の「君が代」不起立・不伴奏で35名の教職員が懲戒処分を受けました。私は、停職6か月に処され、ここの職員になったにもかかわらず、中に入ることができません。自己紹介だけでもさせてほしいと校長にお願いしたのですが、「都教委

くださいますようお願い申し上げます。そして、1年間どうぞよろしくお願いいたします。

そこで、紙面をもって自己紹介等させていただきたいと思います。どうぞ、最後までお読みくださいますようお願い申し上げます。そして、1年間どうぞよろしくお願いいたします。

◇◇◇　◇◇◇　◇◇◇

1950年生まれの56歳。担当教科は家庭科です。新任校は江東区立大島中学校でしたが、第一子の喘息《ぜんそく》で八王子に転居。喘息が軽減するまでの数年間は市内の小学校に、その後は同じ市内の中学校2校に10年ずつ在職し、担当教科の授業づくりだけでなく、学年職員集団で平和教育等に情熱を注いできました。とっても楽しい日々でした。

2000年に八王子から多摩に、2003年以降は、調布、立川、町田の各中学校に1～2年での異動を強行されてきました。

ですから、養護学校の経験はまったくありませんし、知識もありません。皆さんから教えていただくことばかりだと思います。よろしくお願いします。

ところで、停職6か月の先はもう猶予はなく、次は免職です。ですから、1年後の卒業式で、校長が起立を求める職務命令を出さない決断をしてくれない限り、私は免職にされます。免職覚悟で、おかしいことにはおかしいと言い、行動していくつもりです。

私は「君が代」が国民主権の憲法に抵触し、歴史的清算も終わっていないと考えます。しかし、だから起立しないのではありません。「君が代」に限らず、強制に反対なのです。（略）

さて、養護学校の子どもたちとの接触がなかった私がここで養護学校と「日の丸・君が代」、あるいは「君が代」について申し述べるのはおこがましいことですが、誰を対象としても、教育の条理にちがいはないと思います。強制で縛るのではなく、自分の気持ちを出しあい、考えあい尊重しあってともに進んでいくことが大事だと思います。とりわけて知的障がいや学歴に対する偏見・差別が根強く残る日本社会において、ここに通う子どもたちが、自己に誇りをもち、正当に自己を主張し表現して生きていくことを学び取ってほしいと思います。そのとき、「君が代」の強制は子どもたちの学びを妨げるものになるはずです。

東京の教職員で、都教委の「君が代」強制・処分に賛成する人はほとんどいないだろうと思います。校長たちも賛成ばかりではないようです。

私は2年前の卒業式での体験で、もう自分に嘘をつくのはやめよう。おかしいことにはおかしいと言っていこうと決めました。治安維持法下では、生命の危険に晒されましたが、いまはまだ生命の危険はないですし、56歳の私には養育義務も家庭責任もありません。懲戒免職になっても何とか生きてはいけます。だから、大して迷うことなく、この決断ができたのだと思います。将来があり、家庭責任がある若い人たちの分も声をあげたいと思っています。

停職期間中、私は不当処分に納得していませんし、仕事をする意思が十分ありますので、「君が代」処分を受けた当時の学校（立川、町田）、そして今日から着任するはずだったここに、順繰りに校門前まで「出勤」します。また、都教委には抗議に行きます。

皆さま、どうぞご理解ください。声をかけてくださるとうれしいです。

2007年4月2日

根津公子

停職6か月が明けた10月1日、南大沢学園養護学校に初出勤。この日の日記は、こう記します。

前夜はいつもより早くに布団に入ったけれど、やっぱりほとんど一睡もできずに朝を迎えた。7時半校門前に着くと、もう何人か、校門前「出勤」に同行してくれる人の姿があった。いつも7時50分過ぎに校門を通過する尾崎校長がこの日は、私が着いて間もなく出勤してきた。「あら、今朝は早いんですね」と声をかけたが、校長は黙って頭を下げ、中に入っていった。光本さん（八教組平和教育部の仲間）が作ってきてくれた「根津さんを解雇しないでください」「校長先生、職務命令を出さないでください」などと書いた何枚ものプラカードを読んでもらう間もなく。そこでみんなは、校舎内にいる校長に向かって、プラカードの言葉を唱和した。辺りは静かなので、声は校長にしっかり届いただろう。

私を激励しに集まってくれた15人の人たちと出勤式をした。私は、「今日は仕事に復帰の日であり、同時に解雇に向かうカウントダウンの日でもあります。でもいまは、いよいよ仕事だ、とうれしくて、よっしゃ！　がんばるぞ！　という気持ちです」と挨拶した。近藤順一さん（八王子市立第五中学校夜間学級の教員）から黄色のバラの花束をプレゼントされ、とっても感激。たくさんの力を得て、8時過ぎ、校舎に入った。

今日は都民の日で生徒はお休み、教職員もちらほらしか出勤して来なかった。出勤している人と挨拶を交わしながら、皆さんの机上に用意してきた挨拶文を置いた。朝の職員打ちあわせで校長から紹介され、自己紹介をさせてもらった。

午前中校長から学校の説明があったのだが、冒頭、「発令書を渡します」と言われた。案の定、卒業式での不起立に対する再発防止研修を受講せよという発令書だった。「再発防止研修」は10月4日。何はさておき、最初に発令書を渡す尾崎校長に、私はもっと優先してかける言葉はもたないのかしら、と思った。

この学校は、開校11年目なのだそうだが、2年後（？）には小・中学部はなくなり、開校当時の母体校だった多摩養護学校に戻り、高等部と職業科の学校に変わるのだという。正確には覚えていないが、おおよそこのようなことを聞かされた。この話はいつから出ていたのか尋ねると、11年前の開校から数年後のことだそうだ。「開校数年で廃校とは、あまりに見通しのない計画だったのではないか。卒業した子どもたちの母校がなくなるというのは大ごとだと思いますが、校長はどうお考えですか」と聞いたが、「都教委のやることを実行するのが校長の仕事ですから」と、考えは聞かせてもらえなかった。私は、「現場の声を都教委に伝え、橋渡しをするのが校長の仕事だと私は思いますよ」と言ったが、返事はなかった。この校長ばかりではなく、知る限りどの校長もが、校長は教育委員会から派遣された伝達・執行および監視役と、思いこんでいる。学校教育法上は、校長は教育委員会から独立しているのに。

机上に置いた挨拶文は次のとおり。

南大沢学園養護学校教職員の皆さま

今日から出勤しました。停職中は、たくさんの方から声をかけていただき、元気を与えられました。子どもたちの顔もずいぶん覚えましたし、送迎される保護者とも多少とも知りあい、私の気持ちは意欲に満ちています。しかし何分にも養護学校は初めてのこと、戸惑いの連続かと思います。

皆さま、どうぞご指導のほど、よろしくお願い申し上げます。

さて、いま東京の学校は、子どもたちの声を救いあげ、知恵を出しあい話しあい、教職員の総意で学校が動いていた、民主的で自由闊達なかつての学校とは大きく変わってしまいました。都教委の通達や通知が幅を利かせ、理不尽なことや子どもたちの幸せに背反することが進行しています。パワーハラスメントによって新採用の小学校教員が2年連続して自死に追いこまれもしました。私は1人の教員として、いまを看過することができずにいます。若い方には、その比較が難しいでしょうが、長く学校に身をおいてきた私には、現在の学校現場に非常な危機感をもちます。

足立区での学力テストで、不正や障がいをもった子どもの答案抜き取りがありました。私はこれについて、ひとり校長の問題ではなく、上意下達の組織の中で、起こるべくして起きたことだと考えています。都教委が地区毎の成績順位を発表するなかで、足立区教委は「最下位」を脱却すべく、区内順位によって学校予算に差をつけようとしたり、事前に予想練習問題を配布しようとしました。その区教委の指示を果たそうとする余り、校長は判断力を失いました。そして、その校長の誤りを教職員は指摘できませんでした。誰もが、上意下達のピラミッド体制に組みこまれ、「おかしい！」と言える人がいなくなったために起きたことです。職員会議がかつてのように最高議決機関として位置づけられていたら、起こらなかったことでしょう。この事件は、都教委の進める上意下達体制下で組織の構成員が判断力を失い、その結果教育破壊を招いたという一例です。（略）

私は、現場にいる私たちがおかしいことにはおかしいと、当たり前に発言することが何よりも大事だと思います。それを取り戻したいです。私たち教職員が、それぞれの教育的信念をもち寄り、論議を深めることで、責任のもてる教育活動が実現するはずです。また、子どもの成長や幸せを願う気持ちは、教員皆同じですから、話しあいを重ねることによって一致点が見出せ、子どもたちにとっても教職員にとっても楽しい学校をつくれるはずです。私は体験を通してそれを確信します。私だけでなく、年配の人たちは、そうした体験をされてきただろうと思います。私はそのような学校を取り戻したいです。こんなことを念頭に置き、皆さんに教えていただきながら、ご一緒に仕事をしたいと願っています。（後略）

２００７年10月1日　　根津公子

校長の職務は根津をクビにすること？

私が担当した生徒はおむつで用を足していたのですが、肌が弱く腫れあがり痛そうだったので、毎日シャワーで洗ってあげました。しばらくして冬に向かい寒かろうと、トイレでの用足しを試みました。失敗は毎日、日に何度もありましたが、それは着替えをさせ掃除をすればすむこと。校庭での泥遊びで着替えることもかなりあり、私は復帰し生徒と対面した翌日から数着の着替えを用意しました。その手持ちのトレーナーの何枚かには「日の丸・君が代強制反対」「OBJECTION　HINOMARU　KIMIGAYO」のロゴが入っていたのですが、都教委はそれを私への攻撃に使いました。仕事着は貸与されませんから、手持ちの衣服を使うのは当たり前のことなのに、です。

尾崎校長と鈴木副校長は、自身の任務は根津をクビにすることと思わされていたようです。10月に復帰して数日もたたないうちに校長・副校長は「背中の『OBJECTION　HINOMARU　KIMIGAYO』、胸の『日の丸・君が代反対』は、生徒指導の前で着用するのは不適切。学習指導要領に反対を唱えるのは学校現場ではふさわしくない。着用しないでください。校長としてのお願いです」と言ってきました。そしてそれ以降毎日、同じことを言い、「職務命令違反・職務専念義務違反です。西部支援センターに報告します」と付け加えました。「お願いがなぜ、職務命令違反なのか」と問うと、校長は「都教委に聞いてくれ」。自身が説明できないのを恥とも思わないようでした。

10月24日、トレーナーの件について同僚たちに知ってもらおうと、朝の職員打ちあわせの前に経過記録を机上に配布し、打ちあわせ開始2、3分前に日直（司会）の教員に発言を申し出ました。打ちあわせになり、指名された人の発言がすむと、「打ちあわせを終えます」

と司会は言ったのです。「私、発言を申し出ていたじゃないですか」と言いながらあわてて司会のところに行き、マイクをもらおうとしたら、渡そうとしません。ここで、司会がうっかり忘れていたのではないことがわかりました。私はマイクを手にし、「机上にお配りしたプリントは、校長の私に対する攻撃ですが、これは一個人の問題ではなく、職場全体にかけられた攻撃だと思います。このようなことを放置してしまえば、職場の自由はさらになくなってしまうので、この間の経過をまとめました。ご承知おきください」と発言しました。席に戻る私に校長が「個人のことはやめてください」と言うので、「いいえ、これは仕事のなかで起こされたことで、職場全体の問題です」と、100人の同僚に向かって大きな声で言いました。

午後、生徒と一緒に歩いているところを鈴木副校長が呼びとめ、「個人的な文書は配ってはいけない。10月1日にも配ったが、やめてください」と言いました。どこに問題があるというのかを聞いても答えませんでした。「私はこれからも配ります」と告げておきました。

着用禁止は尾崎校長ひとりの判断ではなく、都教委の「指導・助言」によったことはまちがいありません。校長が毎日都教委に提出する「根津に関する報告」にトレーナーの文字について報告したことから、ことは始まったはずです。尾崎校長・鈴木副校長ともに平教員の時代には組合の役員をしていたそうですが、このときには自身の昇進しか頭にはないようで、子どもと廊下ですれちがっても、にこりともしませんでした。子どもたちと心を交わしたいという気持ちは持ちあわせていないと断言してよく、こうした人には辞めてもらいたいと本心から思いました。

トレーナーの件で2月1日に都教委事情聴取があると校長から告げられました。その前日の全校連絡会（＝すでに「職員会議」とは言わず）の報告に「服務事故防止について」があったので、私はそれに絡めて明日の事情聴取の理由について質問をしました。まずは、服装は個人の自由に属する問題であることを述べたうえで、「そのトレーナーを着ていても私は職務には専念していました。真面目に仕事をしていましたよ」と言うと、私の向かいに席をとっていたSさんが大きくうなずいてくれたので、「ですよね」と付け足しました。「まじめに仕事をしていたのに、なぜ、職務専念義務違反なのかを校長は説明してほしい」「ここで皆さんに経過等を話し質問をするのは、これは根津個人の問題ではなく、こんなことがまかり通る組織は誰もが働きにくくなってしまう、職場全体の問題だと思うからです」とここでも個人の問題ではないことを確認して発言したところ、校長はひとこと、「答えません」。

この会が終わると同じ中学部のSさんが「校長に『答えない』はないでしょ？　答えられないなら、いついつ答えるくらいのことは言うべき、と告げてくる」と言って校長のところに行きました。Sさんのことを私と同じクラスを担当する若いOさんに告げると、Oさんは「仕事に専念していますって、私が言わなきゃいけない、どうしようと思ったんだけど」と。「校長の発言、おかしいよね」とIさんが声をかけてくれ、それに対し、Aさんが「私たちが黙っているからいけないのよね」と。中学部の教員の誰もが、私に好意的、校長には批判的でした。

翌朝の学年打ちあわせでSさんからあった報告はうれしかったです。学部の代表3人で校長が「答えない」と言ったことについて、抗議に行ってくれたというのです。答えない理由について校長は、「根津はすぐにブログに書く。そうすると校長に抗議の電話がかかってくる」と言ったといいます。「何の説明にもなっていないよ」とOさんは正確に見ていました。抗議の電話があったなら、校長として説明責任を果たし誠実に対応すればいいだけのこと。かえって、苦情を寄せた市民に対して説明する機会を得たと思えばいいだろうに、と私は思ったのですが。

都教委は

翌2月1日はトレーナー着用についての事情聴取。都教委は卒業式での「君が代」不起立免職を待たずに、トレーナーでの処分を考えているのか、卒業式および入学式に出席できないようにその期間を停職処分にしようとしているのか、と思いました。呼び出しを受けた都庁舎27階に行くと、駆けつけてくれた大勢の人たち、50人もの人が、都教委の警備に阻まれながら抗議行動をしてくれていました。

警備の人たちの方向に向かって「担当者は誰ですか」と言うと、名札を外した職員が出てきたので、名前と役職、そして今日ここに呼ばれた理由の説明を求めましたが、答えません。「人を呼びつけておいて、呼び出す側は名前も名乗らない。呼び出した理由も説明しない。そちらが名乗り、説明するのが当然でしょう」と言うと、「事情聴取のなかで言います。事情聴取を受ける気がありますか」を連呼し、「これが最後です。事情聴取を受ける気がありますか」と脅しました。事情聴取の前に私の質問に答えることを確認して取調べの部屋に入りました。いつものことですが、都教委は処分発令の前に事情聴取の機会を与えてやっているのだと言わんばかりの高飛車な姿勢です。

聴取者は高橋人事部職員課主任管理主事、記録は大野職員課服務担当副参事。校長も同席しました。校長の同席は内規にあるのでしょうが、地方公務員法で職務命令を出せるのは校長だけ。必要があれば被聴取者に職務命令を出させるための同席なのか、と事情聴取のたびに思いました。

事情聴取では冒頭、「平成19年10月19日から11月22日、前面に『強制反対　日の丸　君が代』、背面に『OBJECTION　HINOMARU　KIMIGAYO』と印刷されたトレーナーやTシャツを着用した。それが、職務命令違反、職務専念義務違反」と校長から事故報告が上がったといいます。

高橋主任管理主事は、「10月11日2時35分、校長より指導を受けましたか」「10月12日8時20分、10月15日10時45分、（まだまだ続く）鈴木副校長から着替えるように言われましたか」「10月18日8時50分、19日8時50分、尾崎校長からふさわしくありません、着替えてください、これは職務命令です、職務専念義務違反になります、と言われたあとも同トレーナーを着用し続けたのは事実ですか」「10月24日、8時30分頃、職員打ちあわせ終了後、副校長が制止したにもかかわらず、マイクでトレーナー着用について机上にプリントを置いたと発言したのは事実ですか」と聞いてきました。

私の答えは、

「記録を持参していないので答えられません。制服の指定があり支給されるのであれば、聞かれることもわかりますが、個人負担の服ですよ。服装の表現がわいせつ罪などの犯罪に抵触しない限り、まったく個人の好みに属する問題です。地方公務員法を適用できることではないはずです」

「職務命令を受けた認識は、私にはありません。『職務命令です。職務専念義務違反です』と言う校長に、職務命令かを聞いても『答えません』『都教委に聞いてくれ』だったり、12月6日には『職務命令ではないでしょう』と言う私に、『職務専念義務違反です』と答えるなどでしたから、職務命令の認識はありません。このトレーナーはただの作業着で、仕事中にトレーナーの文字のことなど考えることはなく、一生懸命に職務に専念しています。職務専念義務違反などあり得ません。一方、校長は職務中、日常的に居眠りをしています。私は廊下を通ったときにかなりの頻度でそれを見ましたが、これまではたまたま見てしまったのかと思っていました。しかしちがいました。校長が私について職務専念義務違反で事故報告をあげたことについて、同僚たちは『校長の居眠りは職務専念義務違反にならないのかと思いましたよ』『職場の人はみんな（居眠りを）知っていますよ』と私に告げました。校長の日常的な居眠りは、私だけの認識ではなかったことがわかりました。さて、校長の居眠りは職務専念義務違反ではないのですか。私のトレーナー着用と校長の居眠りとどちらが職務専念義務違反でしょうか」

「このトレーナーを私はこれまで何年も勤務中に着ていましたが、着用を禁止したり、事故報告を出したりした校長は、この尾崎校長だけ。他には1人もいませんでした。今日も東京のどこかの学校でこのトレーナーを着用している教員がいます。全国にもいます。なぜ、尾崎校長だけがこのようなことをできるのですか。その根拠は何ですか」

「職員打ちあわせでの発言は、事前に当日の司会者に申し出て、『最後に』発言することを確認していたことでした」

私の質問に高橋主任管理主事は、「答える立場にありません」を繰り返すのみでした。

私が服務事故など起こしていない、職務に専念していると述べ続けているのに、聴取の最後の質問は、「今回の事故についてどのように責任を感じていますか。また、どのように責任を取ろうとしていますか」と聞いてきました。「それは、私への質問としては適切ではありません」と答えるしかありませんでした。

1時過ぎから始まった事情聴取は、休憩時間を確保する配慮もないまま行なわれ、私が学校の休憩時間が始まる3時35分を1分過ぎたところでそれを要求するまで、校長も聴取担当者も知らんぷり。「休憩時間を与えなければならない」のは私の職務ではなく、校長の職務に属すること。しかし、指摘されても反省のひとこともありません。休憩時間をはさんで事情聴取の再開、5時少し前に終了となりました。

事情聴取のなかでも校長は居眠りをしていました。「校長、目をつぶるんじゃない！」と私が言うと、校長は「寝ていません」。「あなたは、私の監視に来ているんですよ。目をつぶっていて、監視できるわけないでしょう」と切り返すと、黙りました。高橋主任管理主事はそれを見ていましたが、ひとこともありませんでした。

高橋主任管理主事が「事情聴取の場は、質問をするところではない。答える立場にない」と言うので、公開質問書をＦＡＸで送り、翌日、直接足を運びました。数日後、「ご質問のすべてについて、回答することができません。これが回答です」。日ごろから教員に向かっては説明責任云々を言う都教委の、これが「回答」でした。

２月14日（木）の教育委員会定例会では、非公開議題に私のトレーナー着用の処分案件も提案されるだろうと踏み、12日夕刻から３日間、都庁舎27階に入る都教委に対し私個人で、また、「させない会」で「処分をするな」と要請行動を行ないました。

前線に配置された金井職員課任用係長が着用していたチョッキの胸には「ＨＯＬＩＤＡＹ」の文字。根津を「職務専念義務違反だとして事情聴取しておきながら、『ＨＯＬＩＤＡＹ』は職務専念義務違反にはならないんですか」と私たちは何度も聞いたのですが、同係長は答えません。係長は翌日からは、このチョッキの着用をやめましたが、私たちは、この任用係長を「ホリデー金井」と呼びました。

「高橋主任管理主事に会わせてほしい」と要求し続けたことに対して、対応に当たったホリデー金井と服務係長は、初めは「今日は会えない」と言い、「夜中でも朝でもいい」と言う私に、高橋主任管理主事は、「今日も明日も今後も根津さんとは会いません。これは組織の決定です」と言いました。ならばと、回答できる職にある教育長に面会すべく、教育長室のある30階に行きました。当然のようにそこも厳戒態勢が敷かれていましたが、私たちは要求し続けました。

14日は都庁の警備員だけでなく、公安警察と思しき人が投入され、その数は少なくとも10人にのぼりました。早朝チラシまきをし、教育委員会定例会を大勢で傍聴したあと、くり返しくり返し要請を行ないました。「悪いことはしていない。命令に従っただけ」のアイヒマンのごとき動きをする職員の1人にでも言葉を届かせたい、と思いながら。表情から、ごくまれにこの職員は感じたな、と読み取れる一瞬がありました。

私1人の行動に連日たくさんの方が参加してくださり、12日は30人、13日は100人ほど、都教育委員会定例会が行なわれた14日には120人もの方が、私を支え都教委にもの申してくれました。広島と大阪からも、また、石川中時代の最後の教え子も2人が駆けつけてくれ、元気をもらいました。たまたま自動車免許の更新手続きに来た石川中の初期の教え子が、マイクから聞こえてきた「根津公子」という名前につられて、街宣中の仲間にわけを尋ね、要求行動をしている30階まで私を訪ねてくれました。

食堂で働く方は「大盛り」をプレゼントしてくださいました。「なぜ私に?」と聞くと、「がんばっているから」との返事。こうしたうれしい出来事にも遭遇しました。

殺されるのを座して待つことはできない。「させない会」では、署名のお願いに取り組み、また、あまりにひどい都の教育行政を全国の人たちに知ってほしいと、無謀にも一般紙の意見広告掲載を考えました。「賛同のお願い」をしたところ、2、162名の個人と213団体から賛同をいただき、3月1、2日の朝日新聞、3月18日の読売新聞（関東各県）に掲載できました。

3月10日は全日、「させない会」主催の「君が代解雇をさせない都庁前ONE DAYアクション」を行ないました。多摩教組、町田教組に加え、都障労組も動いてくれ、150人を優に超える人たちが集まってくれたことは、都教委に多少とも圧

朝日新聞掲載の意見広告

読売新聞掲載の意見広告

力になったと思います。

翌11日からはウィークデイの毎日、私は生徒が帰ると年休を後ろ1時間（＝休息と合わせて15時35分から）とり、都教委に「私をクビにしないで」と言いに行きました。支援に駆けつけてくれる人たちは段々と増え、多いときには200人にのぼりました。

都教委は初任者と思われる若い職員十数人を最前線に立たせて盾にしていました。その人たちの様子から推察するに、都教委は「根津や支援者と目を合わせるな。質問には答えるな」と指示したのだと思います。都教委にとっては、これも大事な初任者研修だったのでしょう。その後ろには多数の警備員を配置し、都教委の中間管理職の人たちは20時半には中から鍵をかけ、出てきません。したがって、私は質問・要求に答えがもらえません。なので、答えを待ち続け、都庁を引き上げるのは23時30分。私が八王子駅発1時の終バスに間にあう時刻に合わせてのことでした。2月の事情聴取以来、東京新聞をはじめとする各社の報道が、私ではなく都教委を問題視してくれたことが大きく影響したと思うのですが、3月半ばになってもトレーナー着用での処分は出されませんでした。

3月24日の卒業式の翌日は、最後の授業日であり修了式、生徒たちとのお別れの日でした。私は10年以上過ぎたいまもこの日のことが鮮明に頭にあります。日記から。

25日。職員朝会の最中の8時30分過ぎに、副校長が私にメモのようなA4の紙を差し出し、都教委の事情聴取に行くよう告げた。「10時30分、都教職員センター」とある。30分以内に学校を出なければ、間にあわない時刻に事情聴取を告げるとは、何と言うことか?! 年休や出張で授業を空けるときには、養護学校では生徒の安全上、かなり前から学年の教員たちに伝えておくことになっている。それを校長や副校長は当然知っていながら、あえて私にはこのような嫌がらせをする。私は、「この時間設定では、教育活動上、行くことはできません。生徒の下校は1時50分。それに合わせて時刻を変更してください。校務を優先するのは当たり前でしょう」と言い、紙を副校長の机上に返すが、副校長は「だめです。この時間に行きなさい」と言い、紙を私の机上に戻す。何度かそれを繰り返し、そこにやってきた校長にも時刻の変更を申し出たが、まったく取りあわない。「事情聴取の時刻を授業に差し支えのないようにして、何が問題なのですか! ここまでひどい管理職は、他にはいませんね」とひとこと言い、私は生徒のお迎えに走った。

修了式での合唱では、「あなたに会えてほんとによかった 優しい心ありがとう 優しいこころありがとう グッデイ グッバイ グッデイ グッバイ マイ フレンド♬」と歌い出すと、私の感情は堰を切るように押さえが効かなくなってしまった。私の手を握る生徒たちを抱きしめたかった。

修了式のあとは、貯金学習で郵便局に出かけたのだけれど、生徒たちのしぐさの一つひとつに私の感情は反応してしまう。一人ひとりに、「あなたに会えてほんとによかった。優しい心ありがとう、やさしいこころありがとう」と音楽の時間に覚えたフレーズを声に出さずに口ずさみながら、感謝した。1人とめどもなく、涙を流した。パソコンでこれを打ちながらも、涙がとまらなくなってしまう。帰り道、公園で生徒たちを囲んで写真を撮ってくれた同僚たちの心遣いに感謝した。

事情聴取の出張命令に従っていたら、得られなかったこの時間。よくぞ、都教委はこういう時間に出張命令を出したものだ！　その怒りから、夕方からの人事部への要請行動では、責任者として私の前に立ったホリデイ金井に、「10時30分、子どもたちとの最後の日の授業時間帯に事情聴取を設定した理由と設定した人を教えてください。金井さん、あなたですか、これを設定したのは。それとも、市原服務係長ですか」と質した。「ここは話しあいをするところでも質問を受けるところでもありません」「私は根津さんにお答えする考えはありません」「人事部長にも教育長にも、会わせる考えは、私にはありません」としか言わない人を相手に、むなしくも……。

例に倣い20時半頃になると、ここに立つことで「踏み絵」を踏まされ、試されているだろう若い職員と警備員をバリケード役にしたまま、係長2人は部屋に引き上げてしまった。「係長、人事部長、出てきてください」と呼ぶだけではむなしい。そうだ！　と思いつき、バリケード役の人たちに、私のことを報じた今日の東京新聞の記事を読み上げ、語った。今日の東京新聞「こちら特報部」はとってもいい視点で、私のことを大きく報じてくれた。読んでいて、心を動かす職員がいる手ごたえを感じた。

都教委の中間管理職は、このようにして若い職員に「踏み絵」を踏ませ、管理・支配を徹底したのでした。28日の日記から。

3月28日の都教委定例会では非公開議題だが処分案件が出されるので、仲間たちが傍聴してくれた。そこで、根津への免職処分を出さないよう要請した2万9千筆もの署名綴りも、たくさんの個人・団体が出してくれた要請書も、教育委員たちには一切届けられてないことが、竹花教育委員の発言から明らかになったとのこと。ホリデイ金井職員課任用係長はこれまで、「所管窓口である職員課が、要請書や請願書を受け取る。あとは、職員課の判断で処理する」と抽象的に言ってきたので、宛名人である教育委員や教育長へは届いていないのではないか、と疑念をもってきたが、そのとおりだった。憲法が保障する請願権を破棄することがどういうことなのかを都教委事務方は認識していないのだった。

ホリデイ金井任用係長はこの日の夕刻、27階のエレベーターホール近くの、ガードマンと7人くらいの職員がいたところで薄ら笑いを浮かべながら、「これから30階に行って、からかってくるか」と言ったとのこと。その発言をこっそり1人の職員が教えてくれたので、私は金井任用係長を追及した。嘘も方便、「私は録音していたんですよ」と言うと、金井任用係長の表情がさっと変わった。「仕事に責任と誇りをもっている」と私たちに向かって言ってのける金井任用係長の都民への対応は「からかい」だったということ。この日のやはり夕刻、「教育長が根津をクビにできなかったと地団駄踏んでいた」と教えてくれた職員もいた。職員のなかにも、都教委の対応に辟易としている人が少なからずいる、ということだ。

クビにはできなかった

続けて、処分発令の31日の日記から。

28日の教育委員会定例会で処分が決定され、該当者には処分発令の出張命令が出されたというのに、私にはそれがされなかった。とすれば、私は停職処分ではなく免職まちがいなし、と思わざるを得ない。免職に対する根津の支援者たちの抗議行動を予想して、都教委は私に出張命令を出さないのだと思ったのだった。いよいよ明日が処分発令日という30日の夜、私は免職以外の可能性はまったくないと踏んで抗議声明を書いた（打った）。免職にさせないために、この2か月やれることはすべてやった、後悔はない、明日の処分発令を新たな闘いの出発にしよう、そう思いながら書いた。普段より早くに布団に入ったけれど、あまり眠ることができずに朝を迎えた。

31日は7時30分、学校に到着。冷たい雨が降るなかを、すでに何人もの友人たちが校門前に来てくれていた。荷物を職員室に置いたあと、支援に来てくれた人たちとともに、役職にある都教委職員の登場を待った。報道関係者も多数来てくれ、取材に応じた。8時25分の始業に合わせて、私は2階の職員室に戻った。窓ガラス越しにみんなの顔が見え、訴える声が聞こえてくる。出勤している職員は少なかったので遠慮気味に窓を開けて、みんなの話に耳を傾け、一人ひとりの顔を追った。泣き声で途切れ途切れになりながらマイクで訴える友人、知人たち。06年度に在職した鶴川二中学区のお母さんたち、子どもたち。小学生のTさんの笑顔が私の目に飛びこんだ途端、私の中で強力なパワーが駆けめぐった。埼玉の80代半ばを超える益永スミコさん、北海道、大阪、愛知、広島、福岡、長野からも。死刑台に上らされる私を見守り、校長や都教委に抗議しようと駆けつけてくださったたくさんの方々（90人に近い、と聞かされた）に支えられていることに感謝した。部屋の中にいても寒いほど花冷えのする、おまけに雨が降りしきるなかで、時間ばかりが経っていく。皆さん、予想もしない寒さに、大丈夫だろうか。都教委はここには来ないのか。どこかに私を呼び出すのだろうか。いろんなことが頭を去来する。

「都教委が来た！」と誰かが叫ぶ声に下を見ると、1人は見覚えのある顔だった。都教委の役人だ。まちがいない！　時計を見ると針は、9時27分を指していた。10時頃、鈴木副校長が私を呼びに来た。「根津さん、お伝えすることがあるので、校長室に来てください」。校長も来て、「10時30分までに来なければ、受領拒否と見なします」と居丈高に言う。同僚の1人が、「私たちにできること、何かある」と聞いてくれた。「付き添ってもらえたら、とってもうれしい」と言うと、すぐに声をかけあい、5人の同僚が同行してくれた。春季休業中なので、出勤していた人は少なかった。もう、これで十分心強く、うれしかった。

10時20分、校長室に同僚たちと行き、私が引き戸を開け、一歩中に入ると、即座に副校長がやってきて、「戸を閉めてください」と私に、「手で押さえて、戸を閉めさせません」と都教委の役人に言った。都教委の役人は、「個人情報だから戸を閉めるよう」私に告げた。「この場で受け取ります。そこまで行かなくとも、ここは（あなたたちが指定した）校長室です。個人情報が知られて私には困ることはありません。いえ、皆に知ってほしいですから、そちらがここに来てください」と私は言うが、彼らは、「受領拒否」に仕立て上げればいいだけのこと。処分書を受け取るために仕方なく、都教委の役人の近くまで進んだ。補佐役は三田村管理主事、処分書を読み上げたのは江藤職員課長。この2か月間私たちが都教委人事部職員課に「クビにするな」と要請した際に、対応を求めても出てこなかった課長がここにいる。課長は、処分書・処分理由書を立て続けに読んだ。「停職6月」と聞こえた。まさか、まちがいじゃないよね?! 一刻も早く、廊下で待つ同僚たちに処分書を見てもらいたい、とじりじりする思いで長い処分理由書を読み終えるのを待った。処分書渡しが終わると、校長は異動先を告げた。「あきる野学園養護学校」と。

10月に復帰して南大沢学園養護学校での仕事に就いた私の仕事ぶりを見ることなく、11月14日、「来年度の人事構想にあなたは入っていない」と尾崎校長は私に告げた。それは、尾崎校長の判断ではなく、都教委のシナリオに沿い、「指導」どおりに、何の躊躇も考えもなく行なった尾崎校長の行為であることは疑うべくもない。そして、この運び。都教委は私に対し、異動要綱等を駆使して可能な限りの嫌がらせを行なってきたので、いまさらの感あり。

異動先の話のときには、もう私は出口の前にいたのだが、副校長は私と引き戸とのあいだのわずか数十㎝のところに、ついたてを入れた。何のための目隠し？　といぶかしく思っていたら、廊下に出て、その理由がわかった。同僚たちは、引き戸1枚を隔ててガラス越しに、そしてついたてのわずかな隙間から中をうかがっていたのだった。

処分書を持って廊下に出ると、まずは皆に処分量定の記載を確かめてもらった。「免職じゃないよね?」「うん、ちがう。停職6月、と書いてある」「やったー」「やったー」みんなで喜びあった。免職ではなかったうれしさと、同僚たちが気持ちを共有してくれたうれしさ。なんという幸せ! 都教委の役人や校長たちは同僚たちの喜ぶ声をどんなふうに聞いたのだろうか。いや、それは指示された職務外のこと、意に介さず、か。

外の皆に報せなくちゃ、と職員室に駆け上がり、私はまずは年休処理簿に1時間の年休申請をした。そのあいだに同僚が外の皆に、笑顔でサインを送ってくれていた。年休申請をすませた私は、窓から皆に向かって叫んだ。「みんな聞いて! 都教委は、私をクビにすることはできなかった!!」。そして、転げるように外に走った。歓声と泣き声で迎えてくれた皆と抱きあい、喜びあった。

処分理由書には、卒業式での不起立の他に、「OBJECTION HINOMARU KIMIGAYO」のロゴの入ったトレーナーについての、職務専念義務違反、職務命令違反が加えられていて、なおかつ、停職6か月。とすると、処分量定は昨年の君が代「不起立」での停職6か月処分よりも薄まったとも言える。一段ごとに死刑台への階段を上らされる累積加重処分に、風穴を空けることになったのだ。「君が代」処分自体がまちがいであり、半年間も仕事を奪い、収入を途絶えさせる停職6か月処分は、許しがたいことではあるけれど、連日集まり行動してくれた人たち、都教委にいろいろな形で声を寄せてくれた全国の、いや、世界各国の人たち、そういう人たちの力によって、免職阻止を勝ちとることができたのだ。また、トレーナー処分発動か?! という2月から3月末までのいくつもの新聞報道は、どれも、「都教委よ、あまりにひどいじゃないか」といった論調だった。そうしたことすべてが、都教委の判断に影響したことは明らかだ。大勢の人が見える形で動いてくれたことが、都教委の暴走にブレーキをかけたのだ。私たちみんなの勝利だ!

都教委は、他の不起立被処分者から私を分離して、学校で密かに処分発令をしてしまおうと考えたのだろうけれど、結果は彼らの目論見からすれば、裏目に出てしまった。お昼のニュース（TBSテレビ）が、学校前で喜びあう私たちの姿を放映してくれた。

免職にならなかったのは奇跡という他ありません。しかし、その奇跡は、都教委に出向き、あるいは要請や署名等に大勢の方々が動いてくださったからに他なりません。

V　2008年度　都立あきる野学園で

停職「出勤」新たな職場で

08年4月、あきる野学園に異動となりました。あきる野学園は、東京の西はずれのあきる野市にある、都庁から最も離れた都立特別支援学校で、電車も単線で20～30分間隔の運転。07年度末に私が毎日1時間の年休を取って都庁に行った、それをさせないための異動だったのだと思います。でも私の家からは近くて、バス・電車ともに本数は少なかったのですが、上手く行けば通勤所要時間は40分ほど、とても楽でした。99年度までの石川中学校以来の短い通勤時間でした。

池田校長は職員朝会にも始業式にも、停職中の私を参加させてくれました。入学式にも参加していいとのことでしたが、当日朝、校門前にいる私を見つけた都教委から「根津を参加させるな」と言われたと、謝りに来てくれました。

また、池田校長は私について年度当初にＰＴＡ運営委員会で話をしてくれ、それを文書にして保護者・職員に配布してくれました。

「南大沢学園養護学校から根津公子先生が４月１日付で、あきる野学園に転入することになりました。（略）平成15年に都教委から、入学式や卒業式において、国旗を掲揚し、国歌を起立して斉唱するなどの内容が通達として示されました。根津先生はこの通達に反対の立場からこれまで一貫して、起立しない行動を取ってこられました。そのため、都教委から停職の処分を受けてきました。その都度、立川の中学校、町田の中学校、南大沢学園と１年ごとに異動されています。この３月31日に停職６月処分が下されて、併せてあきる野学園への異動となりました。従いまして、あきる野学園に勤務されるのは10月１日付になります。／根津先生は停職中はこれまで所属した学校に日替わりで行かれて、校門前でご自身の主張をアピールされています。あきる野学園には15日（火）に来られて、校門前で職員に文書を配布されました。今後、火曜日はあきる野学園に来る予定との事です。停職中ではありますが、本校の１２９名の教員のお１人です。／皆さまもぜひご承知いただきたいと思います」と。

「校長は一国の主」（米長教育委員発言）なのですから、池田校長のように動いていいはずです。それに引き換え、私を監視することが職務と思いこみ、授業中であろうと職務命令（？）を発し続けた南大沢学園養護学校の尾崎校長と鈴木副校長……。あきる野学園での働きやすさは、南大沢学園養護学校とは雲泥の差でしたし、あきる野学園に私を異動させたことで、都教委の目論んだ根津分限免職は失敗となりました。

どの学校でもしてきたことですが、次はあきる野学園で職員に向けて撒いた最初のチラシです。

あきる野学園の教職員の皆さま

おはようございます。

私は7日の職員朝会で校長から紹介いただきました根津公子と申します。心が温かくなる始業式に参加させていただき、10月の到来を首を長くして待っています。紹介の折に「10月から出勤」と聞かれて、どういうこと？　と思われたでしょうし、また、今朝は何？　と思われるでしょうから、自己紹介をさせていただきます。

都教委がいわゆる10・23通達を出して以来、全都で延べ404人の教職員が処分を受け、今年も20人が処分を受けたのは、ご存じのことでしょう。私もその1人です。3週間前の南大沢学園養護学校の卒業式での「君が代」斉唱の際に起立をしなかったことで、3月31日に処分が発令され、4月1日から6か月間、停職とされました。停職期間中は、抗議・要請や都庁職員へのアピールのために都庁に行く他は、10・23通達により処分を受けたこれまでの学校と、着任したここ、あきる野学園の門前に来ます。私は教員としてまちがったことはしていないし、仕事をする意思は十分あります。だから出勤したいのですが、中には入れてもらえないので、校門前にいるのです。道行く人がここは少ないのかもしれませんが、その人たちにも、都教委のしていることを知ってもらいたいとも思っています。皆さまも、お忙しいでしょうが、休憩時間にどうぞお立ち寄りください。（略）

教員が黙することによって、子どもたちを被害者にしてしまう関係に私たち教員は置かれています。子どもたちに「上からの命令には考えずに従え」「長いものには巻かれよ」と教え、子どもたちを時の政権担当者の好みの色に染め上げることは許されません。子どもたちが何の疑問ももたずに起立斉唱するように、教職員は内心に反してでも起立せよ、という職務命令が正当な職務命令ではないことは、発出している校長たちの多くが承知しているはずです。子どもが人として成長する、その助けをするはずの学校で私たちが大事にしなければいけないことは、道理や徹底した話しあいによる民主主義、そしてちがいを認めあう思想とそれに基づく教育活動だと思います。（略）

これを読まれる皆さんのかなりの方が、都教委はまちがっている、と感じていらっしゃると思います。いや、そうはお感じにならない方とも、ご一緒に考えあっていけたらうれしいです。

2008年4月15日　　根津公子

八王子第五中学校夜間部に在職（当時）している近藤順一さんは、勤務時刻前の午前中、南大沢学園養護学校のときから私の停職「出勤」に同行してくれて、あきる野学園にも来てくれました。そして職員に手紙を手渡してもくれました。左がその手紙です。

▼「日の丸・君が代」、東京の教育、そして生徒のこと　～考えてみませんか～

あきる野学園の教職員の皆さま

4月の半ばから、こちらにお伺いしております。私は、この3月卒業式において「日の丸・君が代」不起立、不斉唱により2回目の処分（減給10分の1）を受けました。東京都教育委員会の2003年「10・23通達」以来、都立高校ばかりでなく区市町村の小中学校でも「日の丸・君が代」が強制され、延べ400人以上の処分が強行されました。

私は、自分の不起立・不斉唱を、一人の教員としての職務遂行であると考えています。なぜなら、教育は異なる考え、異なる表現が認められることを前提とするからです。まして夜間中学には多くの外国籍生徒も学んでいます。その多くはアジアの諸地域から来た者です。都教委、市教委の「日の丸・君が代」強制は多文化共生に逆行し、一律の形式からはずれる者を処分、排除しています。そして、今進められている学習指導要領の改定、教育振興基本計画の作成、教員免許更新制などによって、一層統制が進行することを危惧しています。

私は、自らの思想・良心の自由を保持し、教育の本来のあり方を取り戻すため、昨年の処分に対しても東京都人事委員会に不服審査請求を行ない、今回も同様の措置を執るつもりです。都教委は、被処分者を「服務事故発生者」として「再発防止研修」を課すでしょう。これは事実上の「転向強要」です。

あきる野学園の管理職の皆さま

日ごろの皆さまの教育実践に感服しています。貴校の根津教諭は現在停職6か月の処分を受け、復帰は10月になるでしょうが、それまでにも公式、非公式に話し合いの機会をもっていただけたらと思います。

都教委は、私たちを「校長の職務命令違反」で処分しました。このように学校に分断を持ち込むやり方に強く抗議します。それぞれ考えは異なっても粘り強く話し合い、不一致点は留保していく必要があります。

私は、根津氏を支援するというよりも、一人の教員として、また、被処分者として、ともに考え行動していくつもりです。ともに考えていきましょう。

八王子市立第五中学校夜間学級　被処分者　　近藤順一

南大沢学園養護学校もあきる野学園もお子さんを送迎する保護者も多く、挨拶だけでなく私に話しかけてくれる保護者も多くいました。そうした保護者からは、都教委の施策を批判する声が多々上がりました。南大沢学園の保護者の何人もが、都教委による学園の再編・移転計画に対して校長は都教委の言いなりで、保護者が反対していることを都教委に伝えない、と言って怒っていました。「君が代」処分についても、都教委に同意する人はまずいませんでした。「君が代」処分を受けている私に、好意的に話しかけてくれる保護者たちでしたから、当然といえば当然で、一方に「君が代」処分は当然と考える保護者もいたのでしょうが。「保護者は不起立でも処分されませんから、わが子の卒業式では不起立します」と告げてくださった方もいました。私があげた声を受けとめ考えてくれる人たちがいたということです。1人が受けとめてくれればそれは、また、そこから伝播します。これは、権力をもたない私たちにできること。08年3月の処分が免職にならなかったのは、直接的には大勢の方の連日の都教委への抗議行動や、国内だけでなく世界各国からも届いた署名、都教委を批判する報道によるところが大きかったと思いますが、こうした保護者や地域の方々の受けとめも都教委に届いていないはずはなく、そうした総合的な判断から都教委は根津免職に踏み切れなかったのだと思います。

あきる野学園では、年度末評価で「日の丸・君が代反対‼ 政治が悪いから愛国心は持てない。校長に英断を望みます」と書かれた保護者もおられました。保護者が書かれた学校評価が職員に回覧されたので、このことを知りました。学校評価は当然都教委にも提出されています。年度当初に池田校長が「学校だより」で私の紹介をしてくれたからなおのことと思うのですが、保護者の多くが好意的に私に挨拶を交わしてくれました。

「根津は10月に出てきて11月くらいには終わり」

ところで、都教委は根津免職をどの時点から決めていたのか――。池田校長から私は、「都教委人事部菊地管理主事が『不規則発言とTシャツで、根津は10月に出てきて11月くらいには終わりです。卒業式まで置きませんから』と私に告げた」と聞かされました。菊地管理主事にそう告げられた池田校長は、人事部長に訊ねたのだそうです。人事部長は、「いや、そのつもりだよ。あの人がいままでやってきたことを考えたら、それは許されることではないから」と言ったといいます。校長からこのことをはじめて聞かされたのは、停職中の9月、校長室ででした。校長は、その後も何度か同じことを口にしました。

都教委は08年7月、「分限事由に該当する可能性のある教職員に関する対応指針」(「分限指針」)を策定しました。「君が代」不起立処分者に適用できそうなのが21項目中、次の3項目でした。

(5) 上司等から研修受講命令を受けたにもかかわらず研修を受講しない。又は研修を受講したものの研修の成果が上がらない。

(7) 職務命令違反、職務命令を拒否、独善的に業務を遂行する。

(14) 過去に非違行為を行い、懲戒処分を受けたにもかかわらず、再び非違行為を行う。

この「分限指針」を使って根津を「11月くらいには終わり」にできると、都教委は高を括っていたのでしょう。南大沢学園養護学校の尾崎校長のように、池田校長も私について、都教委の「指導・助言」どおりに毎日の報告をあげると甘く見ていたのだと思います。しかし池田校長は(事務的には小林副校長が)、「通常勤務」という4文字で毎日の報告をあげてくれていたのでした。校長は再三都教委から「根津が通常勤務のはずはないだろう。自己申告書も週案も出ていないだろう。問題発言やトレーナー着用とかもあるだろう」と言われたそうですが、「通常勤務」で通してくれたのでした。それによって、都教委は「分限指針」を使っての免職に成功しなかったと私は見ています。

でも、都教委は分限免職をあきらめたわけではなかったのでしょう。09年3月、池田校長は都教委の出張所である都教委西部学校経営支援センターに2回も呼び出されて、私について校長が行なった業績評価を低い評価に書きかえさせられたといいます。分限免職にする際に高い評価があっては不都合ということかと私は思いました。校長がなかなか書きかえに応じないので、2回の呼び出しとなったのだそうです。校長と私とのこの会話は録音していて、その書き起こしとともに09年停職6か月処分取消訴訟の法廷に証拠として提出したのですが、地裁判決は「都教委が人事評価の書きかえ等に関する違法不当な指示命令をしていたことを認めるに足りる証拠はない」と切り捨て、「根津は10月に出てきて11月くらいには終わり」についてはだんまりを決めこみました。校長の音声が都教委の役職にある者にわからないはずはないのに、裁判所は都教委にそれを確認することさえしませんでした。原告が証拠として提出したものを裁判所が証拠とならないというならば、裁判所はそれを立証すべきであったのに、さぼりました。このことを見ても、結論ありきの地裁判決でした。この録音は当時、申し訳ないと思いつつ、校長に断りなくさせてもらいました。後々、裁判で必要になるかもしれないと思ってのことでした。

さらに池田校長は、「根津の人事については、東京都教育委員会に預けます」と書くように都教委から「指導・助言」されるなかを、校長の人事構想欄に「根津が必要」と書き、私を定年までの3年間異動しなくてすむようにもしてくれました。

しかし、こうした良心的な校長であっても、09年停職6か月処分取消訴訟で、録音した校長発言について陳述書の提出や証人尋問を受けてほしいとお願いしたところ、受けてはもらえませんでした。控訴審・最高裁で勝訴したからいいものの、敗訴だったら校長は生涯悔やみ続けたのではないかと思うのは、私の甘さでしょうか。

あきる野学園1年目の卒業式

あきる野学園での1年目の私の仕事は、肢体不自由・中学部の家庭科の授業と「支援室」(＝不登校気味や情緒不安定の生徒たちに関わる)担当でした。2年目も校長から要請されて、それを引き受けました。3年目は、肢体不自由・中学部の全教員が校長にかけあって、私は肢体不自由・中学部1年生の学級担任になりました。どちらの仕事も大事であり比較するものではありませんが、学級担任になったのは、石川中を出てから実に11年ぶりのことでした。

09年の卒業式近くには家庭科の時間に、「日の丸・君が代」の授業もしました。2時間続きの授業の後半で取り上げるつもりでいたところ、前半の授業に時間がかかってしまい、「日の丸・君が代」について質問の時間がとれなくなってしまいました。「もっと聞きたい」という生徒がいたので、給食と昼休みの時間に教室に行って話をし、意見交換をしました。『日の丸・君が代』について話を聞いたのは、初めて。すごく勉強になった」と言ってくれた生徒が何人もいました。高等部の生徒の中には何人かが、私がネットに載せた発言を読んでいて、話しかけてきてくれました。

小中学部09年卒業式での不起立処分は私1人でしたが、不起立した教員はもう1人いました。田中聡史さん。中学部所属で、私の左隣の生徒1人をはさんですぐ隣の席でした。副校長は「国歌斉唱」という司会の発声と同時に私のところに来て、都教委が監視するなか、私の不起立を現認し、「お立ちください」と小さな声で言いました。私の不起立だけでなく、田中さんのそれも視野に入らないはずはありませんでしたが、見なかったことにして、田中さんには「お立ちください」とは言わずに、自席に戻っていきました。都教委の監視がなければ、校長は副校長に私を現認させせなかったにちがいありません。2月末の職員会議で校長は10・23通達の酷さについて長いこと語りました。通達発出時に在職していた前任校でのことを語った際には、何度か声をつまらせ涙を浮かべていました。この発言を、起立・斉唱の職務命令を発令する校長がすることは、都教委からの注意や嫌がらせ、不利益を覚悟してのことだったのではないかと思いました。

田中さんはその日のうちに「私も不起立でした」と校長に告げに行きましたが、校長は受けつけなかったということです。田中さんは11年入学式で不起立を現認され処分されました。そしてその後、卒業式・入学式ともに「君が代」不起立を続け処分が連続しました。11年から15年度までで計10回の「君が代」不起立、3回目までは戒告処分、それ以降は減給1か月処分でした。前述したように、16年度から都教委は田中さんに対し卒業式・入学式ともに出席させない措置に出て、東京の「君が代」不起立「0」をつくり出そうとしてきました。

人生何が起きるかわかりません。10年2月14日に娘が大道脈解離を発症。未明に東京医科大学八王子医療センターから連絡を受けて駆けつけると、「朝までの生存率は10％」と告げられました。その日から私は年休と看護休暇をとり、やや落ち着いた4月半ばに職場復帰をしました。したがって、卒業式も入学式も欠席でした。11年3月は東日本大震災後の計画節電で東京多摩地区は電車が動かない日が多く、学校も隔日くらいの登校・出勤。したがって、卒業式と修了式が同時に行なわれ、1年生担当の私は卒業式には出席せず、「君が代」不起立処分には該当せずに定年退職を迎えたのでした。

攻撃・弾圧が私を鍛えてくれた

2003年に10・23通達が出されたとき、攻撃はここまで来たかと怒りながらも、今度は私1人ではなく、みんなで闘えると思いました。「日の丸・君が代」の強制、とりわけ「君が代」起立については、当時多くの教員が反対し、実際に卒業式・入学式で起立を拒否していたので、通達が出されても多くの仲間は起立を拒否する、と思っていました。しかし、現実はそうではありませんでした――。

私自身は「君が代」起立斉唱の職務命令に対して、それに従うのではなく自身の考えに沿って行動していいのだということを、また、「日の丸・君が代」を尊重しない人や指示命令に反対する人もいることを生徒たちに行動で示すことが教員としての教育行為との考えは変わらなかったので、不起立をしてきました。もちろん、まちがったことには従わないという、私の信念に沿った行為でもありましたが。

不起立・不伴奏行為を重ねるごとに都教委は処分を加重する累積加重処分を行ない、校長には「3回不起立で免職」をほのめかしていましたから、私はいつ免職にされるかと脅えていました。脅えてはいても、自身に嘘をついたり逃げ出しては、このさき生きてはいけないと、多摩中での体験から思いました。他人は騙せたとしても、自身を騙すことは不可能ですから。また、鶴川二中を除けば、生徒たちを利用した攻撃ではなかったのでさほどつらくはありませんでした。鶴川二中では命の危険も感じましたが、多摩中での体験があったので逃げたいとは思わずにすみました。一つの考えで地域・PTAが動き、生徒たちがそこに巻きこまれる状況に、異なる考えがあることを示さねば。それが私の仕事とも思いました。

南大沢学園養護学校での不起立で免職必至と覚悟した際には、定年間ぢかの私だから免職にされても食べていくことはできる。若い人たちの分まで闘おうとその責務を感じてもいました。また、「君が代」不起立処分の当初から、免職処分を避けるために年休をとって逃げてしまったら、私は生徒たちの前には立てなくなり辞職するしかないとも思っていました。

しかし、私は免職にされず、私の教育観に沿って国家が隠すことを、家庭科をはじめとする授業や取り組みのなかで示し、「君が代」不起立を貫くことができました。さらには、後述するように07年・09年「君が代」不起立処分が取り消されました。実にうれしく、幸せです。都教委がもの言う教員を攻撃し弾圧し続け、教育を破壊するなか、逆説的な物言いは適切ではないでしょうが、都教委のそれによって私は常に行動の選択を迫られ考え続け、苦しいことも多くありましたが、いまとなれば、私を鍛えてくれたとさえ思えます。管理・支配が緩やかだったら、教育について、生き方について、これほどまでに考えずに、私は安易に生きてしまっただろうと思うのです。

「君が代」不起立も停職「出勤」も、私1人が考えた行為ではなく、身近にいる田中哲朗さんや書物を通して先人たちの行為を学んでのことでした。私たちの「君が代」不起立・不伴奏行為や教育への思いを、また、ともに闘ってくださった方々の行動も、風化させることなく後の人たちに遺していきたいと思います。

8.「君が代」不起立裁判は

「職務命令には必要性、合理性がある」と最高裁

「君が代」不起立・不伴奏についての最高裁判決が2011年、12年に出されました。11年判決は、起立斉唱行為は「思想・良心の自由を間接的に制約する面がある」ものの、「学校の儀式的行事における慣例上の儀礼的な所作」であり、「命令には必要性、合理性がある」から戒告処分は「憲法19条違反とはならない」としました。12年判決は11年判決と同じく、1回目の不起立・戒告処分は適法とし、2回目の不起立・減給1か月以上の処分は重すぎる＝都教委の裁量権濫用だとして原則違法とし、私以外の減給以上の処分を取り消しました。

しかし、例外的に「学校の規律と秩序の保持等の観点から停職処分を選択することの相当性を基礎付ける具体的事情がある場合は」重い処分も可とする基準を設け、私の06年停職3か月処分を取り消しませんでした。根津が受けた「停職3か月処分の不利益」よりも「学校

の規律と秩序の保持等」の必要性が大であるから、処分は取り消さないというものです。判断基準は、《ア．起立を求める職務命令は違憲とはいえない　イ．戒告を超える重い処分は違法　ウ．過去の処分歴等、学校の規律や秩序を害する具体的事情があれば、重い処分も可》の3つとしました。

根津には「過去の処分歴」があり、そのうちの2回は「卒業式における国旗掲揚の妨害と引き降ろし、服務事故再発防止研修におけるゼッケン着用をめぐる抗議による進行妨害といった積極的に式典や研修の進行を妨害する行為」と決めつけ、「過去の処分歴にかかわる一連の非違行為の内容や頻度等に鑑みると」、06年停職3か月処分は適法であるというのです。「過去の処分歴」には、石川中で受けた2回の訓告も列記しました。「国旗や国歌に係る対応につき校長を批判する内容の文書の生徒への配布等により2回の文書訓告を受けており」と。

職員会議の決定を反故にし、生徒たちの「校長先生、揚げないで」の声を無視して「日の丸」掲揚を強行した、石川中永井校長の誤った行為と、抗議や質問に応えずに「再発防止研修」を強行した都教委職員の誤った行為をやめさせようとした私の行為を、判決は「積極的妨害」と言います。教育行政のすることに誤りはない、を起点にした最高裁判決です。

99年に受けた訓告に対する裁判で、判決は「本件訓告は、地方公務員法に基づく懲戒とは異なり、被訓告者である原告に対して直ちに法的な不利益をもたらさない指導監督上の措置である」と判じましたが、この訓告で私は停職3か月処分適法の理由にされる不利益を受けたのです。そのときの裁判官たちには、その責任をとってもらいたいものです。

ところで、昨22年9月27日、6割以上の人々が反対するなか、岸田政権は安倍元首相の国葬を強行しました。反対の声がこれほどまでに上がったために、文科省は弔意の表明や半旗の掲揚を都道府県教委に通知しませんでした。弔意の表明や半旗の掲揚は憲法19条「思想及び良心の自由」を侵害するとの人々の声に応じてのことでした。まったくそのとおり。これらの行為は憲法19条違反です。裁判所は判決で、「起立斉唱行為は思想・良心の自由を間接的に制約する面があるものの、（略）戒告処分は憲法19条違反とはならない」と言いますが、国葬での弔意の表明や半旗の掲揚が憲法19条侵害に当たるのであれば、起立・斉唱行為の処分付き強制もまちがいなく憲法19条違反となるはずです。教育公務員が憲法に違反する行為に手を貸していいはずがありません。文科省、都教委および司法には、この説明責任があります。

反対は宮川裁判官ただ1人

12年最高裁判決では、第1小法廷の5人の裁判官のうち、ただ1人宮川光治裁判官が、根津処分はまちがいだと反対意見を述べました。

多数意見は、本件職務命令は憲法19条（思想及び良心の自由）に違反せず、また、上告人根津公子に対し停職処分をした都教委の判断は懲戒権者としての裁量権の範囲にあるとするが、私は、そのいずれにも同意できない。なお、上告人河原井純子に対する停職処分を裁量権の範囲を超えるものとした結論には同意できるが、理由を異にする。

そのように言い、続けて10・23通達の問題点を指摘し、教育の自由について言及しました。

国旗及び国歌に関する法律と学習指導要領が教職員に起立斉唱行為等を職務命令として強制することの根拠となるものではないこと、本件通達は、式典の円滑な進行を図るという価値中立的な意図で発せられたものではなく、その意図は、前記歴史観等を有する教職員を念頭に置き、その歴史観等に対する強い否定的評価を背景に、不利益処分をもってその歴史観等に反する行為を強制することにあるとみることができ、職務命令はこうした本件通達に基づいている。（略）

上告人らは、地方公務員ではあるが、教育公務員であり、一般行政とは異なり、教育の目標に照らし、特別の自由が保障されている。すなわち、教育は、その目的を実現するため、学問の自由を尊重しつつ、幅広い知識と教養を身に付けること、真理を求める態度を養うこと、個人の価値を尊重して、その能力を伸ばし、創造性を培い、自主及び自律の精神を養うこと等の目的を達成するよう行われるものであり（教育基本法2条）、教育をつかさどる教員には、こうした目標を達成するために、教育の専門性を懸けた責任があるとともに、教育の自由が保障されているというべきである。もっとも、普通教育においては完全な教育の自由を認めることはできないが、公権力によって特別の意見のみを享受することを強制されることがあってはならないのであり、他方、教授の具体的内容及び方法についてある程度自由な裁量が認められることについては自明のことであると思われる。（略）上記のような教育の目標を考慮すると、教員における精神の自由は、とりわけて尊重されなければならないと考える。

個々の教員は、教科教育として生徒に対し国旗及び国歌について教育するという場合、教師としての専門的裁量の下で職務を適正に遂行しなければならない。したがって、『日の丸』や『君が代』の歴史や過去に果たした役割について、自由な創意と工夫により教授することができるが、その内容はできるだけ中立的に行うべきである。

これをベースに宮川裁判官は、「私は、上告人らの不起立行為について、職務命令違反を理由として、懲戒処分を科すことは相当でないと考える」と、多数意見とは根本からして異なる判断をしました。「上告人らの不起立行為は、（略）教育者としての教育上の信念に起因するものであり、その動機は真摯であり、いわゆる非行・非違行為とは次元を異にする」「上告人らが抱いている歴史観等は、ひとり上告人ら独自のものではなく、わが国社会において、人々の間に一定の広がりを有し、共感が存在している」「上告人らの不起立行為は消極的不作為にすぎないのであって、式典を妨害する等の積極的行為を含まず」「例えば神奈川県や千葉県では、不起立行為があっても、また、それが繰り返されても、懲戒処分はされていない（略）たとえ戒告処分であっても懲戒処分を科すことは、懲戒権者の裁量権の範囲を逸脱すると考えるので、上記（河原井）停職処分は当然是認できない」「上告人根津公子の（略）一連の非違行為の内容や態度には一部許されないものもあるが、本件は、単なる不起立行為に過ぎないのであるから（略）停職処分（3月）は是認できない」と判じました。

「一連の非違行為の内容や態度には一部許されないものもある」とは何なのか、94年に「日の丸」を降ろしたことおよび05年の再発防止研修で質問を続けたことを、他の裁判官と同じく「積極的妨害」というのか。この2案件の実態をしっかり理解しているのかと疑問をもちますが、〝本件職務命令違反を理由とした懲戒処分は違法〟と断言したことに、裁判官の良心を見ました。本最高裁判決に反対意見があったこと、そして、宮川裁判官が指摘した「上告人らが抱いている歴史観等は、（略）人々の間に一定の広がりを有し、共感が存在している」ことは忘れてはならないことです。

12年最高裁判決後の判決

12年最高裁判決を受け、私については、05年3月の卒業式不起立・減給6か月処分および同年4月の入学式不起立・停職1か月処分取消訴訟最高裁判決（13年。この訴訟は、私が所属する東京教組の10人の被処分者で行なった）も、同一の「過去の処分歴」を使いまわして処分を適法としました。裁判所はこの先も、同一の「過去の処分歴」を通行証のように使って、私の処分を取り消さないのではないかと思わざるを得ず、事実、その後の07年から09年地裁判決は立て続けに処分を適法とし、私は裁判に期待できなくなっていました。それでも裁判を続けたのは、都教委が行なった処分を絶対に許さないという強い意思を示し続けるためでした。

しかし、想像だにしなかったことが起きました。〝当たりくじ〟を引いたのです。良心をもった裁判官（須藤典明裁判長）に出会うことができ、07年（鶴川二中）停職6か月処分が15年5月に控訴審で逆転勝訴となり、16年5月に最高裁もそれを「全員一致」で決定したのです。控訴審判決は、処分を取り消しただけでなく、処分によって受けた精神的被害に対し、都に損害賠償10万円の支払いも命じました。

08年事件（南大沢学園養護学校）の不起立・停職6か月処分訴訟では、地裁・高裁判決ともにトレーナー着用を新たな「具体的事情」として処分を適法とし（19年3月控訴審判決）、09年事件（あきる野学園）の不起立・停職6か月処分取り消しは絶望的でした。そのとおりに09年事件地裁判決（18年5月）は敗訴でした。

ところが――。20年3月に出された09年事件控訴審判決（小川秀樹裁判長）は、またもや逆転勝訴。これが最高裁第2小法廷に係属されたのが同年10月1日。その通知を受けたとき、山口厚・木澤克之両裁判官が所属する第1小法廷でなくてよかったとは思いましたが、その控訴審勝訴判決を維持する「最高裁決定」が出されるとは思ってもいませんでした。

〝まさか〟の勝訴の連絡を21年2月18日に弁護士の萱野さんから携帯電話で受けたのですが、夢を見ているようでした。電話のあと、何度も着信履歴を確認したり、ほっぺたを叩いたり。翌日、萱野さんが送ってくれた「最高裁決定」の書面を手にして初めて勝訴が現実だと実感しました。

山口・木澤両裁判官の選任は、安倍首相（当時）の〝司法乗っ取り〟によるものでした。従来、弁護士枠選出の裁判官は日弁連が推薦してきましたが、安倍首相はそれを反故にして自らが指名し、最高裁に容認させたのでした。両氏が私の裁判の担当判事ではなかったとはいえ、最高裁が安倍首相のわがままを受け入れたということは、これまでよりもさらに政権に忖度した判決を出すだろうと、私は最高裁決定に期待はまったくもてずにいたのです。しかし、最高裁は2020年の東京オリンピックを控え、国際社会を意識したのか。あるいは、19年4月に出された国連のセアート勧告（後述）を、勧告に法的拘束力はなくても、意識したのか。あるいは……。最高裁が控訴審勝訴判決を維持した理由はわかりませんが、いずれにせよ、「停職6か月処分は違法」との判断が維持されてほっとしました。いや、最高にうれしいです。

裁判所は再三、どれも同じ案件なのだから裁判を併合するよう言ってきましたが、弁護団は毎回、「併合しない」と言い続けてくれました。弁護団が一件ごとに進めてくれたからこそ得られた勝訴判決でした。裁判所の誘いに乗ってしまっていたら、私が勝訴判決を手にすることはなかったと思います。

以下、判決を詳しく見ていきます。（巻末の「付2　各裁判の判決の経緯」もご参照ください。）

「心理的圧迫が強い」停職6か月処分は違法、とした須藤・小川両判決

07年事件 東京高裁須藤判決

須藤判決は、2012年最高裁判決に立ったうえで、根津に対し、「停職3か月処分をするならば適法」と言い、しかし、12年最高裁判決が言う「処分は慎重に」に即して検討すると、「停職3か月から本件に至るまでの間に、処分を加重する具体的事情はなく、機械的に一律に処分を加重することは裁量権の乱用」と判じたうえで、「停職期間の上限は6月とされていて、(略)残されている懲戒処分は免職だけであって、(略)教員としての身分を失う恐れがあるとの警告を与えることとなり、(略)極めて大きな心理的圧迫を加える」「ついには免職処分を受ける(略)事態に至って、自己の歴史観や世界観を含む思想等により忠実であろうとする教員にとっては、自らの思想や信条を捨てるか、それとも教職員としての身分を捨てるかの二者択一の選択を迫られることとなり、(略)日本国憲法が保障している個人としての思想及び良心の自由に対する実質的な侵害につながる」と判じました。同一の「過去の処分歴等」を使っての処分過重を断罪し、さらには、過酷な停職6か月処分は間接的制約ではなく「実質的な侵害(制約)につながる」と憲法判断にまで言及してくれました。

「思想及び良心の自由に対する実質的な侵害」は、まさに私が05年以降退職までずっと体験してきたことでした。04年当時の横山教育長が「不起立3回で免職」と発言したことを立

川二中の福田校長から聞かされていましたが、この時点で3回目の不起立者は、戒告→減給1か月→減給6か月へと処分が加重されていっていたので、1回目の不起立でいきなり減給6か月にされた私は、「次はクビか」と恐れました。また、06年4月27日に開かれた都教育委員会定例会の席上、人事部長が「停職は6か月まで。次はない」と、わざわざ「次はない」とまで発言したのを私は傍聴席で聞いていたので、07年3月に停職6か月処分を受けたときには、「1年後はクビ」を覚悟せざるを得ませんでした。私のような状況にある者が二者択一の選択を迫られることを、「思想及び良心の自由に対する実質的な侵害」と判じてくれたことの意味は、とても大きいものでした。

さらには、都が処分加重の「具体的事情」とした「校門前で抗議活動を行い、(略)朝日新聞紙上において職務命令違反を呼びかける発言をした(略)行為」は、「勤務時間中に勤務場所で行ったのではなく、『日の丸』『君が代』が戦前の軍国主義等との関係で一定の役割を果たしていたとする控訴人根津自身の歴史観や世界観に基づく思想等の表現活動の一環としてなされたものというべきであるから、控訴人根津がこれらを行ったことを、本件根津停職処分における停職期間の加重を基礎づける具体的事情として大きく評価することは、思想および良心の自由や表現の自由を保障する日本国憲法の精神に抵触する可能性があり、相当ではないというべきである」と、ここでも憲法判断をしてくれました。

もう一つうれしかったのは、体罰等の事案では累積加重処分をしないのに、「君が代」でそれをするのはまちがっている、と私たちが長いあいだ主張してきたことが認められたことです。「体罰の事案についてみると、（略）個別の事案ごとに処分を決定し、あらかじめ体罰の回数に応じて機械的一律に処分を加重していくという運用はしていないことが認められる」と判決は言いました。「日の丸・君が代」反対を行動で示す教員は特別な思想の持ち主、と偏見をもって見る裁判官が多いなか、須藤判決はそうではありませんでした。

また、損害賠償については、「停職処分は（略）処分を受けたことが外部からも認識することができるものであることや、停職期間中は授業をすることができず（略）児童生徒との継続的な人格的触れ合いをすることもできなくなり、控訴人らは精神的苦痛も受けている（略）。（略）精神的苦痛は（略）財産的な損害の回復によって（略）慰謝されて快復することになるものではない」と判示し、都に河原井・根津ともに各10万円の損害賠償の支払いを命じてくれました。

なお、都が処分加重の「具体的事情」とした「朝日新聞紙上において職務命令違反を呼びかける発言をした（略）行為」とは、朝日新聞紙上（2007年3月2日）での発言でした。私は朝日新聞社からインタビューされて答えたまでのことでしたが、都教委にとっては、看過できない「学校の規律と秩序」を壊す「具体的事情」だったのでしょう。

記事は「『日の丸・君が代』現場の対応は」と題して中村正彦都教委教育長の発言「職務命令には『従うべき』」と、私の発言「有無言わせぬ強制に反対」を2人の顔写真入りで掲載したものでした。問題とされた私の発言は、「卒業式が間ぢかですが、訴えたいことは」と聞かれて「退職間際の先生なら、処分が加算され免職を恐れる心配はない。自らの良心に従って起立しなければ、流れは変わる。最後に、現場の教員や子どもたちに、それをプレゼントしてもらえれば、と願っています」という、たわいのないものでした。子どもの面前での発言でも、子どもに向けての発言でもないのに、権力者にとっては、声をあげられることがどれほど不都合なことなのかを改めて印象づけられました。

ここに記すことではないかもしれませんが、須藤判決を得た後の6月18日、八王子の横川中で私を平和教育に導いてくださった大先輩、田中憲助さんを見舞った折に、封書を手渡されました。書かれていた詩に、私は感無量となりました。お亡くなりになる少し前のことでした。

東京高裁は 根津公子に 全面勝利を出す
高裁の良心は死なず

東京高裁の 根津公子への 判決を聴く
高裁の良心が 胸を打つ

東京高裁は 根津公子に 勝利の判決
五月の空は 晴れ渡りけり

09年事件 東京高裁小川判決

2020年3月の09年事件（あきる野学園）小川判決は、これまで最高裁が処分適法と判じた根津の処分については、どれもが重い処分をしてよい「相当性を基礎付ける具体的事情がある」、08年処分では「トレーナー着用行為をしないよう職務命令を受けたにもかかわらず」着用したのだから、停職6か月処分が「重すぎて相当ではないとは言えない」と言い、今回は「停職3月の懲戒処分よりさらに重くすることはやむを得ないというべきである」と冒頭で長々と言いました。

そこまで私を貶めたうえで、しかし、停職6か月処分は、「控訴人根津の過去の処分歴や不起立行為が繰り返されてきたことを考慮しても、なお正当なものとみることはできない」「懲戒権者としての都教委に与えられている裁量権の合理的範囲を逸脱してされたものと言わざるを得ず、違法なものというべきである」と判じました。初めの部分の酷い判示は、冷静になって考えると、この小川控訴審判決を最高裁が覆すことのないように手を打ったのかもしれないと思いました。

まずは前提となる、停職6か月処分の重さについて。「職員の懲戒に関する条例によれば、停職期間の上限は6月とされていて、（略）さらに同種の不起立行為を繰り返し、より重い処分が科されるときには、その処分は免職のみであり、これにより（略）教師としての身分を失うことになるとの警告を与えることとなり、（略）身分喪失の可能性という著しい質的なちがいを被処分者に意識させることになり、これによる被処分者への心理的圧迫の程度は強い」としました。須藤判決と同じに、「教師としての身分を失う（略）警告」「心理的圧迫」をクローズアップさせてくれました。

次に、「過去の処分歴」を「具体的事情」として繰り返し使うことを実質禁じた07年事件須藤判決に照らし、また、根津の不起立は他の人の不起立とは異なるのかを問います。

「（ア）控訴人根津について過去に懲戒処分や文書訓告の対象となったいくつかの行為は、（略）平成18年3月の懲戒処分について考慮され（ているから、「過去の処分歴」を「具体的事情」にしてはならない：筆者補足）、その後、同種の非違行為が繰り返されて懲戒処分を受けたという事実は認められない上、（イ）本件根津不起立行為は、以前に行われた掲揚された国旗を引き下ろすなどの積極的な式典の妨害行為ではなく、控訴人河原井と同様の国歌斉唱時に起立しなかったという消極的な行為であって（略）」（「（ア）」「（イ）」は筆者による加筆）と言い、（ア）、（イ）から導き出される結論は、停職6か月処分は都の裁量権の逸脱濫用だとしました。

地裁判決が「具体的事情」としたトレーナー着用については、「平成20年3月の懲戒処分がされた後は、本件根津懲戒処分時まで、控訴人根津が、勤務時間中に、平成19年度の本件トレーナー着用行為のような行為をしたことはな」いとしました。また、「その他の非違行為がされたことについては、これを認めるに足る的確な証拠はない」と判じ、前年度のトレーナー着用を「具体的事情」とはしませんでした。小川判決が、偏見をもたずに事実を見て、平等・公正に審議し出された判決であることが見えてきます。

しかし、07年事件須藤判決が都に命じた損害賠償については、小川判決は命じませんでした。それは、首相が選任した裁判官を入れるほどに政権寄りになった最高裁を前に、損害賠償にまで言及してしまっては、処分違法が通らなくなり元も子もないと小川裁判長は判断したのではないかと、私はひいき目かつ好意的に見てしまいます。

両判決が都の処分量定からみると「次の処分は免職のみ」だとして、停職6か月処分の心理的圧迫の強さを判示してくれたことの意味はとても大きかったと思います。停職6か月処分が違法なのですから、免職はあり得ません。

このことは、大阪の「同一の職務命令違反（不起立）3回で免職」を謳う大阪府職員基本条例を廃棄したも同然です。同条例案は、「教育は２００％強制」と言った大阪維新・橋下知事（当時）府政下で大阪維新の会が提出し、12年に制定された条例です。大阪では、２回不起立した人には処分「発令書」とともに、「（次回は）免職することがあることを文書で警告する」と書いた「警告書」が出されます。両判決は「警告を与えること」の問題点も指摘します。免職はもちろん、「警告書」自体が違法となります。両控訴審勝訴判決が大阪の条例に影響を与えることが、最高にうれしいです。

損害賠償まで認めた須藤判決と南判決

07年事件須藤判決と06年事件の南判決（06年河原井純子さん停職1か月事件損害賠償高裁差し戻し判決、12年11月7日）が損害賠償まで認めたのは、〈児童生徒との継続的な人格的触れ合いを奪った精神的な苦痛＝職務上の不利益は、財産的損害の回復のみによっては慰藉されない〉という理由によります。

南判決は、「停職は（略）停職期間中教壇に立てないという不利益を被るが、（略）給与が支払われることをもって回復するものとはいうことができない。特に、養護学校では、教諭と児童生徒の人格的触れ合いが教育活動に欠かすことのできないものであると考えられるところ、証拠によれば、控訴人は、児童生徒との触れ合いを特に重視していたと認められることを考慮すると、財産的損害の回復のみによっては、控訴人の精神的損害が慰藉されるものではないことは明らかである。」（傍線は筆者）と判示しました。南判決の損害賠償額は30万円という、この種の裁判では破格な金額でした。

須藤判決は、「控訴人らは停職期間中は教室等で授業をすることができず、教壇に立てないことによって、児童生徒との継続的な人格的触れ合いをすることもできなくなり、ひいては教育活動に欠かすことのできない児童生徒との信頼関係の維持にも悪影響を及ぼすおそれがあり、（略）、そのような精神的な苦痛は、本件各処分の取り消しにより回復される財産的な損害の補塡をもっては十分ではないというべきである。（略）職場復帰後も生徒との信頼関係を再び築くまでに相応の努力を要する状況であったと認められるから、控訴人らが本件各処分によって受けた職務上の不利益が、財産的損害の回復によって同時に慰藉されるとみるのは相当ではないというべきである。」（傍線は筆者）と3ページにわたって述べています。「人格的触れ合い」について述べたこの2件の判示は、「教育の自由」「労働権」の侵害に道が拓けると思います。

両判決は、処分違法との判示でも「機械的、一律的な加重処分については慎重に」とした国会答弁を使った点で共通しています。南判決は「国会では、教員の職務上の責務について変更は加えられないこと、処分は、問題となる行為の性質、対応、結果、影響等を総合的に配慮し適切に判断すべきこと、処分は、万やむを得ないときに行われるべきであることが答弁されていたのであるから、機械的、一律的な加重は慎重であるべきことが要請されていたということができる」とし、須藤判決は「個別の事案ごとに処分を決定し、あらかじめ体罰の回数に応じて機械的、一律的に処分を加重していくという運用はしていない。（略）機械的に一律に加重して処分を行うことは慎重な検討を要請していた本件国会答弁（略）に反するものといわざるを得ない」としました。

学校教育が「価値中立的であることは不可能」とした極悪判決

07年事件の16年最高裁判決後に出された08年事件地裁判決と同控訴審判決、09年事件地裁判決（いずれも停職6か月処分）は〝極悪判決〟でした。学校教育が「一定の価値」を教えることは、違憲ではないと開き直ります。「国家（政権）の価値観」の刷りこみを司法が容認したことが許せません。ときの政権が定めた法令は憲法よりも上であり、それによって憲法判断は変わると言っているようなものです。憲法が最高法規であることを根本から否定するもので、次のように判示します。

08年事件地裁判決（清水響裁判長）は単刀直入に「学習指導要領において定める（略）教育活動は、一定の価値観やこれに基づく価値の選択を前提とせざるを得ないものであるから、その意味で価値中立的であることは不可能である」と。同控訴審判決（後藤博裁判長）は「国旗国歌条項の考え方に基づいて教育活動を実施し、生徒に一定の価値観の重要性を学習させる教育を行うことが『内心の誘導』であり憲法19条に違反するとなると解することはできない」「教員らが国旗・国歌として定められたものを尊重する態度を示すことにより、生徒らにも同様の態度が涵養され、学習指導要領の内容が実現されることを効果として期待することは、（略）教育活動として許容される範囲内のものであって、これにより生徒が事実上起立を強制されたと評価することはできない」と。

09年地裁判決（春名茂裁判長）は「国権の最高機関である国会が制定した国旗国歌法により国旗・国歌として定められた以上、入学式や卒業式という式典の場における国旗の掲揚や国歌の斉唱を通じて、これらを尊重する態度を育てるという学習指導要領の考え方が、誤った知識や一方的な観念を生徒に植えつけるような内容の教育を施すことを強制するようなものと評価することはでき（ない）」と言います。

いずれも国旗国歌法に尊重規定を設けなかったことの意味をまったく捨象した判示です。

これは、国会が決めたことは常に正義であり、検討の余地なし、という考えに立脚します。軍国主義・国家主義教育の反省から「人格の完成をめざし、平和的な国家及び社会の形成者として、真理と正義を愛し、個人の価値をたつと（ぶ）」ことを謳った1947年制定の教育基本法を破棄し、「伝統と文化を尊重し、それらをはぐくんできた我が国と郷土を愛する」心、すなわち政権の良しとする「愛国心」の刷りこみを前面に掲げた06年改訂教育基本法を、妄信的に是とした極悪判決です。

また、「思想及び良心の自由」を謳った日本国憲法よりも、学習指導要領のほうが上位の法としています。

そもそも、裁判で被告である都教委は、『「10・23通達』は都教委から校長への命令」と言明しました。教育課程の編成権は卒業式・入学式を含め、都教委にではなく校長にある（学校教育法28条3項・40条「校長は、校務をつかさど（る）」）のですから、都教委が校長に職務命令を出すことは違法です。したがって、「10・23通達」は都教委の「不当な支配」であることは明らかです。

47年教育基本法を定めた際の国会で文部省は、10条「不当な支配に服することなく」を謳ったことについて、「従来、官僚とか一部の政党とか（略）によって、教育の内容が随分ゆがめられたことのあることは、申しあげるまでもないこと」「これまでにおきまして、あるいは超国家的な、あるいは軍国主義的なものに動かされるということがあったから」と、その理由を答弁しました。この危険性はいつの時代でも心しておくべきことです。このことを問うた「君が代」不起立処分取消訴訟で、学習指導要領および国旗国歌法の是非や解釈、都教委の不当な支配を問わずにこれらを是とし、都教委の命令により校長が出した職務命令を「違法とはいえない」とした判決は、歴史に学ばない裁判官の、職に対する良心・職責の放棄だと私は思います。

国際感覚から外れた「日の丸・君が代」の強制と処分

日本の司法は「（起立斉唱を求める）職務命令には必要性、合理性がある」と言いますが、これは国際的には認められない主張です。東京と大阪の二つの教職員組合がこの問題でセアート（CEART、国連の合同専門委員会）に訴えたところ、2019年、2022年に日本政府に対して「①国旗掲揚や国歌斉唱に参加したくない教員の義務について合意できるよう、対話する機会をつくること、②消極的で混乱をもたらさない不服従への懲罰を避ける目的で、懲戒の仕組みについても教育団体と対話する機会をつくること」を勧告しました。日本政府は「君が代」不起立処分をこのまま続けてはいけないとの見解に立脚した勧告です。これを「セアート勧告」と言います。セアートはILO（国際労働機関）／ユネスコ（国連教育科学文化機関）教職員勧告適用合同専門家委員会の略称で、1966年に出された「教員の地位に関する勧告」の遵守状況を監視するために設置された機関であり、日本も加盟しています。

さらに22年11月3日には、国連の自由権規約委員会（以下、委員会）が、日本政府が出した「第7回報告書」に対して「総括所見」を発表しました（第7回自由権規約「総括所見」）。「総括所見」は死刑制度やジェンダー平等など18のテーマについて、委員会の見解と勧告を記しますが、その一つに「公共の福祉」および「日の丸・君が代」の強制と処分を取り上げました。私が「公共の福祉」に注目したのは、権利の制約の根拠とされるのが「公共の福祉」だからです。私が受けた処分撤回訴訟でも、減給6か月、停職1か月、停職3か月、08年事件停職6か月の各処分を取り消さなかったのは、私が受けた処分の損害よりも「学校の規律や秩序」を害したことのほうが重いとしたことによります。言葉を変えれば、「公共の福祉」に反したということ。「学校の規律や秩序」は「公共の福祉」とイコールです。「総括所見」を見ていきましょう。

36（委員会の見解）　当委員会は、思想・良心・信教の自由および表現の自由の権利の制約につながる恐れのある「公共の福祉」に関する曖昧で無限定な定義についてのこれまでの懸念を繰り返す。（以下、略）

37（委員会の勧告）「公共の福祉」の概念を明確に定義し、「公共の福祉」を理由とした思想・良心・信教の自由および表現の自由のいかなる制約も規約（注1）で許容されている制約と一致するものとすること。（以下、略）

38（委員会の見解）　当委員会は締約国における思想良心の自由の制約に関するレポート

に懸念を持って留意する。当委員会は学校の儀式において国旗にむかって起立し国歌を斉唱することに対する静かで破壊的でない不服従の結果、教師が最高6か月の停職を含む処分を受けたことを懸念する。

更に儀式において生徒に起立を強制するために物理的な力が用いられたという申し立てに対しても懸念を抱く。

39（委員会の勧告）　締約国は思想良心の自由の実質的な行使を保証し、規約18条（注2）で許容された制約の厳密な解釈を越えてその自由を制約するいかなる措置をも控えるべきである。

締約国は自国の法律とその運用を規約第18条に適合させるべきである。

（注1）規約とは「自由権規約」を指す。
（注2）第18条とは自由権規約第18条「思想・良心及び宗教の自由」

締約国日本政府が言う「公共の福祉」は「曖昧で（略）思想・良心・信教の自由および表現の自由の権利の制約につながる恐れがある」と言ったうえで、教員に対する「君が代」不起立処分および生徒に「君が代」起立を強制することは、自由権規約に反するから「控えるべき」と委員会は日本政府に勧告しました。東京・大阪をはじめとした日本の、「日の丸・君が代」の子どもたちへの強制とそのための教員処分がいかに国際感覚から遠いかを示しています。

セアート勧告も第7回自由権規約「総括所見」も法的拘束力はありませんし、こうした勧告を日本政府が受け入れ改善してこなかった事例はたくさんあります。しかし、憲法98条2項「日本国が締結した条約及び確立された国際法規は、これを誠実に遵守することを必要とする」が謳うように、この国の最高法規は言うまでもなく日本国憲法で、次に上位の法規が条約等です。安倍、菅、岸田政権は、閣議決定が最高法規であるかのごとくに、閣議決定を連発してはひどい政治を行なってきましたが、それに騙されず、勧告の実現を政府・文科省に意識させていかねばと思います。

「思想及び良心の自由」は教員にはないのか

卒業式・入学式での「日の丸・君が代」処分は、国際社会では通用しないものであることがセアート勧告および第7回自由権規約「総括所見」からわかると思います。そこで、国旗国歌法制定時の国会答弁および私たちの「君が代」裁判での司法判決が、教員の思想および良心の自由についてどう発言・判示してきたのかを見ていきます。

国旗国歌法制定当時（1999年）の小渕恵三内閣総理大臣は、日本共産党の志位和夫議員の質問に対し以下のとおり答弁しました。

「学校におきまして、学習指導要領に基づき、国旗・国歌について児童生徒を指導すべき責務を負っており、学校におけるこのような国旗・国歌の指導は、国民として必要な基礎的、基本的な内容を身につけることを目的として行われておるものでありまして、子供たちの良心の自由を制約しようというものでないと考えております。

国旗及び国歌の強制についてお尋ねがありましたが、政府といたしましては、国旗・国歌の法制化に当たり、国旗の掲揚に関し義務づけなどを行うことは考えておりません。したがって、現行の運用に変更が生ずることにはならないと考えております」（1999年6月29日、衆議院本会議）

一方、当時文部省教育助成局長であった矢野重典氏は、公立学校での日章旗掲揚や君が代斉唱の指導について「教職員が国旗・国歌の指導に矛盾を感じ、思想・良心の自由を理由に指導を拒否することまでは保障されていない。公務員の身分をもつ以上、適切に執行する必要がある」と答弁しています（99年8月2日、参議院国旗・国歌特別委員会）。

国旗国歌法それ自体によって「国旗の掲揚に関し義務づけなどを行うことは考えて」いないと言う一方で、教員は「学習指導要領に基づき、国旗・国歌について児童生徒を指導すべき責務を負っており」「思想・良心の自由を理由に指導を拒否することまでは保障されていない」「公務員の身分をもつ以上……」と言い、学習指導要領と地方公務員法を根拠に「君が代」不起立・不伴奏処分を正当化しています。教員には「思想及び良心の自由」はないと明言したに等しい答弁でした。

では、司法は――。

起立斉唱行為は「（教員の）思想・良心の自由を間接的に制約する面がある」ものの、「学校の儀式的行事における慣例上の儀礼的な所作」であり、「原告、控訴人らが抱いている考えや思想や歴史観や世界観等を告白するよう強要したものではないから（略）個人的な思想及び良心の自由を侵害するとまでは認められない」と最高裁判決（11年5月30日他）は言います。「慣例上の儀礼的な所作」にすることで、日常の挨拶くらいのもの、歴史の事実は問わない、政治的価値観をもたないかのように判示しています。そして、直接的に制約しないから思想及び良心の自由を侵害しないというのです。踏まれた人が「痛い」と言えば差別、と言われるように、思想及び良心の自由を侵害するか否かは、当人が決めるべきことなのに、です。

そして処分を正当化するのは地方公務員法。「本件職務命令は（略）地方公務員としての地位を有する原告らに対する公務員内部の命令」と言い、同法32条（法令等及び上司の職務上の命令に従う義務）、33条（信用失墜行為の禁止）違反で処分を正当化します。

教員の指示に従って起立斉唱させられる子どもたちについては、「本件職務命令の名宛人及び内容が上記のとおり（公務員に起立斉唱を求めるもの：筆者補足）である以上、本件職務命令が子どもの学習権及び思想良心など内心を形成する自由を侵害するものとして憲法19条及び26条に違反するものと解することはできない」（私の08年事件2017年5月22日地裁清水判決）と判示します。子どもたちには職務命令が出されていないのだから、子どもたちの「思想及び良心の自由」を侵害していないのだと。これが最高裁の判示するところです。

なお、06年に改悪された教育基本法以降は、国旗国歌法を持ち出して、「日の丸・君が代」実施を正当化する判決も出てきました。「国権の最高機関である国会が制定した国旗国歌法により国旗・国歌として定められた以上、入学式や卒業式という式典の場における国旗の掲揚や国歌の斉唱を通じて、これらを尊重する態度を育てるという学習指導要領の考え方が、誤った知識や一方的な観念を生徒に植えつけるような内容の教育を施すことを強制するようなものと評価することはでき（ない）」（09年事件2018年5月24日地裁春名判決）。最高法規である日本国憲法よりも、国旗国歌法や学習指導要領、地方公務員法のほうが上位の法と逆転させます。

12年1月16日の最高裁判決で、処分は違法と判断した宮川光治裁判官は、10・23通達が「価値中立的な意図で発せられたものではなく」、「（不起立：筆者補足）行為は上告人らの思想及び良心の核心の表出であるか少なくともこれと密接に関連しているとみることができる。したがって、その行為は上告人らの精神的自由に関わるものとして、憲法上保護されなければならない。（略）憲法19条に違反する可能性がある」と言います。この最高裁の5人の判事のうちのただ1人の判事による「少数意見」こそが、国際社会で通用する判断ではないでしょうか。

保身のためか、嘘の証言まで

人事委員会審理や裁判で校長が証言台に立つことがありました。私の訴訟では、立川二中の福田校長（当時）が05年減給6か月・停職1か月処分の件、さらには08年事件停職6か月処分のトレーナー着用の件で都側証人として証言台に立ちました。福田校長は04年の福生市立中学校での件では、福生市教委指導室長の立場で証言しています。「起立できないという教員に対して職務命令で起立させるのは、精神的な強制ではないか」との尋問に、04年の件では「強制ですね」と証言し、05年の私の件では「職務です」と証言を変えました。都側弁護士の助言によったのか、自身の考えが変わったのか、どちらなのでしょう。08年事件控審では福田校長は、「立川二中在職時に根津は一度だけそのトレーナーを着てきたが、注意したらすぐに着替えたから事故報告をあげなかった」という陳述書を提出し、それに沿って証言をしました。これは「トレーナー着用を問題にしたのは南大沢学園の尾崎校長だけ」と私が主張してきたことを虚偽とするために、都教委から要請された作り話でした。しかし、陳述書は嘘やまちがいばかり。こちらの代理人が反対尋問をすると、福田校長は「まちがえました」を連発しました。陳述書は都教委が作成し、福田校長は記名押印しただけであったことが反対尋問への証言で明らかになりました。こんな信用性がみじんもない陳述書を、都教委は証拠としたのです。これは、この件に限らないと思います。

一方、私は当時の生徒5人が、根津が何度も着ていたのを覚えていると具体的に書いてくれた陳述書を出しました。立川二中在職時には私に配慮してくれたこともある福田校長ですが、70歳を迎えてなお、小金井市教委の要職（＝小金井市教育相談所非常勤教授）にあり、それを優先し、嘘の証言に心を痛める良心や自尊心を捨てたのかと思います。これで幸せなのか。そう思いながら、私は証言台に立つ福田校長をながめました。

おわりに

「君が代」起立斉唱の職務命令を拒否し続けて、次は免職かと都教委に脅され続けながら、免職にはされずに2011年3月、私は60歳で定年退職を迎えることができました。さらには、16年5月31日、07年停職処分を取り消した最高裁決定を、21年2月17日には、とっくにあきらめていた09年停職6か月処分を取り消した最高裁決定を得ました。波乱万丈の教員生活ではありましたが、国家・政権による教育破壊への加担と思う行為には手を貸さず、この社会に生きるうえで子どもたちに知り考えてほしいこと、誰もが幸せに暮らせる社会の創造につながるだろうと思うことについてはほぼ制限せずに授業等で取り上げることができたので、教員としての生活に悔いはありません。

もちろん、あのときの私の対応はよかったのだろうか、と思い返すようなことはいくつもありますが、大きなまちがいはしなかったと思います。だからいま、私は個人的にはとても幸せです。

「大勢動けば変えられる」
君が代不起立 処分の根津さん 免職見送りに笑顔
「免職の危機」再び
教え子ら「辞めさせないで」
日の丸・君が代 強制反対の根津教諭
「物言えぬ
卒業式で起立拒否
不起立は強制への抵抗
のロゴでクビ？
日の丸・君が代 強制反対 教諭
管理と服従の場 学校に警鐘も
記者の目
君が代 不起立で処分される教師
個の良心 認めぬ社会 異様
「お国も間違う」学んだのに
私は「戦争」のなかにいる
「動員」されてはいけない

当時の新聞記事の一部。多くの記者たちが記事を書いてくれた

しかし、もしもこれを書いている2023年のいまでしたら、私は定年を迎えることはできなかったと思います。当時は、都教委が行なう私への処分に対して大勢の市民が声をあげてくれましたし、新聞等の報道も「都教委の処分はひどすぎる」という趣旨で数多く報道してくれました。それによって、都教委は私を考えていた免職処分にすることはできなかったのだと思います。中村正彦教育長（当時）は08年3月末の定例教育委員会の日の夕刻、「根津をクビにできなかった」と、廊下を歩いていた職員に届くほどの声をあげたと言いますから。

　しかし、あれから13年が経過し、政治は「新たな戦前」状態にあります。報道機関は、権力に忖度する報道に一直線です。当時私にカッターナイフを送りつけたような、右翼の嫌がらせもエスカレートしています。市民にも右傾化が広がっています。退職当時、私は「都教委の攻撃弾圧から、逃げきれた世代」と思いましたが、そのとおりで、私がいま「君が代」不起立処分を受け続けていたとしたら、都教委は私をまちがいなく免職にしたと思います。

本書で、あきる野学園で同僚だった田中聡史さんが、16年度から卒業式にも入学式にも参加させられていないことに触れましたが、彼だけでなく、教育に情熱を感じ教員になられた現職の人たちの苦悩は計り知れません。逃げきれた世代として私はその苦悩に応えなければ、都教委に物申し続け、子どもたちの学ぶ権利を取り戻させねばと思い、都教委の定例教育委員会を傍聴したりして行動を続けていこうと思っています。

沖縄戦での「集団強制死」(「集団自決」と教科書は記載するが、事実は日本軍による自決の強要だった)や日本軍「慰安婦」、関東大震災朝鮮人虐殺等の記述が教科書から削除・制限され、小池百合子都知事は9月1日に行なわれてきた関東大震災時に虐殺された朝鮮人犠牲者追悼式典に追悼文を送ることを、就任2年目から拒否しています。また、在日朝鮮人はじめ技能実習生などの人権擁護や外国人への差別反対を訴えると、たちまち、「反日!」「日本から出ていけ」と国会議員や一部のメディアなどが煽って、排外・反人権の世論がつくられてきたという現実が、特にこの20年ほどあります。「戦争反対」の行動をしたら「非国民」と罵っ

右上：解雇させない会の事務局に送られてきた封書とカッターナイフの刃（長さ100ミリ、幅 17ミリ）／その他は新聞の意見広告に対して送られてきたハガキ

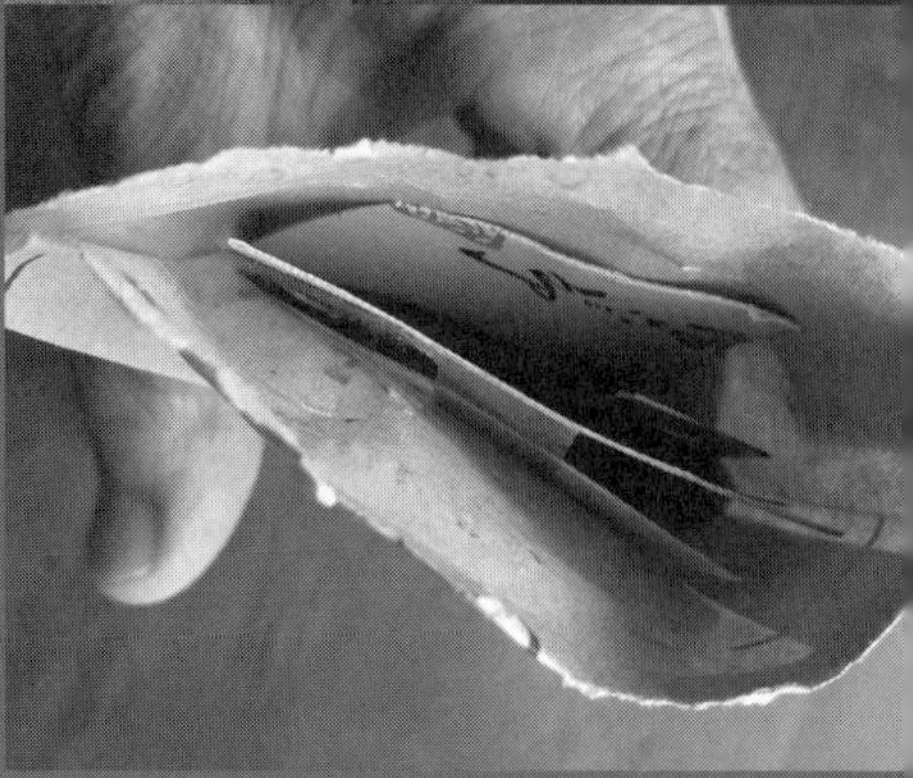

部活動くらい出ろ!!
解雇されて あたり前!!
職務規定違反す。
クビになるよ!!
権利には義務が有ります。
日本を愛せないなら
他の国へ行って下さい!!
愛国心が無いから
だから日本が変になっています。あなたらの責任です!!

かわいくない女教員達よ、不満だったら自分から辞めればいいのに。こういう先生に習う生徒は素直でない嫌われる子に育つ。いやーな感じ。河原井、根津、暗いのが好きのようだ。そういう人向きの外国へでも行けばいい。拉致問題などと真剣に取り組んで見ては如何。人を楽しくさせ、自分も楽しい事を考えたほうがいい。

冷たい多摩教組よ。冷たい彼女達を温かく迎えられるような人に育ててくれ。冷たい多摩教組よ楽しく生きてくれ。各国がスポーツで意気揚揚と国家を歌うのに冷たい多摩教組は苦虫を噛んでいるのか。つまらない生活だな。

冷たい多摩教組よ。冷たい彼女達に明るく生きる希望を与えてやってくれ。冷たい多摩教組よ希望をもって明るくなってくれ。不平ばっかり言っていないで、本来の教育を希望の持てるものにしてくれ。

従来の日教組は逆に教育の健全化を妨げてきたではないか。冷たい多摩教組はいやな事ばかり画策するのはやめてくれ。教育の健全化に常識を持って進んで欲しい。

① 朝日新聞の公告
→新聞をとっていないので見ていません。
② 歌について
個人的にうたう歌と儀式で歌うのは異ります。

セレモニーです。
③ 石原都知事は圧勝した。
都民の支持を得ています。

ウジウジした浅野は大敗した。

㊒は常に独自候補を立てる。
④ 都議会や区議会，市議会選挙を全て小選挙区制にすれば㊒は大敗する。
国政の政権交替が近づけばその時はくるだろう。
⑤ 給料を欲しければ上司の命令に従うことが必須だ。民間では当り前なのだ
国鉄は分割民営化された。

学校も民営化の時代だろう。

貧乏人は戦前と同じく、稚子奉公に行く時代だ。→実際は学費だけ払って就職できないのだが!!
⑥ 人民が驚く程、日教組も右翼化すると良い。

歩道橋で凍死した男を見つけ110番した。

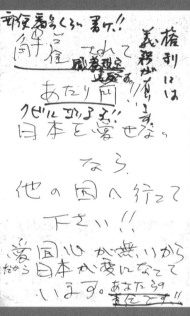

た戦前・戦中と変わらない政治・社会状況にあります。

さて、物事を判断する際に、「常識」を判断基準にすることはないでしょうか。常識は時代や政治状況、あるいは国によって変わるもの。「常識だから」とそれを判断基準にしないで、大いに疑ってみたいものです。「私は中立」と言う人がいますが、意見を言わないことは中立ではなく、大きい力に加担すること。このことも、まちがえないようにしていきたいものです。

先日、映画『愛国と告発――沈黙を破る・PART2』を観ました。私を含め東京の教員3人を記録した、『〝私〟を生きる』を制作してくれた土井敏邦監督の作品です。監督は1985年から今日までパレスチナ、イスラエルの現地で取材し、09年に映画『沈黙を破る』を、22年に当作品を制作しました。パレスチナを占領したイスラエルの元兵士たちが、兵士として行なってしまった自身の行為を直視し、〝占領〟を告発するNGO「沈黙を破る」を04年に立ち上げ活動を始めました。かれらはパレスチナ人住民に絶大な権力を行使するイスラエル軍の兵役のなか、兵士たちが道徳心・倫理観を麻痺させていく、そして、それがやがてイスラエル社会のモラルも崩壊させると危機感を抱いたのでした。道徳心・倫理観を麻痺させなければ、兵士の任務は遂行できません。PTSDを患う帰還兵の存在は、それを証明しています。

前作から13年、パレスチナに対するイスラエル政府の占領と武力攻撃はひどくなり、同時に「沈黙を破る」への弾圧も激しさを増している。それでも「沈黙を破る」活動をし続けるのは、「占領地で兵役に就いた元兵士として、『沈黙を破る』活動が、私のできる最高のやり方で、占領を止めるための最大の行動だから」とメンバーの1人は言います。

道徳心・倫理観を喪失した政治家や「国民」で成り立つ「国家」は、私たちが住む日本のいまであり、「沈黙を破る」活動もまた、私たちの課題であると、視聴して強く思いました。


本書で私は、声をあげたことで大勢の方が一緒に動いてくれ、免職を阻止できたことを記しました。自分を守り、社会をよくするためには、声をあげること。声をあげれば受けとめてくれる人がいます。石川中に1990年に異動し技術・家庭科の男女共学を始めた際に、1人の女子生徒が言いました。「最初は困難だが、声をあげ行動する人がいて社会は動く」。彼女は私を見て、そう感じたのだと言います。

いまでは、1人の「非正規従業員」が声をあげたことによって何人かの「非正規従業員」が集まり、労働組合の結成に至り、闘い始めた人々が各地にいます。一般報道がなかなかされないことから、多くの人たちに伝わりませんが。報道しないのは、立ちあがった人の存在を知らせないがため。権力者におもねる忖度報道だからです。既存の労働組合が取り組んでこなかった課題に声をあげ始めた人たち、そして、それを支援する人たちがいることで、社会は変わっていきます。

個人事業とはほど遠いのに、非正規の個人事業主と言われるところで働く労働者は、多くが超過勤務かつ最低賃金に届かない働き方をさせられています。その個人事業主で宅配をしている労働者は、仕事を降ろす会社のあまりにひどい働かせ方に、労働組合を立ち上げ宣伝したところ、同じように思ってきた労働者が組合に加入し、組合は会社と交渉するようになったとのことです。そうしたなか、それまでは会社にお願い（要求）をすると、「辞めていいんだよ、いつ辞めるっ？」と恫喝されてきたのが、そうしたことがなくなり、呼び方も「おまえ」から「○○さん」に変わったそうです。ご本人が話されたのを聞きました。

日本の学校教育は、自己主張していいのだと、声をあげていいのだと教えませんが、私は声をあげていいのだということを、とりわけ若い方々に伝えたいとの思いも強く、この記録を執筆しました。権力を持たない私たちは、理不尽なことには声をあげ助けを求めていいのだと、頭の片隅に置いておいてほしいのです。

弁護団の皆さん、ありがとう

萱野一樹弁護士、和久田修弁護士に裁判をお願いしたのは2001年の初め、1999年に訓告処分を受けた案件ででした。2000年に父が亡くなり、裁判にかける時間ができたからでした。しかし、ここまで見てきたように処分に次ぐ処分。多摩中事件が起きて、戸田綾美弁護士、岩井信弁護士にも弁護団に加わっていただきました。多摩中での攻撃弾圧では、裁判だけでなく、多摩市教委や都教委にも萱野さんに何度も同行してもらいました。

06年、他の人よりひと足先に停職処分にされた河原井さんと私は、06年事件から一緒に裁判をすることにし、この4人の弁護士さんにお願いしました。若い大塚翔吾弁護士には14年から加わっていただきました。素人の私たち2人が理解できるまで会議を重ね、主張したい点を論議し、書面にしてくれた弁護士の皆さんにとても感謝しています。私については実に21年間にわたる裁判闘争でした。

私の裁判は終了しましたが、「君が代」不起立の戒告処分は適法であり、私のように「積極的な妨害を含む（略）処分歴」があったり、大阪の志水博子さんや奥野泰孝さんのように「不起立前後の態度等」が良くなかったとされた者については重い処分を「可」とした判決が残っています。また、何と言っても、子どもたちが「国旗に正対し国歌を起立し斉唱」させられている限り、闘い続けなければと思っています。闘いを通して、「日の丸・君が代」・天皇制を問い、この国に民主主義を定着させていく1人であり続けたいと思います。

＊

最後になりましたが、国や都の教育への支配介入とそこでの闘いの事実を遺したいと思い、影書房の吉田さん、松浦さんに相談したところ、出版の運びとなりました。「日の丸・君が代」の闘いは終わったと受けとる人も多いなか、はたして読んでいただけるだろうかとの懸念がありますが、快く引き受けてくださったお2人に感謝の気持ちでいっぱいです。

■付1　教職経歴と処分歴

1971年　江東区立大島中学校に家庭科担当として着任
1976年　八王子市立城山小学校に異動
1980年　同横川中学校に異動
1990年4月～2000年3月　八王子市立石川中学校　※以下、○囲み数字は処分の回数

処分①　1994年3月（処分発令は4月）　卒業式の日の朝、校長が職員会議の決定を破り揚げた「日の丸」を、生徒の「降ろそう」と叫ぶ声を受けて、また、石川中の民主主義を守るために降ろして減給1か月処分。

処分②　1995年3月（11月）　職員会議の決定を踏みにじって「日の丸」を揚げた校長の行為について記した学級通信が「不適切な内容」だとして訓告。

処分③　1999年3月（8月）「自分の頭で考えよう」という趣旨の、3年生最後の授業で使った自作プリントが「不適切な内容」だとして訓告。

2000年4月～2003年3月　多摩市立多摩中学校

処分④　2001年2月から2002年にかけて（2002年3月）「従軍慰安婦」「同性愛」問題を取り上げた家庭科の授業への攻撃に始まり、指導力不足等教員として申請された。指導力不足等教員には認定されなかったが、この期間中に発せられた職務命令に従わなかったとして減給3か月処分。

2003年度は調布市立調布中学校

2004年4月～2006年3月　立川市立立川第二中学校

処分⑤　２００５年３月（３月）　卒業式での１回目の「君が代」不起立で「職務命令違反」、減給６か月処分。

処分⑥　２００５年４月（５月）　入学式での「君が代」不起立で停職１か月処分。

処分⑦　２００５年７月（12月）　思想転向を迫る「再発防止研修」（７月21日）の際、ゼッケンを着けたことと質問をし続けたことが「職務専念義務違反」だとして、減給１か月処分。

処分⑧　２００６年３月（３月）　卒業式での「君が代」不起立で停職３か月処分。

2006年4月～2007年3月　町田市立鶴川第二中学校

処分⑨　２００７年３月（３月）　卒業式での「君が代」不起立で停職６か月処分。

2007年4月～2008年3月　都立南大沢学園養護学校

処分⑩　２００８年３月（３月）　卒業式での「君が代」不起立で停職６か月処分。免職を阻止。

2008年4月～2011年3月　都立あきる野学園

処分⑪　２００９年３月（３月）　卒業式での「君が代」不起立で停職６か月処分。

2011年　定年退職

………………………………

◎参考　根津の闘いを記録した映像作品

・『君が代不起立』（２００６年、ビデオプレス）
・『あきらめない――続・君が代不起立』（２００８年、ビデオプレス）
・『〝私〟を生きる』（２０１０年、土井敏邦監督）

■付２　各裁判の判決の経緯

	05年／(卒) 減給６月 立川二中	05年／(入) 停職１月 立川二中	06年／(卒) 停職３月 立川二中	07年／(卒) 停職６月 鶴川二中	08年／(卒) 停職６月 南大澤学園 養護	09年／(卒) 停職６月 あきる野学園
2009年			地裁判決（河原井も敗訴）			
2010年	地裁判決（東京教組の11人で）					
2011年			高裁判決（河原井も敗訴）			
2012年	高裁判決		最高裁第１小法廷（河原井は処分取消。以降、全て河原井処分取消）			
2013年	最高裁第１小法廷					
2014年				地裁判決		
2015年				★高裁判決（処分取消）		
2016年				★最高裁第３小法廷・高裁判決を決定		
2017年					地裁判決	
2018年						地裁判決
2019年					高裁判決	
					最高裁第１小法廷決定	
2020年						★高裁判決（処分取消）
2021年						★最高裁第２小法廷・高裁判決を決定

★は勝訴、無印は敗訴／(卒)は卒業式、(入)は入学式

〈著者〉**根津 公子**　ねづ きみこ

1950年神奈川県生まれ。
1970年４月～2011年３月まで、東京都内の公立学校・都立学校教員。生徒たちが自分で考え判断する力を身につけてほしいと、授業づくり（主には中学校家庭科）に取り組んできた。しかし、東京都教育委員会（都教委）による現役中の処分は11回、市教育委員会による訓告が２回。そのうち、「君が代・不起立」では、都教委による停職６か月処分・３回を受ける。
著書：『希望は生徒』（2007年）、『増補新版　希望は生徒』（2013年・ともに影書房）
共著：『学校に思想・良心の自由を――君が代不起立、運動・歴史・思想』（2016年・影書房）

自分《じぶん》で考《かんが》え判断《はんだん》する教育《きょういく》を求《もと》めて
――「日《ひ》の丸《まる》・君《きみ》が代《よ》」をめぐる私《わたし》の現場《げんば》闘争史《とうそうし》

２０２３年10月30日　初版第１刷

著者　根《ね》津《づ》公《きみ》子《こ》

発行所　株式会社　影書房
〒170-0003　東京都豊島区駒込一―三―一五
電話　０３（６９０２）２６４５
ＦＡＸ　０３（６９０２）２６４６
Ｅメール　kageshobo@ac.auone-net.jp
ＵＲＬ　http://www.kageshobo.com
〒振替　００１７０―４―８５０７８

印刷・製本　モリモト印刷

定価　２、０００円＋税

ISBN978-4-87714-498-2 C0037